Zu diesem Buch

Alexander Lowen, »Vater der Bioenergetik«, hat zahllose Menschen dazu angeleitet, sich mit ihrem Körpergefühl auseinanderzusetzen und die Abhängigkeit des seelischen Gleichgewichts vom körperlichen Wohlbefinden zu erkennen und zu akzeptieren. Allein sein Hauptwerk »Bioenergetik« hat Hunderttausende von Leserinnen und Lesern erreicht.

In diesem Buch zeigt er, wie es zu dem Verlust der Einheit von Körper und Seele kommt – und wie die Harmonie mit Hilfe von Körperübungen und Atemtechniken gekoppelt mit der Aufarbeitung persönlicher Probleme wiederhergestellt werden kann.

Außerdem vom Autor lieferbar:
Bioenergetik. Therapie der Seele durch Arbeit mit dem Körper (rororo sachbuch 8435)
Liebe, Sex und dein Herz (rororo sachbuch 8892)

Weiter zum Thema:
Ulrich Sollmann: Bioenergetik in der Praxis. Streßbewältigung und Regeneration (rororo sachbuch 8484)

Alexander Lowen

Bioenergetik als Körpertherapie

Der Verrat am Körper und wie er wiedergutzumachen ist

Aus dem Amerikanischen
von Jürgen Abel

rororo
Rowohlt

rororo Medizin und Gesundheit
Lektorat Heike Wilhelmi

Veröffentlicht im Rowohlt Taschenbuch Verlag GmbH,
Reinbek bei Hamburg, Mai 1993
Titel der Originalausgabe »The Betrayal of the Body«

Umschlaggestaltung Nina Rothfos
Gesamtherstellung Clausen & Bosse, Leck
Printed in Germany
1490-ISBN 3 499 19149 0

Inhalt

1 Das Identitätsproblem

Normalerweise fragen wir uns nicht: Wer bin ich eigentlich? Wir nehmen es vielmehr als selbstverständlich hin, daß wir eine »Identität« besitzen. Jeder Mensch hat in seiner Brieftasche oder Handtasche Papiere, die dazu dienen, ihn zu identifizieren. Er »weiß«, wer er ist. Unter dieser Oberfläche gibt es jedoch ein Problem der Identität. An der Grenze des Bewußtseins wird man immer wieder von Unzufriedenheit gequält, ist sich seiner Entscheidungen nicht sicher und hat das nagende Gefühl, etwas im Leben zu »verpassen«. Man liegt im »Kampf« mit sich selbst, und dieser Konflikt spiegelt das Identitätsproblem wider. Erst wenn Unzufriedenheit zur Verzweiflung wird und Unsicherheit in Panik umzuschlagen droht, fragt man sich vielleicht: Wer bin ich eigentlich? – und zeigt auf diese Weise, daß die Fassade, mit deren Hilfe man sich eine Identität aufgebaut hat, langsam abbröckelt. Das Aufrechterhalten einer Fassade oder das Spielen einer Rolle als Mittel zur Herstellung einer Identität läßt auf eine Spaltung zwischen Ich und Körper schließen. Ich definiere diese Spaltung als die schizoide Störung, die jedem Identitätsproblem zugrunde liegt.

So kam zum Beispiel einmal ein berühmter Maler in meine Praxis und sagte: »Ich bin völlig durcheinander und verzweifelt. Ich weiß nicht mehr, wer ich bin. Ich gehe die Straße entlang und frage mich: Wer bist du eigentlich?«

Die Antwort: »Sie sind der bekannte Maler, dessen Werke in vielen Museen hängen«, wäre sinnlos gewesen. Das wußte er selber. Worüber er klagte, war ein Verlust des Selbst-Gefühls, der Verlust des Kontakts mit irgendeinem grundlegenden Aspekt des Daseins, der dem Leben einen Sinn gibt. Dieses fehlende Element war die Identifizierung mit dem eigenen Körper – das Fundament, auf dem das persönliche Leben aufgebaut wird. Der Patient wurde sich dieses Mankos durch ein Erlebnis bewußt, das er mir berichtete:

Neulich blickte ich zufällig in einen Spiegel und bekam furchtbare Angst, als mir klar wurde, daß ich mich selbst sah. Ich dachte: Das sehen die Leute, wenn sie mich betrachten.

Es war das Bild eines Fremden. Mein Gesicht und mein Körper schienen nicht zu mir zu gehören ... Ich kam mir sehr unwirklich vor.

Diese Erfahrung, bei der ein Verlust des Körper-Gefühls mit Empfindungen der Fremdheit und Unwirklichkeit einhergeht, ist als Depersonalisation oder Entpersönlichung bekannt. Sie signalisiert einen Bruch mit der Realität und findet in den ersten Stadien eines psychotischen Schubes statt. Wenn sie sich fortsetzt, verliert der betreffende Mensch nicht nur das Gefühl der Identität, sondern auch das Bewußtsein der Identität. Bei meinem Patienten war der Schub zum Glück nur von kurzer Dauer. Er konnte wieder einen gewissen Kontakt zu seinem Körper herstellen, so daß das Gefühl der Unwirklichkeit verschwand. Die Identifikation mit seinem Körper blieb freilich schwach, und sein Identitätsproblem bestand fort.

Das Gefühl der Identität wurzelt in einem bestimmten Körper-Gefühl. Um zu wissen, wer man eigentlich ist, muß man sich dessen bewußt sein, was man fühlt. Man muß wissen, was für einen Gesichtsausdruck man hat, wie man sich hält und wie man sich bewegt. Ohne diese Bewußtheit körperlicher Gefühle und Ausdrucksmöglichkeiten spaltet man sich allmählich in einen entkörperten Geist und einen desillusionierten Körper. Ich komme noch einmal auf den Fall des Malers zurück.

Als er mir gegenübersaß, sah ich sein verzerrt wirkendes Gesicht, seinen leeren Blick, seine verkrampften Kinnbacken und seinen starren Körper. In seiner Unbeweglichkeit und seinem flachen Atmen spürte ich förmlich seine Furcht und Panik. Er war sich seiner verkrampften Züge, der Leere in seinen Augen, der Spannung in seinem Kinn und seinem Körper jedoch nicht bewußt. Er fühlte seine Furcht und Panik nicht. Da er jede Beziehung zu seinem Körper verloren hatte, empfand er nur Verwirrung und Verzweiflung.

Zu einem totalen Verlust des Körperkontakts kommt es im schizophrenen Zustand. Vereinfacht gesagt, weiß der Schizophrene nicht, wer er ist, und hat den Kontakt zur Wirklichkeit so weit verloren, daß er sein Problem nicht einmal mehr erkennt. Der schizoide Mensch weiß jedoch, daß er seinen Körper besitzt und hat damit auch einen Standort in Zeit und Raum. Da sein Ich sich aber nicht mit seinem Körper identifiziert und ihn nicht auf lebendige Weise wahrnimmt, glaubt er, keine Beziehung zur Welt und zu den Menschen zu haben. Ähnlich hat auch sein bewußtes Identitätsgefühl keine Beziehung zu der Art und Weise, wie er sich selbst empfindet. Bei einem gesunden Menschen, dessen Ich sich mit seinem Körper identifiziert und bei dem das Wissen um seine Identität im Körper-Gefühl wurzelt, gibt es diesen Konflikt nicht.

Unter einer gewissen Identitätsverwirrung leiden nun aber die meisten Menschen in unserem Kulturkreis. Viele Leute kämpfen gegen das unbestimmte Gefühl an, sie selbst und ihr Leben seien irgendwie unwirklich. Sie geraten in Verzweiflung, wenn sich die Vorstellung, die sie von ihrem Ich entwickelt haben, als leer und sinnlos erweist. Sie fühlen sich bedroht und werden zornig, wenn die Rolle, die sie in ihrem Leben angenommen haben, in Frage gestellt wird. Früher oder später wird eine auf Einbildung und Rollenspiel beruhende Identität keine Befriedigung mehr verschaffen. Deprimiert und entmutigt gehen sie dann zu einem Psychiater. Ihr Problem ist, mit Rollo May zu sprechen, die schizoide Störung: »Viele Psychotherapeuten haben darauf hingewiesen, daß mehr und mehr Patienten schizoide Symptome aufweisen und daß das ›typische‹ psychische Problem unserer Zeit nicht mehr – wie in Freuds Tagen – die Hysterie ist, sondern das schizoide Phänomen, das heißt, die Probleme von Menschen, die ohne Bindung sind, keine Beziehung zur Umwelt haben, unter Gefühlskälte leiden, zur Depersonalisation neigen und ihre Schwierigkeiten mit Intellektualisierungen und Fachausdrücken kaschieren . . .

Es gibt auch eine Fülle von Indizien dafür, daß das Gefühl der Isolation, die Entfremdung des Selbst von der Welt heutzutage nicht nur bei Leuten mit pathologischen Störungen auftritt, sondern auch bei zahllosen ›normalen‹ Menschen.«

Die Entfremdung des Menschen in der modernen Welt – die Entfremdung von der Arbeit, dem Mitmenschen und sich selbst – wurde von vielen Autoren beschrieben und bildet das zentrale Thema in Erich Fromms Werken. Die Liebe des entfremdeten Menschen ist romantisiert, sein Sex zwanghaft, seine Arbeit verrichtet er mechanisch, und seine Leistungen sind von egoistischen Motiven diktiert. In einer entfremdeten Gesellschaft verlieren all diese Dinge ihren eigentlichen Sinn. Der Verlust wird durch Einbildung kompensiert.

Einbildung contra Realität

Die schizoide Störung führt dazu, daß sich die Einbildung von der Realität löst, indem in ihr Symbole und Vorstellungen zum Ausdruck kommen, die im Gegensatz zur Realität der physischen Erfahrungen stehen. Das soll nicht heißen, Vorstellungen seien unreal, aber es heißt, daß sie einer anderen Stufe der Realität angehören als körperliche Phänomene. Eine Vorstellung bezieht ihre Realität aus ihrer Verbindung mit Gefühl oder Sinneswahrnehmung. Wenn diese Verbindung unterbrochen ist, wird die Vorstellung abstrakt. Die Diskrepanz zwischen Einbildung und Realität ist bei Schizophrenen mit Wahnvorstellungen am deutlichsten zu erkennen – das klassische Beispiel dafür: der Schizophrene, der sich für Jesus Christus oder Napoleon hält. »Psychische Gesundheit« bezeichnet dagegen den Zustand, in dem Vorstellung und Realität sich decken. Ein gesunder Mensch hat eine Vorstellung von sich, die damit übereinstimmt, wie sein Körper aussieht und was er fühlt.

Im sozialen Bereich hat die Einbildung positive und negative Aspekte. Ohne die Verwendung von Ein-Bildungen, von Bildern, wäre es unmöglich, Leid und Unglück »vorstellbar« zu machen und damit in großem Umfang zu lindern. Jede humanitäre Anstrengung hat ihr Ziel unter Verwendung eines einprägsamen Bildes erreicht. Eine Vorstellung kann aber auch benutzt werden, um Haß zu wekken und andere Menschen zu vernichten: Wenn ein Polizist als Symbol der repressiven Autorität hingestellt wird, wird er zum Gegenstand des Mißtrauens und Hasses; wenn die Chinesen den Amerikaner als teuflischen Ausbeuter hinstellen, wird er zu einem Ungeheuer, das vernichtet werden muß. Das »Image« löscht die Individualität des einzelnen Menschen. Es reduziert ihn zu einer Abstraktion. Es wird leicht, einen Menschen zu töten, wenn man ihn nur als »Image« sieht.

Das Bild ist also schon im sozialen Bereich – wo seine Funktion offen zugegeben wird – gefährlich, doch auf menschliche Beziehungen hat es geradezu katastrophale Auswirkungen, denn es untergräbt sie auf heimtückische Weise. Das sieht man beispielsweise bei einer Familie, wo der Vater versucht, seiner Vorstellung von Vaterschaft ohne Rücksicht auf die ganz anderen Bedürfnisse der Kinder gerecht zu werden. Aber da er nicht nur eine bestimmte Vorstellung von sich selbst hat, sondern auch sein Kind lediglich als Bild und nicht als einen eigenständigen Menschen mit seinen Gefühlen und Wünschen sieht, ist die Erziehung dann nur noch der Versuch, das Kind nach »seinem Bilde« zu formen, und dieses Bild wiederum ist eine Projektion der Vorstellung, die der Vater unbewußt von sich selbst hat. Das Kind, das gezwungen wird, dem unbewußten Selbst-Bild eines Elternteils zu entsprechen, verliert sein Selbst-Gefühl, sein Identitätsempfinden und seinen Kontakt zur Wirklichkeit.

Der Verlust des Identitätsgefühls wurzelt in der familiären Situation. Ein Mensch, der nach bestimmten Vorstellungen von Erfolg, Beliebtheit, sexueller Anziehungskraft, intellektueller und kultureller Überlegenheit, Status, Selbstaufopferung und so fort erzogen wurde, sieht andere Leute als (Abzieh-)Bilder seiner Ein-Bildungen und nicht mehr als menschliche Wesen. Umgeben von Bildern, kommt er sich isoliert vor. In dem Bemühen, seinem eigenen Bild gerecht zu werden, fühlt er sich frustriert und um seine emotionale Befriedigung betrogen. Die Einbildung ist eine Abstraktion, ein Ideal und ein Idol, das die Opferung des persönlichen Fühlens verlangt. Sie ist ein geistiges Konzept, das dem physischen Sein überlagert wird und die körperliche Existenz dadurch in eine Nebenrolle drängt. Der Körper wird zu einem Werkzeug des Willens und steht im Dienst der Einbildung. Entfremdete Menschen jedoch schaffen eine entfremdete Gesellschaft – und umgekehrt.

Der Mensch erfährt die Realität der Welt nur durch seinen Körper. Die äußere Umwelt beeindruckt ihn, weil sie auf seinen Körper einwirkt und seine Sinne beeinflußt. Auf diese Stimulierung reagiert er wiederum, indem er sich nach der Umwelt richtet. Wenn der Körper relativ leblos ist, sind die Eindrücke und Reaktionen des betreffenden Menschen reduziert. Je lebendiger unser Körper ist, um so intensiver nehmen wir die Realität wahr und um so aktiver reagieren wir auf sie. Wir wissen alle aus eigener Erfahrung, daß wir die Welt deutlicher wahrnehmen, wenn wir uns besonders gut und »lebendig« fühlen. Wenn wir aber deprimiert sind, wirkt die Welt stumpf und farblos: Wir sehen alles grau in grau.

Die Lebendigkeit des Körpers zeigt sein Fühl-Vermögen an. Ohne Gefühl ist der Körper »tot«, das heißt, ihm fehlt die Fähigkeit, sich von einer Situation beeindrucken zu lassen oder auf sie zu reagieren. Der emotional tote Mensch ist nach innen gewandt: Seine Gedanken und Phantasien ersetzen Gefühle und Taten; Einbildungen kompensieren den Realitätsverlust. Seine übertriebene geistige Tätigkeit dient als Ersatz für den Kontakt mit der realen Welt und kann einen falschen Eindruck von Lebendigkeit hervorrufen. Trotz der geistigen Aktivität manifestiert sich die emotionale Leere physisch. Wir finden, daß sein Körper »tot« oder leblos wirkt.

Wenn man sich zu sehr in Ein-Bildungen verliert, wird man blind für die Realität des körperlichen Lebens und der körperlichen Gefühle. Es ist nämlich der Körper, der vor Liebe vergeht, vor Furcht erstarrt, vor Zorn bebt und sich nach Wärme und Kontakt sehnt. Losgelöst vom Körper, sind diese Redewendungen nichts als poetische Metaphern. Körperlich erfahren, haben sie dagegen eine Realität, die dem Dasein einen Sinn gibt. Eine Identität, die auf der Realität körperlichen Fühlens beruht, besitzt Substanz und Struktur. Von der Realität abstrahiert, ist die Identität ein »Kunstprodukt«, ein fleischloses Skelett.

Eine Reihe von Experimenten hat gezeigt, daß ein Mensch bei erheblich verminderter Interaktion zwischen seinem Körper und der Umwelt die Realität nicht mehr wahrnimmt. Wenn ein Mensch längere Zeit der sensorischen Stimulation beraubt wird, entwickelt er schließlich Halluzinationen. Dasselbe passiert, wenn man seine motorische Aktivität ernstlich beschneidet. Die Abnahme körperlicher Empfindungen, die durch fehlende äußere Stimulierung oder mangelnde innere motorische Aktivität verursacht wird, führt in beiden Fällen dazu, daß man seinen Körper weniger fühlt als vorher. Wenn man den Kontakt zu seinem Körper verliert, schwindet die Realität.

Die Lebendigkeit eines Körpers hängt von seinem Stoffwechsel und seiner Beweglichkeit oder Motilität ab. Der Stoffwechsel liefert die Energie, die in Bewegung umgesetzt wird. Bei reduziertem Stoffwechsel nimmt die Motilität natürlich entsprechend ab. Dieser Zusammenhang gilt aber auch umgekehrt. Jede Herabsetzung der körperlichen Beweglichkeit wirkt sich auf den Stoffwechsel aus, weil die Motilität einen unmittelbaren Einfluß auf die Atmung hat. Allgemein kann man folgendes sagen: Je mehr ein Mensch sich bewegt, desto mehr atmet er auch. Bei verminderter Motilität wird weniger Sauerstoff aufgenommen, und der Stoffwechsel kann nur auf Sparflamme brennen. Ein aktiver Körper ist charakterisiert von Spontaneität und tiefer, leichter Atmung. In einem späteren Kapitel werden wir sehen, daß Atmung und Motilität beim schizoiden Körper stark reduziert sind, weshalb er nur wenig Energie produziert.

Der enge Zusammenhang zwischen Atmen, Bewegen und Fühlen ist dem Kind bekannt, wird vom Erwachsenen aber meist mißachtet. Kinder lernen, daß sie unangenehme Empfindungen und Gefühle beenden können, indem sie den Atem anhalten. Sie ziehen einfach den Bauch ein und bewegen ihr Zwerchfell nicht mehr, um nicht länger Angst zu haben. Sie toten gleichsam ihren Körper ab, um keinen Schmerz zu fühlen. Anders ausgedrückt: Wenn die Realität unerträglich wird, zieht sich das Kind in eine Welt von *Ein-Bildungen* zurück, in der sein Ich den Verlust an Körper-Gefühl durch ein besonders aktives Phantasieleben kompensiert. Der Erwachsene dagegen, dessen Verhalten von Ein-Bildungen beherrscht wird, hat die Erinnerung an die Erfahrungen verdrängt, die ihn dazu zwangen, seinen Körper »abzutöten« und die Realität hinter sich zu lassen.

Normalerweise ist die Einbildung ein Spiegelbild der Wirklichkeit, eine geistige Hilfskonstruktion, die dem Menschen erlaubt, seine Bewegungen zu lenken, um effizienter handeln zu können. Mit anderen Worten: Die Einbildung spiegelt den Körper wider. Ist der Körper freilich untätig, wird die Einbildung zum Körper-Ersatz und tritt mehr und mehr in den Vordergrund, während das Körper-Bewußtsein nachläßt. James Thurbers Kurzgeschichte *The Secret Life of Walter Mitty* schildert auf sehr anschauliche Weise, wie Vorstellungen oder Bilder die Passivität eines Menschen kompensieren können.

Das Entwickeln von Vorstellungen ist eine Funktion des Ichs. Das Ich ist, wie schon Sigmund Freud erkannte, zuerst und vor allem ein körperliches Ich. Im Laufe seiner Herausbildung tritt es jedoch in einen Gegensatz zum Körper – das heißt, es entwickelt Werte, die denen des Körpers anscheinend entgegengesetzt sind. Im Körperlichen ist der Mensch ein Tier, egozentrisch und nach Lust und Bedürfnisbefriedigung strebend. Im Bereich des Ichs ist der Mensch ein rationales und kreatives Wesen, ein soziales Geschöpf, dessen Tätigkeiten darauf abzielen, Macht zu erlangen und die Umwelt zu verändern. Normalerweise gehen Ich und Körper eine enge, gut funktionierende Partnerschaft ein. Bei einem gesunden Menschen dient das Ich nicht zuletzt dem Lustprinzip des Körpers. Beim emotional gestörten Menschen beherrscht das Ich jedoch den Körper und sorgt dafür, daß seine Werte mehr Geltung haben als die körperlichen. Dann wird die Einheit des Organismus gespalten, und die Partnerschaft verwandelt sich in einen offenen Konflikt.

Das Ich und der Körper

Der Konflikt zwischen dem Ich und dem Körper mag leicht oder schwer sein, stets läuft es darauf hinaus, daß das neurotische Ich den Körper beherrscht, das schizoide Ich ihn leugnet, das schizophrene Ich sich von ihm trennt. Das neurotische Ich, das sich vor der nichtrationalen Natur des Körpers fürchtet, versucht lediglich, ihn zu unterdrücken. Wenn die Angst vor dem Körper aber in Panik umschlägt, wird das Ich ihn im Interesse seines Überlebens leugnen. Und wenn die Angst vor dem Körper das Ausmaß des Grauens erreicht, trennt sich das Ich von ihm, wodurch es zur totalen Persönlichkeitsspaltung und zum schizophrenen Zustand kommt. Diese Abstufungen werden sehr gut durch die Art und Weise veranschaulicht, wie verschieden strukturierte Persönlichkeiten auf den Sexualtrieb reagieren. Für das gesunde Ich ist Sex ein Ausdruck der Liebe. Das neurotische Ich betrachtet Sex als Mittel zur Eroberung oder Ich-Verherrlichung. Für das schizoide Ich ist Sex eine Möglichkeit, die physische Nähe und Wärme zu erlangen, von der das Überleben abhängt. Das schizophrene, vom Körper getrennte Ich sieht dagegen überhaupt keinen Sinn im sexuellen Akt.

Der Konflikt zwischen Ich und Körper führt zu einer Spaltung der Persönlichkeit, die sich auf alle Aspekte des Daseins und Verhaltens auswirkt. In diesem Kapitel wollen wir die gespaltene und widersprüchliche Identität der schizoiden und der neurotischen Persönlichkeit untersuchen. Im nächsten Kapitel betrachten wir dann andere Äußerungsformen dieser Spaltung. Dabei bemühen wir uns auch herauszufinden, wie sich der Bruch entwickelt, welche Faktoren ihn herbeiführen und welche Methoden verfügbar sind, um ihn zu behandeln. Es dürfte schon jetzt klar sein, daß die Spaltung nicht rückgängig gemacht werden kann, ohne den Zustand des Körpers zu verbessern. Die Atmung muß tiefer, die Beweglichkeit größer werden, und man muß bestimmte Gefühle wecken, wenn der Körper lebendiger werden, wenn seine Realität das Ich-Ideal beherrschen soll.

In der gespaltenen Persönlichkeit entwickeln sich zwei Identitäten, die miteinander in Widerspruch stehen. Die eine beruht auf dem Ich-Ideal, die andere auf dem Körper. Man kann diesen Identitäten mit verschiedenen Methoden auf die Spur kommen. Die Geschichte eines Patienten und die Bedeutung seines Handelns sagen uns etwas über seine Ich-Identität. Bei der Untersuchung seiner äußeren Erscheinung und seiner Bewegungen erfahren wir etwas über seine Körper-Identität. Zeichnungen von menschlichen Gestalten und andere Projektionstests liefern wichtige Informationen darüber, wer dieser Mensch ist. Schließlich wird jeder Patient durch seine Gedanken und Gefühle offenbaren, ob er sich selbst auf verschiedene, widersprüchliche Weisen sieht.

Ich möchte meine Ausführungen nun anhand von zwei Fallbeispielen veranschaulichen. Im ersten geht es um eine junge Frau, die erklärte, sie leide an *Anomie*. Sie hatte den Fachausdruck aus einem Artikel des *Esquire* und aus Betty Friedans Buch *Der Weiblichkeitswahn**. Friedan beschreibt diesen Zustand als »jenes gelangweilte, diffuse Gefühl von Zwecklosigkeit, von Nicht-Existenz, von Nicht-Einbezogensein in die Welt..., das als Anomie oder Identitätsmangel bezeichnet oder nur als das Problem ohne Namen empfunden wird«. Anomie ist eigentlich ein Begriff aus der Soziologie und bedeutet »Normlosigkeit« oder, was ich vorziehe, »Formlosigkeit«. Meine Patientin, die ich Barbara nennen möchte, beschrieb ihren Zustand wie folgt:

> ... ein Gefühl der Desorientiertheit und Leere, im wesentlichen ein Vakuum. Ich sah keinen Grund, überhaupt noch etwas zu tun. Ich hatte keine Motivation, mich zu bewegen. Ich wurde mir übrigens erst neulich darüber klar. Es fiel mir ganz plötzlich auf, als ich aus dem Sommerurlaub zurückkehrte. Während des Sommers hatte ich die Verantwortung für meine Kinder und die Wohnung, aber jetzt übernahm das Mädchen die Arbeit. Ich hatte das Gefühl, die Dinge, die ich zu Hause tat, seien wie nervöse Ticks – Sie wissen schon, überflüssige Handlungen.

Barbara war fünfunddreißig Jahre alt, verheiratet und Mutter von vier Kindern. Man konnte ihre häuslichen Tätigkeiten kaum als überflüssig bezeichnen. Obgleich sie ein Hausmädchen hatte, war sie den ganzen Tag mit wichtigen Arbeiten beschäftigt. Eine ihrer unmittelbaren Schwierigkeiten entsprang ihrer Beziehung zu dem Mädchen. Sie wollte es eigentlich entlassen, weil es nicht tüchtig war, brachte es aber einfach nicht über sich. Ihr Leben lang litt sie unter dieser Unfähigkeit, nein zu sagen, was dazu geführt hatte, daß sie sich als Mensch unzulänglich fühlte. Wenn ein Konflikt zu intensiv wurde, wie im Falle des Hausmädchens, brach sie innerlich zusammen und gab auf. Der Verlust des Selbst-Gefühls und ein Empfinden von Leere waren das Ergebnis. Barbara wußte all das von einer früheren Analyse her. Sie wußte sogar, daß ihre Schwierigkeiten

* Die bibliographischen Angaben der im Buch erwähnten und zitierten Werke sind dem Literaturverzeichnis am Ende des Buches zu entnehmen.

in ihren frühen Beziehungen zu ihren Eltern wurzelten. Allerdings wußte sie nicht, daß sie in gewissem Sinne auch physisch zusammenbrach, sobald ihr der Streß zu groß wurde. Aber gerade dieser physische Zusammenbruch machte sie so hilflos.

Was verursachte den physischen Zusammenbruch? Barbara war eine Frau von durchschnittlicher Größe, hatte einen auffallend kleinen Kopf und ein zartes, regelmäßig geformtes Gesicht. Ihre Augen waren sanft, ihr Blick furchtsam. Sie sprach zögernd und machte oft Pausen zwischen den einzelnen Sätzen. Ihr Hals war dünn und verengt, was teilweise für ihre Sprechschwierigkeiten verantwortlich war. Ihre Schultern zog sie in einer ängstlichen Haltung hoch. Ihr Körper besaß keinen Tonus: Die oberflächlichen Muskeln waren ungewöhnlich schlaff, die Muskeln am Rücken, um den Schultergürtel, in Nacken und Brustkorb dagegen verkrampft. Ihr Atem ging flach, ein weiterer Grund für ihr Sprechproblem – und für ihren schlechten Teint. Jede ihrer Bemühungen, tiefer durchzuatmen, dauerte nur eine Minute; dann gab sie auf, und die obere Hälfte ihres Körpers sackte förmlich nach unten, während sie in der Taille einknickte. Viele ihrer Körperfunktionen waren reduziert: Sie hatte wenig Appetit, ihr Sexualtrieb war schwach, und sie litt unter Schlafstörungen. Kein Wunder, daß sie sich so leblos, so leer vorkam.

Barbara konnte keinen Zusammenhang zwischen ihrem körperlichen Zustand und ihrer psychologischen Verfassung sehen. Sobald ich auf den Zusammenhang hinwies, antwortete sie nur: »Wenn Sie es sagen!« Sie erklärte, sie habe keine andere Wahl, als meine Analyse ihres Problems zu akzeptieren. Sie mochte ihren Körper nicht und leugnete ihn unbewußt. Auf einer anderen Ebene spürte sie jedoch den Zusammenhang, denn bei der körperlichen Therapie gab sie sich Mühe, besser zu atmen und ihre Muskeln durch Bewegungen zu mobilisieren. Wenn die Anstrengung schmerzhaft wurde, weinte sie eine Weile, obwohl sie Tränen haßte. Sie bemerkte, sie habe in ihrem Leben genug Schmerzen ertragen und sehe keinerlei Notwendigkeit, noch mehr zu leiden. Aber Barbara hatte auch eingesehen, daß sie sich schämte, ihre Gefühle zu zeigen, und deshalb gegen sie ankämpfte. Es wurde ihr bewußt, daß sie sich nach dem Weinen besser fühlte, da sie sich dann lebendiger vorkam, und allmählich gab sie ihren körperlichen Empfindungen und Gefühlen mehr und mehr nach. Sie versuchte sogar, ihre Ablehnung verbal auszudrücken, indem sie laut sagte: »Nein, das werde ich nicht!«

Langsam ging es Barbara besser. Sie konnte länger arbeiten und leichter atmen. Die Tendenz zu Zusammenbrüchen nahm ab. Sie entließ das Hausmädchen. Ihre Augen gewannen merklich an Glanz, und sie lächelte mich an. Sie klagte nicht länger über Anomie. Sie hatte begriffen, daß sie ihr Körper-Gefühl wiederherstellen mußte, um ihr Selbst-Gefühl und ihre Identität wiederzuerlangen. Die Besserung in Barbaras Zustand beruhte teilweise auf ihrer Zuversicht, jemanden gefunden zu haben, der ihr helfen konnte, jemanden, der ihre Schwierigkeiten zu verstehen schien. Eine solche Besserung kann man freilich nur als zeitweilig betrachten. Die Konflikte, die ihre Verstörung herbeigeführt hatten, waren zwar aufgehellt, aber nicht gelöst worden. Barbaras Zeichnungen und ihre Kommentare dazu geben einen gewissen Einblick in diese Konflikte.

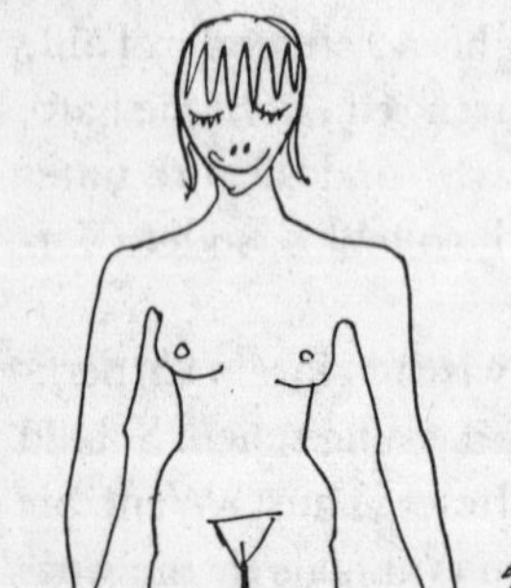
Abbildung 1

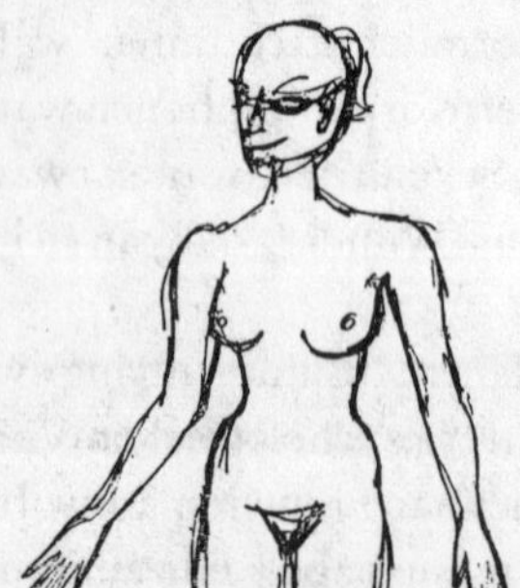
Abbildung 2

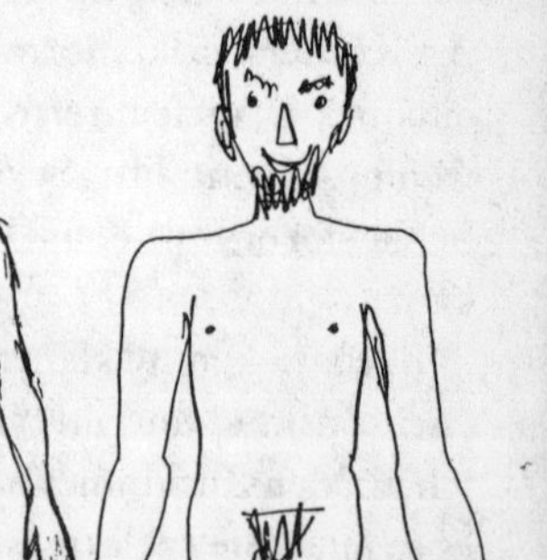
Abbildung 3

Bei den Abbildungen 1 und 2 handelt es sich um zwei Frauenbilder, die Barbara unmittelbar nacheinander machte. Zur ersten Zeichnung sagte sie: »Sie sieht albern aus. Ihre Schultern sind zu breit. Sie sieht mephistophelisch aus. Sie sieht auf eine diabolische Weise prüde aus.« Die zweite Zeichnung fand sie »leblos, ein Mannequin mit Totenmaske«. An Zeichnung 3, der Darstellung eines Mannes, fällt dem Betrachter ebenfalls etwas Dämonisches oder Diabolisches auf. Man erkennt zwischen Abbildung 1 und Abbildung 3 gewisse Ähnlichkeiten, die auf Barbaras Identifikation mit dem Mann schließen lassen.

Die Betonung der Körperkonturen in der zweiten Zeichnung ist wohl so zu deuten, daß Barbara einen Makel oder eine Schwäche ihres eigenen Körpers empfand. Mit der Zeichnung versuchte sie, dem, was sie als formlos wahrnahm, eine Form zu geben. Der fehlende Muskeltonus in Barbaras Körper verlieh ihr etwas Gestaltloses oder Amorphes, das sie kompensierte, indem sie kräftige Linien zog.

Wer war Barbara? War sie der Leichnam aus Abbildung 2, jene gleichsam als Wachsfigur dargestellte Person, oder war sie die diabolische, prüde Jungfrau von Zeichnung 1?

Wenn man Barbara betrachtete, wäre es einem schwergefallen, irgendeinen perversen Zug in ihrem Wesen auszumachen. Ihr Gesichtsausdruck war zurückhaltend, schüchtern und furchtsam. Aber sie war sich über den dämonischen Aspekt ihrer Persönlichkeit im klaren und gestand ihn ein:

> Am lebendigsten fühlte ich mich, wenn ich mir am perversesten vorkam. Im College war es pervers, mit Jungen zu schlafen. Ich schlief mit dem Freund einer Freundin von mir, und ich war stolz darauf. Ich gab damit an, weil ich etwas Perverses getan hatte. Ein andermal schlief ich mit einem dicken und häßlichen Mann, der mir Geld dafür gab. Ich war sehr stolz. Ich fand, daß ich die Fähigkeit hatte, etwas anderes zu tun als die anderen.

In bezug auf ihren schlaffen, amorphen Körper sah Barbara sich als ein Objekt (leblos, ein Mannequin), das den dämonischen sexuellen Forderungen des Mannes geopfert werden mußte. Was ihr Ich betraf, das durch Kopf und Hände ausgedrückt wurde, identifizierte sie sich mit dem Dämon, der jenes Opfer verlangte, und sie fand in dieser Entwürdigung irgendeine sonderbare Befriedigung.

Barbaras Mutter hatte sich ebenfalls als Opfer oder Märtyrerin betrachtet, und ihr Körper war ähnlich form- und gestaltlos. Barbara identifizierte sich im körperlichen Bereich offensichtlich mit ihrer Mutter, während sie sich im Ich-Bereich vom Körper der Mutter abgestoßen und von der mütterlichen Rolle als Sexualobjekt herabgewürdigt fühlte. Um ihrem Leben einen positiveren Sinn zu geben, trennte sie sich einfach von ihrer Weiblichkeit und identifizierte sich mit ihrem Vater.

Wenn eine Frau ein männliches Ich »annimmt«, entsteht eine Hexe. Die Hexe übernimmt die Ansicht des männlichen Ichs, daß der weibliche Körper ein Objekt ist, das sexuell benutzt wird. Deshalb wendet sich die Hexe gegen ihren eigenen Körper und weidet sich an seiner Opferung, weil diese den gedemütigten Aspekt ihrer Persönlichkeit symbolisiert. Gleichzeitig kompensiert sie die Demütigung, indem ihr Ich-Ideal einer überlegenen, nonkonformistischen Persönlichkeit entspricht, die die alte Moral verworfen hat.

Der dämonische Trieb der Hexe zielt außerdem darauf ab, das männliche Ich zu zerstören. Indem sie sich gegen die eigene Weiblichkeit wendet, leugnet die Hexe die Rolle der Liebe bei der Sexualität und verhöhnt den Mann, der sie begehrt. Barbaras sexuelle Unterwerfung spiegelt ihre Verachtung für den Mann wider. Sie sagte im Grunde: »Ich bin nichts, und du bist ein Narr, wenn du mich begehrst.«

Der Mann, der ein erniedrigtes Objekt in Besitz nimmt, erringt einen Pyrrhussieg. Er wird in den Augen der Frau degradiert. So rächte Barbara sich an ihrem Vater, der an der Demütigung der Frau beteiligt gewesen war.

Als sie sich in ihrer Kindheit unbewußt ihrer Lebenssituation anpaßte, hatte sie nicht voraussehen können, daß die Rache der Hexe am Mann sie *aller* Gefühle berauben würde oder daß sie durch die Trennung von ihrer Weiblichkeit mit einem »abgetöteten« Körper geschlagen und nicht mehr imstande sein würde, auf Liebe zu reagieren. Barbara besaß kein Selbst mehr, weil ihr Körper zu ihrer Mutter und ihr Ich zu ihrem Vater gehörte. Als Erwachsene begriff sie allmählich, daß sie sich selbst betrogen hatte, aber sie konnte die Hexe nicht ablegen, solange sie die Werte ihres Ich-Ideals unbewußt akzeptierte und ihren Körper ablehnte.

Barbara war sowohl die Hexe als auch das Opfer, sowohl das dämonische Ich, das die Opferung des weiblichen Körpers forderte, wie auch der unterwürfige Körper, der vor der Opferung zurückschreckte. Eine solche Spaltung führt zu zwei in Widerstreit miteinander liegenden Persönlichkeiten. Der Bruch in Barbaras Persönlichkeit läßt sich mit den Begriffen Leben und Tod ausdrücken. Um ihr Ich zu retten, hatte sie keine andere Wahl, als ihren Körper aufzugeben. Die Unterwerfung unter die Werte ihrer Eltern bedeutete, daß sie sich gegen ihren Körper wandte, aber durch dieses Manöver sicherte sie ihr Überleben und ihre psychische Gesundheit. Als Kind hatte sie sich das väterliche Bild von der Frau (mit dem die Mutter einverstanden war) zu eigen machen und sich einbilden müssen, diese lebensverneinende Einstellung habe irgendeinen höheren Sinn.

Das »Körper-Opfer« schizoider Persönlichkeiten ist ein symbolischer Akt – viele dieser unglücklichen Menschen opfern ihren Körper allerdings tatsächlich, indem sie Selbstmord begehen. Barbaras Opfer bestand darin, daß sie ihren Körper ablehnte, ihm alle Gefühle entzog und seine Bedeutung als Ausdruck ihres Wesens leugnete. Ihr Konflikt lebte jedoch weiter, weil ihr Körper weiterlebte und sich nur unter Protest in die Opferung fügte. Bei diesem Kampf hat der Körper einen Verbündeten im rationalen Teil des Geistes, der die dämonische Macht zwar nicht besiegen kann, aber doch stark genug ist, um den Patienten zur Therapie zu bringen.

Die nächste Fallgeschichte zeigt den Identitätskonflikt eines Menschen, dessen Persönlichkeit noch »intakter« war als die Barbaras. Henry war ein sehr erfolgreicher Mann in den Fünfzigern, der mich konsultierte, weil er nicht genug Freude und Befriedigung im Leben spürte. Er hatte hart gearbeitet, und er hatte es »geschafft«, aber irgend etwas fehlte. »Geld spielt keine Rolle«, sagte er, als wir über das Honorar sprachen, aber Geld konnte ihm auch gar nicht helfen. Sein Erfolg hatte ihm Depressionen eingebracht, ein beginnendes Magengeschwür und das starke Verlangen, »alles hinzuschmeißen«. Er dachte nur noch an die Zeit, da er in Pension gehen konnte, doch eine unbestimmte Vorahnung sagte ihm, auch das würde keine Lösung sein. Er fühlte sich ständig mit Problemen konfrontiert, die er, wie er sagte, lösen könnte, wenn sie nur nacheinander auftauchten, aber alle auf einmal – das gehe über seine Kräfte.

Als Henry über seine Jugend sprach, sagte er, er habe als schwarzes Schaf der Familie gegolten, das es nicht weit bringen werde. Doch dann habe er eines Tages beschlossen, allen zu beweisen, daß er sehr wohl Erfolg haben könne. Er schaffte es, aber der Erfolg brachte neue Herausforderungen und Pflichten mit sich. Es war nicht leicht auszusteigen. Und was soll man schließlich tun, wenn man ausgestiegen ist? So sehr Henry über seine Probleme klagte, so sehr schienen ihn die Chancen zu interessieren, die sie beinhalteten. Er hatte sich dem Erfolg verschrieben und mußte fortfahren, erfolgreich zu sein – eine schwere Bürde, denn der Erfolg erlaubt kein Nachlassen, keinen Rückzug, es sei denn durch Scheitern.

Henrys Entscheidung, sich einer analytischen Behandlung zu unterziehen, machte die Last leichter. Ein Teil der Bürde wurde einfach auf den Therapeuten abgewälzt, und Henry fühlte sich freier und besser. Als ich ihn darauf hinwies, wie sehr er seinen Körper vernachlässigt habe, war er beeindruckt. Er beschloß, seinem Körper mehr Aufmerksamkeit zu schenken, und das half ihm vorübergehend. Henry besaß sowohl den Willen wie auch die Kraft, eine erfolgreiche Anstrengung zu unternehmen, um sein bisheriges Verhaltensmuster zu ändern, aber dann ließ er in seinen Bemühungen nach. In Wahrheit betrachtete er die Therapie als eine weitere Herausforderung, auf die er mit seiner typischen Entschlossenheit zum Erfolg reagierte. So wurde die Therapie zu einer zusätzlichen Last.

Eines Tages ließ Henry sich mehr gehen als sonst. Er saß in meiner Praxis und sprach über seine Probleme. Da sank sein Kopf zur Seite, seine Gesichtszüge erschlafften, er wirkte sehr abgespannt, und seine Augen hatten einen niedergeschlagenen Ausdruck. Er sah aus, als sei er besiegt worden und wisse es nicht.

Henry sah sich in seinem Ich-Ideal als unbesiegbar, was die innere Realität seiner Gefühle leugnete. Nicht daß er glaubte, er würde immer gewinnen. Er war einfach entschlossen, niemals zu verlieren, sich niemals kleinkriegen zu lassen. Physisch war er jedoch ein geschlagener Mann, der sich weigerte, die Niederlage zu akzeptieren. Er war bei dem Versuch, im finanziellen Erfolg einen existentiellen Sinn zu finden, gescheitert. Er war verzweifelt über seine Unfähigkeit, Freude am Leben zu haben. Er war zur Therapie gekommen, um das *Gefühl* der Niederlage und Verzweiflung loszuwerden, aber um sich selbst zu finden, mußte er diese Gefühle erst einmal akzeptieren.

Henrys Körper war lebendiger als Barbaras Körper. Seine Muskulatur war besser entwickelt, und seine Haut hatte Wärme und Farbe. Er litt unter starken Muskelverspannungen, die zu einem leicht gekrümmten Rücken führten, so daß es ihn Mühe kostete, sich geradezuhalten. Seine Nackenmuskeln waren sehr angespannt, und sein Hals war kurz. Unter Streß hatte er Schwierigkeiten beim Atmen, und dieses Atmungsproblem zeigte sich in seiner Neigung, die Luft förmlich herauszupusten, wenn er ausatmete. Er war außerdem ein starker Raucher. Die Verspannung seiner Körpermuskulatur war so ausgeprägt, daß sie ihn lähmte wie bleierne Gewichte. Er kämpfte gegen innere Widerstände, deren er sich nicht bewußt war, aber er konzentrierte all seine Energie auf den äußeren Erfolg. Er war also gespalten zwischen seinem Ich-Ideal und der Realität seines Körpers, zwischen den äußerlichen Aspekten Erfolg und Leistung und dem inneren Gefühl der Niederlage und Frustration.

Henrys Problem ließ sich oberflächlich mit seinem neurotischen Erfolgszwang erklären. In seinem Unbewußten war sein Körper ein Lasttier, das in den Dienst des Ichs gespannt werden mußte. Der Körper erlebte diese Anforderung als Joch, das ihn seiner Freiheit beraubte und ihm Lust und Befriedigung verwehrte. Henrys Körper kämpfte dagegen an – anders als der Körper Barbaras. Er kämpfte jedoch so sehr, daß Henry den Kontakt zu ihm verlor, sich seiner Gefühle nicht mehr bewußt war und schizoide Tendenzen entwikkelte. Die Opferung seiner Freiheit geschah nicht um des finanziellen Erfolgs willen, wie Henry glaubte, sondern um des Erfolgsbildes willen, das er in seiner Jugend geformt hatte. Wer seinen Körper für die Befriedigung eines echten Bedürfnisses (Hunger, Sexualität, Lust usw.) mobilisieren will, muß ihn benutzen, doch wer ihn in den Dienst eines Ich-Ziels stellt, mißbraucht ihn oder benutzt ihn auf die falsche Weise.

Henrys Problem war nicht so schwerwiegend wie das von Barbara. Er begriff und akzeptierte den Zusammenhang zwischen dem Selbst und dem Körper. Barbara konnte nur die diesbezügliche Möglichkeit einräumen: »Wenn Sie es sagen!« Henry sah ein, daß er die Muskelverspannungen in seinem Körper lösen mußte, und er nahm dieses Problem mit einer Entschlossenheit in Angriff, die die Verkrampfungen nur noch verstärkte. Barbara spürte die Unbeweglichkeit ihres Körpers, sah sich aber nicht imstande, etwas dagegen zu unternehmen. Sie empfand ihren Körper als etwas, das ihrer Persönlichkeit fremd war; sie drückte sogar den Wunsch aus, keinen Körper zu haben, weil sie ihn nur als Quelle ihrer Qualen betrachtete. Sie war gewillt gewesen, ihren Körper zu opfern, um die Hexe in sich zufriedenzustellen. Henry dagegen akzeptierte seinen Körper, mißbrauchte ihn jedoch. Er unterwarf ihn seinem egoistischen Erfolgsverlangen, weil er hoffte, dadurch seine Freiheit zu gewinnen; als der Erfolg aber nicht zur Freiheit führte, begriff Henry, daß er Hilfe brauchte.

Der schizoide Konflikt ist ein Kampf auf Leben und Tod, den man unter das Motto »Sein oder Nichtsein« stellen kann. Im Gegensatz dazu beruht der neurotische Konflikt auf Schuld- und Angstgefühlen hinsichtlich der Lust. Das soll nicht heißen, der Schizoide sei frei von solchen Schuld- und Angstgefühlen; doch sind sie bei ihm dem alles beherrschenden Überlebensbedürfnis untergeordnet. Die schizoide Persönlichkeit zahlt für ihre Existenz einen Preis: Sie versagt sich das Recht, unverhüllte Forderungen an das Leben zu stellen. Die Aufgabe dieses Rechts führt zwangsläufig zu irgendeinem Opfer, wie wir bei Barbara gesehen haben, und zu einer Existenz, die ihre einzige Befriedigung in der Negation findet. Die Negation des Lebens in jeder Form ist die Äußerung einer schizoiden Tendenz, und in diesem Sinn birgt jedes emotionale Problem einen schizoiden Kern.

2 Die schizoide Störung

Der Begriff »schizoid« hat zwei Bedeutungen. Erstens bezeichnet er die Tendenz eines Menschen, sich von der Wirklichkeit zurückzuziehen, und zweitens bezeichnet er eine Spaltung oder einen Bruch in der Einheit der Persönlichkeit. Beide Aspekte spiegeln einander wider, und beide sind variable Größen, mit deren Hilfe man die emotionale Gesundheit bzw. Krankheit eines Menschen messen kann.

Eine emotional gesunde Persönlichkeit bildet eine Einheit und steht in engem Kontakt mit der Wirklichkeit. Eine schizophrene Persönlichkeit ist innerlich gespalten und hat sich von der Wirklichkeit völlig zurückgezogen. Zwischen diesen beiden Extremen liegt das breite Spektrum der schizoiden Zustände, bei denen sich der Rückzug von der Wirklichkeit in irgendeinem Grad von emotionaler Bindungslosigkeit äußert und die Einheit der Persönlichkeit durch die Kraft des rationalen Denkens gewahrt wird.

Emotionale Gesundheit ←————————→ Emotionale Krankheit

Normal (Neurosen) Schizoid Schizophren

Abbildung 4: Kontakt zur Wirklichkeit – Einheit der Persönlichkeit

Dieses Schema berücksichtigt auch die psychischen Störungen, die man Neurosen nennt. Neurosen, schreibt A. P. Moyes, sind »eine relativ harmlose Gruppe von Persönlichkeitsstörungen«, bei denen die »Persönlichkeit sozial organisiert bleibt«. Das soll allerdings nicht heißen, ein neurotischer Mensch hätte eine einwandfrei integrierte Persönlichkeit. Jedes neurotische Problem beruht auf einem Konflikt in der Persönlichkeit, der ihre Einheit bis zu einem gewissen Grad spaltet und ihren Kontakt zur Wirklichkeit reduziert. Sowohl bei Neurosen als auch bei Psychosen findet eine Flucht aus der Realität statt; der Unterschied besteht nach Freud darin, daß der Neurotiker die Realität ignoriert, während der Psychotiker sie leugnet. Jeder Rückzug aus der Realität und jede Flucht vor der Realität sind jedoch ein Ausdruck der schizoiden Störung.

Vor dem Hintergrund einer scheinbar angepaßten Persönlichkeit treten bestimmte neurotische Symptome in vielen Fällen so deutlich zutage, daß sie das klinische Bild eindeutig beherrschen. Eine Angst-, Verfolgungs- oder Zwangsneurose steht oft so im Vordergrund, daß sie die ganze Aufmerksamkeit des Therapeuten beansprucht und von der ihr zugrunde liegenden schizoiden Spaltung ablenkt. Dann neigt der Therapeut dazu, sich lediglich auf das Symptom statt auf das tiefer sitzende Persönlichkeitsproblem zu konzentrieren. Dieser Ansatz ist zwangsläufig weniger wirksam als eine Behandlung, die das Symptom als eine Äußerung des grundlegenden Konflikts zwischen Ich und Körper betrachtet und darauf abzielt, diesen Riß zu heilen. In Abbildung 4 habe ich die Neurosen in Klammern gesetzt, um darauf hinzuweisen, daß sie Teil des schizoiden Phänomens sind.

Dem schizoiden Problem wird nicht zuletzt deshalb immer mehr Aufmerksamkeit geschenkt, weil sich das psychiatrische Interesse allmählich vom einzelnen Symptom auf die Persönlichkeit als ganze verlagert. Psychotherapeuten werden sich zunehmend des Mangels an Gefühl, der emotionalen Bindungslosigkeit und der Depersonalisation ihrer Patienten bewußt. Heute sieht man allgemein ein, daß der schizoide Zustand mit seinen tiefsitzenden Ängsten unmittelbar für die Symptombildung verantwortlich ist. So zentral das Symptom auch für den betroffenen Menschen sein mag – im heutigen psychologischen Denken spielt es doch nur eine Nebenrolle. Wenn die Symptome im Rahmen einer Psychotherapie ohne Rücksicht auf die ihnen zugrunde liegende schizoide Störung gelindert werden, muß die Behandlung sogar als Verstärkung des eigentlichen Leidens und ihre Ergebnisse als vorübergehend betrachtet werden. Wenn die schizoide Spaltung jedoch überwunden werden kann, bessert sich das Befinden des Patienten in allen Persönlichkeitsbereichen.

Psychotherapeuten sind sich der weiten Verbreitung schizoider Neigungen in der Bevölkerung zwar bewußt, aber die breite Öffentlichkeit nimmt das Problem noch nicht zur Kenntnis. Der Durchschnittsbürger hält sich allein an die neurotischen Symptome und meint, wenn er – oder jemand anders – keines davon aufweise, sei alles in bester Ordnung. Die Folgen dieser Einstellung können katastrophal sein – zum Beispiel im Fall eines jungen Menschen, der plötzlich, ohne jede Vorwarnung, Selbstmord begeht oder einen sogenannten Nervenzusammenbruch erleidet. Aber selbst wenn es nicht gleich zu einer Tragödie kommt, sind die Auswirkungen der schizoiden Störung so schwerwiegend, daß wir ihr Vorhandensein bei neurotischem Verhalten nicht übersehen dürfen: Wir dürfen nicht warten, bis eine Krise ausbricht.

Die Spätpubertät ist eine kritische Zeit für den schizoiden Menschen. Die starken sexuellen Gefühle, die dann in seinem Körper virulent werden, machen ihm oft die Anpassung, zu der er bisher noch imstande war, plötzlich unmöglich. Viele junge Leute sind nicht mehr fähig, die Schule zu beenden. Andere schaffen es unter Aufbietung all ihrer Energie, kommen aber in den ersten Studiensemestern in Schwierigkeiten. Vereinfacht betrachtet, kann das Ganze so ablaufen wie in dem angenommenen Fall, den ich nun beschreiben möchte.

Ein Jugendlicher, der in der Schule bisher einigermaßen zurechtgekommen ist, schafft es plötzlich nicht mehr so ganz. Seine Noten werden schlechter, sein Interesse läßt nach, er wird rastlos und fängt an, sich mit »nichtsnutzigen« Kameraden herumzutreiben. Seine Eltern führen sein Verhalten auf mangelnde Disziplin, fehlende Willenskraft, Aufsässigkeit oder, ganz allgemein, auf die Grundstimmung der »Jugend von heute« zurück. Womöglich schließen sie vor seinen Schwierigkeiten die Augen, weil sie hoffen, er würde schon von selbst wieder aus ihnen herauswachsen (was jedoch nur selten geschieht). Oder sie schimpfen mit ihm und versuchen, ihn zu einer verantwortungsbewußten Haltung zu zwingen (auch das schlägt meist fehl). Am Ende finden sie sich widerwillig mit der Vorstellung ab, daß auch anscheinend gescheite Kinder »aussteigen«, daß manche einfach von Natur aus »haltlos« sind, daß viele junge Leute aus geordneten Verhältnissen destruktive oder gar strafbare Handlungen begehen; und sie geben jeden Versuch auf, die Haltung ihrer heranwachsenden Kinder zu verstehen.

Der schizoide Mensch kann sein Problem nicht beschreiben. Er hat schon immer Schwierigkeiten gehabt, so weit er zurückdenken kann. Er weiß, daß irgend etwas mit ihm nicht stimmt, aber dieses Wissen ist ein unbestimmtes, das er nicht in Worte zu fassen vermag. Ohne das Verständnis seiner Eltern oder Lehrer gerät er innerlich mehr und mehr in Verzweiflung. Vielleicht findet er andere, denen es ebenso oder ähnlich geht wie ihm und zu denen er eine Beziehung herstellen kann, die auf einer »anderen« Lebensweise beruht. Er kann sein Verhalten sogar rationalisieren und ein gewisses Gefühl der Überlegenheit entwickeln, indem er erklärt, er sei nun mal kein »Spießer«.

Ich möchte jetzt vier Fälle schildern, um einige unterschiedliche Formen zu veranschaulichen, in denen die schizoide Störung sich äußern kann. Außerdem wird der Leser erkennen, daß diese vier Beispiele viele gemeinsame Elemente besitzen. In jedem Fall war die Störung ernst genug, um therapeutische Hilfe erforderlich zu machen – und in allen Fällen wurde sie ignoriert oder übersehen, bis die Krise schließlich da war.

Schizoide Persönlichkeit und schizoides Verhalten

1. Jack war ein junger Mann von zweiundzwanzig Jahren, als er zu mir in Behandlung kam. Mit achtzehn hatte er die Reifeprüfung gemacht, dann hatte er ein Jahr lang Folk-Songs in Cafés gesungen. Anschließend diente er zwei Jahre beim Militär und nahm dann einen Job nach dem anderen an.

Jacks Krise setzte nach seiner Entlassung aus der Armee ein: Zusammen mit einigen Freunden nahm er etwas Meskalin, eine halluzinogene Droge, die ein emotionales Erlebnis auslöste, das ihn schockierte. Er berichtete:

> Ich hatte Halluzinationen, die sich unmöglich beschreiben lassen. Ich sah Frauen in jeder nur erdenklichen erregenden Stellung. Als ich es aber hinter mir hatte, haßte ich mich. Meine sexuellen Schuldgefühle machen mich ganz fertig. Das Seltsame ist, daß ich mich für nonkonformistisch halte, für links, sexuell nicht ver-

klemmt und so weiter. Ich kann darüber diskutieren, aber ich schaffe es nicht, die Schuldgefühle loszuwerden. Sie ängstigen und deprimieren mich.

Diese von der Droge herbeigeführte Erfahrung zerstörte Jacks Anpassungsfähigkeit. Die schizoide Tendenz in seiner Persönlichkeit, die er bisher unter Kontrolle hatte, brach sich Bahn und löste die eindeutigen Symptome der Störung aus, die er folgendermaßen beschrieb:

a. Angst – »Manchmal ist die Angst so groß, daß ich nicht allein bleiben kann. Ich glaube, ich habe einfach Angst davor, daß ich den Verstand verliere.«
b. Hypochondrie – »Jeder kleine Pickel, Kratzer, Schmerz und so fort versetzt mich in Todesangst. Ich denke dann sofort an Krebs, Syphilis . . .«
c. Loslösung – »Einmal hatte ich das Gefühl, ich glitte fort aus der Wirklichkeit, ich sei irgendwie von ihr getrennt, und in den letzten Wochen kam es mir fast immer so vor, als sei ich von der Realität getrennt, als wäre ich woanders und beobachtete mich.«

Wenn die Symptome mit solcher Intensität auftreten, ist die Diagnose nicht weiter schwer. Es wäre jedoch ein Irrtum anzunehmen, die schizoide Störung habe sich vorher nie geäußert. Jack hatte schon als Kind mit nächtlichen Angstzuständen und Unwirklichkeitsgefühlen zu kämpfen gehabt. Er berichtete darüber:

So weit ich zurückdenken kann [bis zum Alter von sechs oder sieben Jahren], bin ich mir anders vorgekommen, aber meine Eltern redeten mir ständig ein, alles sei normal. In der Volksschule fühlte ich mich oft seltsam – zum Beispiel: Ich saß in der Klasse und beobachtete die anderen Schüler und fragte mich, ob sie die gleiche Verwirrung spürten wie ich.

Das Tragische in seinem Fall war, daß niemand aus seiner unmittelbaren Umgebung seine Schwierigkeiten zu verstehen schien. »Meine Eltern und Freunde redeten mir ein, dieses Gefühl [anders und merkwürdig zu sein] sei ein ganz normales Gefühl«, sagte Jack. Diese Erfahrung scheint übrigens die Regel zu sein. Selbst intensive nächtliche Angstzustände werden oft als »normale« Erlebnisse abgetan, über die das Kind schon hinauswachsen werde.

Jacks Körper wies die typischen schizoiden Merkmale auf: Er war dünn, verkrampft und starr; die Muskulatur war unterentwickelt, die Motilität reduziert, und sein Atem ging schwer. Er besaß einen leblos wirkenden Körper, von dem er sein Ich schon vor langer Zeit getrennt hatte. Nie hatte er systematisch Sport getrieben oder andere körperliche Aktivitäten entwickelt. Seine hypochondrische Angst drückte seine Furcht vor seinem Körper und seine mangelnde Identifikation mit ihm aus.

2. Peter, ein siebzehnjähriger Junge, wurde nach einem alarmierenden Vorfall zur psychiatrischen Untersuchung geschickt. Er hatte sich eines Abends nach einem Streit mit seiner Freundin betrunken. Dann nahm er, um ihr zu zeigen, wieviel ihm an ihr lag, seine Gitarre und fuhr zu ihr, um ihr ein Ständchen zu bringen. Da es spätabends war, machten ihre Eltern sich Sorgen wegen des Lärms. Sie wollten ihn beruhigen und baten ihn ins Haus, doch als er drin war, verlangte er, ihre Tochter zu sehen, und drohte damit, sich als Beweis seiner Zuneigung einen Finger oder gleich die ganze Hand abzuschneiden. Er wurde so zudringlich, daß man ihn gewaltsam bändigen und heimbringen mußte.

Drei Monate vor diesem Ereignis hatte Peter andere »Schwierigkeiten« gehabt. Zusammen mit ein paar Freunden hatte er ein Auto gestohlen. Sie gaben es zurück und gestanden den Diebstahl ein, dann aber liefen die Jungen fort, damit, wie Peter sagte, ihre Eltern nicht in die Sache hineingezogen würden. Sie brachen eine leerstehende Wohnung auf, stahlen Lebensmittel, versteckten sich vor der Polizei und verschlimmerten die juristischen Folgen ihrer Tat dadurch noch mehr. Da Peter aus gutem Hause und nicht vorbestraft war, erhielt er Bewährung. Seine Mutter gab seinen Kameraden die Schuld an dem Delikt. Erst nach dem Vorfall mit der Freundin kam sie auf den Gedanken, mit Peter selbst sei vielleicht etwas nicht in Ordnung.

Daß etwas nicht stimmte, hätte man schon früher sehen können. Bereits vor den geschilderten Ereignissen hatte Peter nämlich plötzlich Schwierigkeiten mit der Schule gehabt. Nachdem er zwei Jahre lang gut mitgekommen war, begann er unter Konzentrationsschwäche zu leiden, und im zweitletzten Schuljahr ließen seine Leistungen rapide nach. Er kam abends spät nach Haus, fing an zu trinken und wurde so aufsässig, daß seine Eltern nicht mehr mit ihm fertigwurden. Aber niemand schien sich ernstlich Sorgen um ihn zu machen, bis die Krise ausbrach.

Peter war gut gebaut, sein Körper gut proportioniert. Sein Gesicht hatte einen unschuldigen Ausdruck, zeigte aber ansonsten keinerlei Gefühlsäußerungen. Dieser unschuldige Ausdruck hatte die Familie getäuscht. Seine Augen wirkten irgendwie stumpf, leer. Trotz seiner ganz normalen Erscheinung war sein Körper verkrampft und hart, und seine Bewegungen wirkten höchst unharmonisch. Seine Knie und Knöchel waren so steif, daß er die Beine kaum beugen konnte. Sein Körper entbehrte jeden Gefühls, und selbst als er über seine Drohung berichtete, sich eine Hand abzuhacken, tat er das ohne Emotion.

Bei unseren Gesprächen sagte Peter, der sexuelle Kontakt mit einem Mädchen schenke ihm die einzige Wärme, die er kenne, und ohne diesen Kontakt wäre sein Leben sinnlos. Das Bedürfnis nach diesem körperlichen Kontakt schien so übermächtig zu sein, daß es alle rationalen Erwägungen zurückdrängte. Ohne ihn kam er sich so leer und leblos vor, daß moralische Prinzipien keine Bedeutung mehr hatten. Ich meine, daß dieser Zustand typisch für alle jugendlichen Straffälligen ist, die ich kennengelernt habe. Ihre Jagd nach aufregenden Situationen ist nichts als der Versuch, einen ansonsten »toten« Körper mit Energie aufzuladen. Leider nimmt diese Jagd oft die Form eines gefährlichen Abenteuers oder einer Auflehnung gegen jede Autorität an. Für die sexuelle Obsession dieser jungen Leute ist ihr Mangel an normalem Körper-Gefühl verantwortlich.

Wenn niemand die schizoide Störung versteht, wird das abweichende oder kriminelle Verhalten der jungen Leute den Eltern bzw. den Behörden weiterhin Rätsel aufgeben. Man wird es auf mangelnde Strenge bei der Erziehung oder auf eine allgemeine moralische Schwäche des jungen Menschen zurückführen. Diese Erklärungen mögen bis zu einem gewissen Grad zutreffen, aber sie gehen am Kern des Problems vorbei. Ein Ich, das nicht in der Realität des

Körper-Gefühls wurzelt, gerät in Verzweiflung, und in seiner Verzweiflung wird es gegen sich und andere destruktiv vorgehen.

3. Jane war einundzwanzig Jahre, als sie mich nach dem Ende einer romantischen Affäre konsultierte. Sie kam sich verloren vor und war verzweifelt. Sie spürte, daß irgend etwas mit ihr nicht stimmte, aber sie wußte nicht, was es war oder wie sie damit fertigwerden sollte. Der folgende Bericht gibt uns einen gewissen Aufschluß über ihr Problem:

> Ich weiß noch, daß ich als junges Mädchen dachte, ich stünde im Krieg mit mir selbst. Besonders nachts, im Bett, hatte ich den Eindruck, ich läge mit irgend etwas in mir im Kampf. Es war sehr frustrierend und sehr hoffnungslos. Ich war völlig durcheinander. Ich wußte nicht, wen ich um Rat fragen sollte.
>
> Mit elf entdeckte ich meinen Körper. Vorher hatte ich ihn als eine Selbstverständlichkeit betrachtet. Ich nahm stark zu und wurde befangen. Damals setzte auch meine Menstruation ein. Je gehemmter ich wurde, desto mehr nahm ich zu und desto unwirklicher kam ich mir vor. Ein Jahr später fing ich an zu onanieren. Ich dachte, ich würde schwanger oder geschlechtskrank werden. Ich hatte deswegen starke Schuldgefühle. Aber ich mußte einfach masturbieren, bevor ich etwas tun konnte. Wenn ich eine Arbeit für die Schule schreiben mußte, pflegte ich zu zaudern, bis ich schließlich onanierte. Dann ging es.
>
> In jener Zeit hatte ich immer wieder einen Tagtraum. Ich bildete mir ein, ich ritte auf einem Pferd. Die anderen hatten auch ein Pferd, aber meines war besser als ihres.
>
> Männer machten mir furchtbare Angst. Ich hatte keinen einzigen Freund, als ich aufs Gymnasium ging, und auf dem College hatte ich nur ein einziges Mal eine Verabredung.

Jane lag im Kampf mit ihren sexuellen Gefühlen. Sie konnte sie weder akzeptieren noch verdrängen. Die Folge war ein intensiver Konflikt, der sie quälte und vor dem sie in eine Traumwelt zu flüchten versuchte. Das Pferd aus ihren Phantasien läßt sich als ein Symbol für ihren Körper, vor allem seine untere Hälfte, interpretieren. Ihr Versuch, die Realität ihres Körpers zu leugnen, gelang nur teilweise. Seine Bedürfnisse drängten sich in ihr Bewußtsein und verlangten selbst um den enorm hohen Preis der Schuldgefühle nach Befriedigung.

Die Spaltung in Janes Persönlichkeit äußerte sich auch physisch und sogar in sehr auffälliger Weise. Von der Taille abwärts war ihr Körper schwer, behaart und relativ dunkel getönt; sie hatte ausladende Hüften und üppige Schenkel, und ihr Muskeltonus war schlecht. Von der Taille aufwärts wirkte Jane zierlich; ihr Brustkorb war schmal; ihre Schultern hingen herab; auf ihrem langen und dünnen Hals thronte ein kleiner Kopf, und sie besaß regelmäßige Gesichtszüge. Die Haut der oberen Körperhälfte war hell. Der Gegensatz zwischen den beiden Hälften sprang sofort ins Auge. Die untere Körperhälfte ließ auf sexuelle, frauliche Reife bzw., in Anbetracht ihrer Schlaffheit und Schwere, sogar auf »Überreife« schließen. Die obere Körperhälfte wirkte dagegen irgendwie unschuldig, kindlich.

Wer war Jane? War sie das grazile Geschöpf, das königlich auf der unteren Hälfte ihres Körpers thronte, oder war sie das Pferd, mit dem sie sich ebenfalls identifizierte und auf dem ihr Ich ritt wie eine Herrscherin? Sie war offensichtlich beides, aber sie konnte die beiden Aspekte ihrer Persönlichkeit nicht miteinander versöhnen.

4. Der nächste Fall, bei dem sich die Krankheit nicht ganz so drastisch äußert, veranschaulicht einen anderen Aspekt der schizoiden Störung. Sarah war geschieden und hatte einen fünfzehnjährigen Sohn. Das Scheitern ihrer Ehe war ein großer Schock für sie gewesen und hatte eine tiefe Depression ausgelöst. Ich diagnostizierte ihre Charakterstruktur als schizoid, obgleich ihr Verhalten, oberflächlich betrachtet, kaum auf eine so schwerwiegende Störung hinwies. Sie beschrieb ihr Problem wie folgt:

> Nicht daß ich unwirklich bin, aber ich habe den Eindruck, daß meine Beziehungen zu anderen Menschen nicht wirklich sind. Ich frage mich oft, was die Leute wohl von mir denken, wenn ich etwas tue. Ich bilde mir manchmal ein, ich sei was Besonderes. Ich finde, sie müßten mich ebenfalls für etwas Besonderes halten. Aber in Wahrheit sehe ich, daß ich es nicht schaffe. Meine Leistung entspricht nicht meinen Erwartungen.

In Sarahs Auftreten und Redeweise hatte ich eine gewisse Arroganz bemerkt, die für bestimmte schizoide Menschen typisch ist. Sarah fiel mir auf als jemand, der glaubt, er habe hervorragende Eigenschaften oder eine überlegene Intelligenz. Als ich sie nach genaueren Einzelheiten über ihre Illusion von Größe fragte, antwortete sie:

> Meine Illusion besteht darin, daß ich glaube, alles in allem einen guten Charakter zu haben. Beispielsweise erwarte ich selbst jetzt noch, daß mir die Leute sagen, was für eine gute Mutter ich sei. Wie gut ich meinen Sohn behandle! Ich war immer der Liebling meiner Lehrer. Ich war nie ungehorsam. Ich war die klassische »Musterschülerin«.

Sarah war eine kleine, mädchenhafte Frau mit einem zarten Gesicht, eckigen Schultern und einem zerbrechlich wirkenden Körper. Ihr Äußeres ließ auf eine ängstliche, unreife Person schließen, während ihre Redeweise und ihr Auftreten Reife und Selbstvertrauen signalisierten. Dieser Widerspruch in ihrer Persönlichkeit wies auf eine schizoide Störung hin. Es gab aber noch andere Anzeichen von »Unwirklichkeit« – trotz ihrer gegenteiligen Behauptung. Diese Anzeichen waren meist körperlicher Natur: mangelnder Augenkontakt zwischen uns, etwas Starres in ihrem Gesichtsausdruck, eine gewisse körperliche Steifheit und unharmonische Bewegungen.

Sarah spielte eine Rolle – die Rolle des »guten«, folgsamen Kindes, das immer das tat, was man von ihm verlangte, und das es gut tat. Ihr Rollenspiel war unbewußt, und sie erwartete, andere Leute müßten mit ihr einverstanden sein, als wäre sie ein Kind. Viele Menschen spielen im Leben bestimmte Rollen, ohne deswegen gleich schizoid zu werden. Es ist ein graduelles Problem. Wenn die Rolle die Persönlichkeit beherrscht, wenn das Ganze in der Rolle untergeht (wenn die Rolle sich verselbständigt), wenn man – wie bei Sarah – den Menschen nicht mehr hinter Maske und Kostüm sehen oder fassen kann, ist die Diagnose »schizoide Persönlichkeit« gerechtfertigt.

Was die Symptome betrifft, so waren alle vier Fälle – Jack, Peter, Jane und Sarah – unterschiedlich. Was die beiden variablen Größen angeht, die diese Krankheit bestimmen, so lagen sie ähnlich. Jeder

Patient litt unter Konflikten, die die Einheit seiner Persönlichkeit spalteten, und bei jedem war irgendein Verlust des Wirklichkeitskontakts zu beobachten. Der wichtigste Aspekt der vier Fälle bestand jedoch darin, daß sich Konflikt und Rückzug körperlich äußerten. Jack konnte seine Probleme mit einer verbalen Gewandtheit beschreiben, die in scharfem Gegensatz zur Starrheit und Unbeweglichkeit seines Körpers stand. Bei Peter drückte sich der Konflikt darin aus, daß sein Körper zwar athletisch gebaut, aber auffallend schlecht koordiniert war. Jane demonstrierte den Konflikt durch den Gegensatz zwischen den beiden Hälften ihres Körpers, während Sarahs abgeklärte Haltung einen deutlichen Kontrast zur Unreife ihres Körpers bildete.

Der Rückzug aus der Wirklichkeit äußerte sich bei allen vier Patienten in einem Mangel an Lebendigkeit und in der schwachen emotionalen Reaktionsfähigkeit des Körpers. Wer einen schizoiden Menschen beobachtet, hat den Eindruck, er sei nicht ganz »da«. Schizoide Merkmale werden oft mit den Redewendungen »nicht ganz da sein« oder »irgendwie weggetreten sein« umschrieben. Wir spüren den inneren Rückzug des Betreffenden. Dieser Eindruck beruht auf seinen blicklosen Augen, seinem maskenhaften Gesichtsausdruck, seinem starren Körper und seinem Mangel an Spontaneität. Er ist nicht geistesabwesend wie der sprichwörtliche zerstreute Professor, der irgendwelchen Gedanken nachhängt. Der schizoide Mensch ist sich seiner Umwelt bewußt, hat aber auf der emotionalen oder körperlichen Ebene keinen Kontakt mit ihr. Leider gibt es keine Bezeichnung für dieses Pendant zur Geistesabwesenheit. Im Englischen hat man für Menschen, die geistig präsent, emotional aber abwesend sind, das Adjektiv *schizzy* (von »schizoid«) geprägt.

Das Merkmal der schizoiden Persönlichkeit ist eine Aura des Unwirklichen. Sie bewirkt das »Sonderbare«, das sowohl uns als auch ihm selbst bewußt ist. Sie drückt sich auch in seinen Bewegungen aus. Er geht mechanisch, wie ein hölzerner Soldat, oder er läßt sich wie ein Zombie – ein »Untoter« – durchs Leben treiben. Diese Tatsache hat Ernst Kretschmer unterstrichen, als er das äußere Erscheinungsbild des schizoiden Menschen beschrieb: »Dieser Mangel an Frische, an unmittelbar reagierender Lebendigkeit des Bewegungsausdrucks betrifft auch die Hochbegabten der Gruppe mit ihrer überzarten innerlichen Reaktionsweise.«

Wenn bereits das Aussehen eines Menschen seine »Unwirklichkeit« signalisiert, bezeichnet man ihn als psychotisch, schizophren oder geisteskrank. Der schizoide Mensch dagegen empfindet seine Unwirklichkeit als eine innere Leere und ein Gefühl, von seiner Umwelt entfernt oder getrennt zu sein. Er kann sogar den Eindruck haben, daß sein Körper etwas ihm Fremdes, ja, beinahe Nicht-Existentes ist. Das läßt folgende Beobachtung erkennen:

> Als ich gestern zur Arbeit ging, habe ich meinen Körper nicht gefühlt. Ich kam mir ausgemergelt vor, wie Haut und Knochen. Ich habe mich noch nie so körperlos gefühlt. Ich trieb einfach dahin. Es war furchtbar. Ich kam mir im Büro merkwürdig vor. Alles kam mir anders, unwirklich vor. Ich mußte mich zusammenreißen, um arbeiten zu können.

Die bildhafte Beschreibung des entpersönlichten Zustandes zeigt sowohl den Verlust des Körper-Gefühls als auch den damit einhergehenden Verlust des Kontakts zur Umwelt. In anderen Fällen wird der sowieso schon schwache Wirklichkeitskontakt zusätzlich bedroht, wenn der schizoide Mensch Drogen nimmt, die seinen Geist noch mehr von seinem Körper trennen. So nahm zum Beispiel Virginia eines Abends »Pot« (Marihuana); daraufhin geschah folgendes:

> Ich hatte das Gefühl, ich beobachtete mich selbst. Es kam mir so vor, als täte mein Körper Dinge, die nicht mit mir zusammenhingen. Es war sehr beängstigend, also ging ich ins Bett. Ich wurde paranoid. Ich hatte Angst, ich könnte aus dem Fenster springen.

Man kann sagen, der Schizoide lebt in einer Art »Vorhölle«, das heißt, er ist noch nicht völlig »weggetreten« wie der Schizophrene, aber er ist auch nicht mehr ganz »da«. Man findet ihn in der Tat oft am Rande der Gesellschaft, wo er sich in Gesellschaft anderer »Randexistenzen« irgendwie zu Hause fühlt. Viele Schizoide sind hochsensibel und künstlerisch begabt – sie werden Dichter, Maler oder Musiker –, andere wieder schließen sich einem der vielen esoterischen Zirkel an, die in den Grenzbezirken unserer Gesellschaft blühen und deren Lehren ganz unterschiedlich sind. Die Mitglieder mancher Sekten nehmen Drogen, um höhere Stadien des Bewußtseins zu erreichen, in anderen Gruppen wendet man sich östlichen Philosophien zu, um den Sinn des Lebens zu finden, und in wieder anderen treibt man gymnastische Übungen, die ein umfassenderes Selbst-Verständnis versprechen. Es wäre aber ein großer Irrtum anzunehmen, die schizoide Persönlichkeit sei nur in solchem Umkreis zu finden. Es kann auch der Ingenieur sein, der wie eine Maschine lebt, oder der stille, zurückgezogene, schüchterne und homosexuelle Lehrer. Oder die ehrgeizige Mutter, die sich alle Mühe gibt, aufgeklärt zu wirken und das Richtige für ihre Kinder zu tun. Es kann auch das kleine Mädchen sein – aufgeweckt, eifrig, reizbar und verbohrt. Als Kindern ist diesen Menschen ein Gefühl der Unsicherheit gemeinsam, als Jugendlichen ein Gefühl der Angst und als Erwachsenen ein Gefühl der Frustration und des Scheiterns. Diese Reaktionen sind ernster, als man auf den ersten Blick vermuten möchte. Die kindliche Unsicherheit hängt nämlich mit dem Gefühl zusammen, anders zu sein, nicht dazuzugehören; die jugendliche Angst grenzt an Panik und kann in Grauen umschlagen; das Gefühl der Frustration und des Scheiterns, das den erwachsenen Schizoiden erfüllt, basiert immer irgendwie auf Verzweiflung.

Wege zum Verständnis des schizoiden Problems

Man hat die schizoide Störung unter einer Reihe von Gesichtspunkten erforscht, von denen drei für unser Buch wichtig sind. Es handelt sich um den psychologischen, den physiologischen und den konstitutionellen Ansatz. Die Psychologie versucht, Verhalten mit bewußten oder unbewußten geistigen Einstellungen zu erklären. Die Physiologie sucht die Erklärung für gestörtes Verhalten in gestörten Körperfunktionen. Der konstitutionelle Ansatz stellt eine Beziehung zwischen Körperbau und Persönlichkeitsstruktur her.

In der Psychologie wird der Begriff »schizoid« benutzt, um ein Verhalten zu beschreiben, das qualitativ der Schizophrenie ähnelt, sich aber noch mehr oder weniger innerhalb der Grenzen des Normalen abspielt. Die Diagnose »schizoid« wird bei spezifischen Verhaltensmustern gestellt, die sich wie folgt beschreiben lassen:

1. Ausweichen vor jeder näheren Beziehung zu anderen Menschen; Schüchternheit, Zurückgezogenheit, Furchtsamkeit, Minderwertigkeitsgefühle.

2. Unfähigkeit, Feindschaft oder aggressive Gefühle unmittelbar auszudrücken – Empfindlichkeit gegenüber Kritik, Mißtrauen, Bedürfnis nach Zustimmung, Tendenz zum Leugnen oder Verzerren der Realität.

3. Autistische Verhaltensweisen – Introversion, exzessives Tagträumen.

4. Unfähigkeit, sich zu konzentrieren; Gefühle der Lähmung oder des Aufgeputschtseins; Gefühle der Unwirklichkeit.

5. Hysterische Ausbrüche mit oder ohne augenscheinliche Provokation – Schreien, Kreischen, Wutanfälle.

6. Unfähigkeit, Emotionen – vor allem Lust – zu spüren; mangelnde emotionale Reaktionsfähigkeit auf andere Menschen oder übertrieben erregte oder manische Reaktionen.

Schizoides Verhalten wirkt aber oft ganz normal. Wie Otto Fenichel betont, gelingt es dem schizoiden Menschen »häufig, Objektbeziehungen und Gefühle durch deren bloße Vorspiegelung zu ersetzen« – zum Beispiel verbale Kontakte, die einen Ersatz für das Berühren des anderen darstellen. Eine andere Form von Pseudokontakten ist das Rollenspiel, ein Ersatz für emotionale Beteiligung an einer Situation. Die häufigsten Klagen schizoider Menschen kreisen nach Herbert Weiner darum, »daß sie nicht imstande sind, irgendwelche Emotionen zu fühlen: Sie haben sich den anderen entfremdet, sich zurückgezogen und getrennt«.

Man kann zeigen, daß die psychologischen Merkmale des schizoiden Menschen mit diesem Identitätsmangel zusammenhängen. Unsicher, wer er ist, nicht wissend, was er will, löst er sich entweder von anderen und zieht sich in eine Phantasiewelt zurück, oder er nimmt eine Pose ein und spielt eine Rolle, die ihn scheinbar in das normale Leben integriert. Wenn er sich zurückzieht, werden Symptome wie Schüchternheit, Absonderung, Mißtrauen und Unwirklichkeitsgefühle überwiegen. Wenn er eine Rolle spielt, entwickelt er die Neigung, Tatsachen zu leugnen oder zu verzerren, reagiert überempfindlich auf Kritik, fühlt sich minderwertig und klagt über innere Leere oder mangelnde Befriedigung. Es kann auch alternierende Phasen von Rückzug und Aktivität, Depressivität und Erregung geben, begleitet von abrupten oder extremen Stimmungsschwankungen. Das schizoide Bild ist sehr kontrastreich. Manche Schizoide sind hochintelligent und kreativ, obgleich ihre Tätigkeitsbereiche begrenzt und ungewöhnlich sein können, während andere stumpf wirken und ein leeres, angepaßtes und unauffälliges Leben führen.

Eine andere Betrachtungsweise der schizoiden Persönlichkeit, ein physiologischer Ansatz, wurde von Sándor Radó cntwickelt. Danach wird die schizoide Persönlichkeit durch zwei physiologische Defekte charakterisiert. Der erste, ein »integratives Lustdefizit«, bezeichnet die Unfähigkeit, Lust zu erleben. Der zweite, »eine Art propriozeptive Neigung«, bezeichnet ein verzerrtes Bewußtsein des körperlichen Selbst. Das Lustdefizit hindert den Menschen bei dem Versuch, ein effektives »Aktions-Selbst« oder eine Identität zu entwickeln. Da die Lust »der Knoten ist, der wirklich bindet« (Radó), ist das Aktions-Selbst, das ohne die bindende Kraft der Lust entsteht, brüchig, schwach, streßanfällig, überempfindlich. Das Lustdefizit, das Radó beschreibt, charakterisierte alle schizoiden Patienten, die ich gesehen habe. Während Radó es jedoch als ererbte Veranlagung betrachtet, erkläre ich es mit dem Kampf ums Überleben. Der schizoide Mensch ist sich nicht sicher, ob er das Recht hat zu existieren, er richtet deshalb all seine Energie auf den Kampf ums Überleben und meidet so den Bercich der lusterzeugenden Aktivitäten. Für einen Menschen, der um seine Existenzberechtigung kämpft, ist Lust ein irrelevanter Begriff.

Die offensichtlich verzerrte Selbst-Wahrnehmung ist in vielen Fällen das auffälligste Merkmal der schizoiden Persönlichkeit. Wie kann man Jacks Bemerkung »Ich fühlte mich von meinem Körper getrennt, als stünde ich daneben und beobachtete mich« erklären? Ist seine Selbst-Wahrnehmung fehlerhaft, oder beruht die Spaltung darauf, daß es nichts gibt, das er wahrnehmen kann? Wenn ein Körper ohne Gefühl ist, läßt die Selbst-Wahrnehmung nach. Andererseits gilt aber auch folgendes: Wenn das Ich sich vom Körper trennt, wird der Körper für den wahrnehmenden Geist etwas Fremdes. Wir haben es hier mit der gleichen Dualität zu tun, die wir zu Beginn dieses Kapitels beschrieben haben. Der Rückzug aus der Wirklichkeit führt zu einer Spaltung der Persönlichkeit, genau wie jeder Bruch einen Verlust des Kontakts mit der Wirklichkeit bewirkt. Wie wichtig die Körper-Wahrnehmung ist, kann man abschätzen, wenn man sich die folgende Bemerkung Radós zu eigen macht: »... das propriozeptive Bewußtsein [des Körpers] ist die tiefste innere Wurzel von Sprache und Denken.«

Die mangelhafte Selbst-Wahrnehmung des schizoiden Menschen hängt unmittelbar mit seiner Unfähigkeit zusammen, Lust zu erleben. Ohne Lust funktioniert der Körper nur mechanisch, Lust hält ihn lebendig und fördert die Identifikation von Ich und Körper. Wenn die Körperempfindungen unangenehm sind – keine Lust bereiten –, trennt sich das Ich vom Körper. Ein Patient sagte einmal zu mir: »Ich habe meinen Körper abgetötet, um unangenehme Gefühle zu vermeiden.«

Den konstitutionellen Ansatz spiegelt am besten das Werk Ernst Kretschmers wider, der das schizoide Temperament und Erscheinungsbild eingehend analysierte. Er stellte fest, daß es einen engen Zusammenhang zwischen beiden gibt und daß Menschen mit einem schizoiden Temperament gewöhnlich einen asthenischen oder, seltener, einen athletischen Körperbau haben. Der asthenische oder leptosome Körper ist lang und dünn und weist eine unterentwickelte Muskulatur auf, während der athletische Körper besser proportioniert ist und über besser ausgebildete Muskeln verfügt. Außerdem haben Kretschmer und Sheldon auf dysplastische Elemente im schizoiden Körper hingewiesen. Mit dem Fachausdruck Dysplasie bezeichnet man die Tatsache, daß die verschiedenen Teile des Körpers nicht harmonisch proportioniert sind.

Alle vier zu Beginn dieses Kapitels geschilderten Patienten wiesen diese charakteristischen schizoiden Merkmale auf. Jacks Körper war lang und dünn und hatte die unterentwickelte Muskulatur des asthenischen Typs. Peter besaß einen gut proportionierten Körper mit gut ausgebildeten Muskeln, der sich als athletisch beschreiben ließe. Janes Körper war dysplastisch: Die obere Hälfte wirkte asthenisch, die untere dagegen amorph oder gestaltlos. Auch Sarah hatte einen dysplastischen Körper – die obere Hälfte asthenisch, die untere ausgesprochen athletisch. Ihre Wadenmuskeln waren ausgeprägt wie die einer Ballerina, obgleich sie nie getanzt oder Sport getrieben hatte.

Der Körperbau spielt für die Psychiatrie eine Rolle, weil er Ausdruck der Persönlichkeit ist. Auf große, massige Menschen reagieren wir anders als auf kleine, drahtige. Wenn man die Persönlichkeit aber nur im Zusammenhang mit dem körperlichen Typus sieht, gerät man in eine Sackgasse. Man muß die Beziehung zwischen Körper und Persönlichkeit dynamisch betrachten, das heißt, man muß gleichzeitig andere Faktoren berücksichtigen, zum Beispiel die Motilität und die Ausdrucksfähigkeit des Körpers, beides Schlüsselelemente der Persönlichkeit. Die Kategorie »asthenisch« hat nur insoweit einen Sinn, als sie das Ausmaß der Muskelverkrampfung eines Menschen anzeigt. Der athletische Körper signalisiert nur dann eine schizoide Tendenz, wenn seine Bewegungen auffallend unharmonisch sind. Faktoren wie Lebhaftigkeit, Vitalität, Anmut, gestische Spontaneität und physische Wärme sind von großer Bedeutung, weil sie sich auf die Selbst-Wahrnehmung auswirken und das Gefühl der Identität beeinflussen.

Radós Ansatz beruht auf der Hypothese, daß die schizoide Störung aus physiologischen Funktionsstörungen resultiert. Er steht im Gegensatz zum psychoanalytischen Standpunkt Silvano Arietis, nach dem es sich um ein im wesentlichen psychologisches Problem handelt. Und Kretschmer wiederum erklärt, der schizoide Zustand sei konstitutionell bedingt. Während Radó und Kretschmer annehmen, dieses Leiden sei erblichen Ursprungs, behauptet Arieti, daß »Schizophrenie [also auch der schizoide Zustand] eine spezifische Reaktion auf einen in der Kindheit wurzelnden und im späteren Leben reaktivierten Zustand extremer Angst ist«.

Radó, Kretschmer und Arieti konzentrieren sich jeweils auf einen Aspekt des Problems, den die anderen als zweitrangig betrachteten. Arieti räumt zum Beispiel ein, es sei »eine bekannte Tatsache, daß die meisten Schizophrenen einen asthenischen Körperbau haben«, behauptet jedoch, das sei eine Folge der Störung und nicht ihre Ursache. Um uns da gar nicht erst in fruchtlose Diskussionen einzulassen, gehen wir am besten davon aus, daß es sich um Phänomene handelt, die sich wechselseitig bedingen: Die Störungen, die wir in

Körperbau und Physiologie beobachten, sind der physische Ausdruck eines Prozesses, der sich im psychologischen Bereich in Form von Denk- und Verhaltensstörungen manifestiert.

Psychologisch gesehen äußert sich die schizoide Störung in einer mangelhaften Identität und damit in einem Verlust normaler emotionaler Beziehungen zu anderen Menschen. Physiologisch gesehen wird der schizoide Zustand von gestörter Selbst-Wahrnehmung, reduziertem Lusterleben sowie von Atmungs- und Stoffwechselproblemen gekennzeichnet. Konstitutionell gesehen mangelt es dem schizoiden Körper an Harmonie und Integration. Er ist entweder zu starr, oder er wirkt so, als könne er jeden Augenblick in sich zusammensinken. In beiden Fällen fehlt ihm die Lebendigkeit, von der eine angemessene Selbst-Wahrnehmung abhängt. Ohne diese Selbst-Wahrnehmung wird die Identität verschwommen, oder sie geht verloren, und dann kommt es zu den typischen Symptomen.

Eine Gesamtbetrachtung des schizoiden Leidens sollte deshalb sowohl die psychischen als auch die physischen Symptome der Störung berücksichtigen:

1. verschieden starker Identitätsverlust;
2. gestörte Selbst-Wahrnehmung;
3. relative Unbeweglichkeit und verminderter Muskeltonus an der Körperoberfläche.

Die Beziehung zwischen diesen Persönlichkeitsbereichen läßt sich folgendermaßen beschreiben: Das Ich hängt, was sein Identitätsgefühl betrifft, von der Wahrnehmung des Körpers ab. Wenn der Körper vital und reaktionsfreudig ist, sind seine Lustfunktionen ausgeprägt und sinnvoll, und das Ich wird sich mit ihm identifizieren. In diesem Fall beruht das Ich-Ideal auf dem Körper-Bild. Wenn der Körper »leblos« ist, wird Lust unmöglich, und das Ich trennt sich vom Körper. Das Ich-Ideal wird übertrieben, um das unzureichende Körper-Bild zu kompensieren. Der Begriff Konstitution bezieht sich, dynamisch gesehen, auf das Ausmaß an körperlicher Vitalität und Lebendigkeit.

Die wechselseitige Beziehung der drei Aspekte läßt sich als Dreieck darstellen:

Abbildung 5: Bereiche der Persönlichkeit

Die Verbindungen zwischen diesen Persönlichkeitsbereichen werden anhand des Falles deutlich, den ich nun kurz schildern möchte. Bei der betreffenden Patientin handelte es sich um eine Frau, die ihrem Ich-Ideal nach ein überlegener Mensch mit überdurchschnittlicher Intelligenz und Sensibilität war. Im Laufe der Therapie wurde dieses Ich-Ideal erschüttert. Die Patientin erzählte einen Traum, in dem sich zwei Kinder, ein Junge und ein Mädchen, im Keller eines Hauses versteckten und einen Hungerstreik begannen. Sie fuhr fort:

> In meinem Traum fühle ich, daß sie es aus Trotz tun. Ich gehe in den Keller hinunter, wo ich ihre Körper nebeneinander liegen sehe, als wären sie tot, aber ich bemerke, daß ihre Augen geöffnet sind, und ihre Gesichter wirken im Gegensatz zu ihren leichenhaften Körpern lebendig. Ich fühle, daß sie mich verkörpern. Ich habe in meinem Leben oft aus Trotz gehandelt. Ich frage mich, ob die offenen Augen den Geist symbolisieren, denn ich habe das Gefühl, daß er der lebendigste Teil von mir ist.

Die Patientin war groß und dünn und hatte ein mageres, eingefallenes Gesicht, das ihr etwas Leichenhaftes gab. Eines Tages, als sie mit ihrer Mutter die Straße entlangging, erlebte sie ihren Zustand ganz deutlich. Sie erzählte: »Ich schämte mich ihrer so sehr, daß ich mich innerlich von ihr löste, als wollte ich nichts mehr mit ihr zu tun haben. Ich ging neben ihr her und fühlte mich von ihr und der Welt getrennt, wie ein Geist.« Als sie von diesem Vorfall berichtete, wurde ihr klar, daß zwischen ihrem Traum von den leichenhaften Körpern, ihrem Gefühl, ein Geist zu sein, ihrer Trennung von ihrem Körper und dem Erscheinungsbild ihres Körpers ein enger Zusammenhang bestand. Dann fragte sie mich: »Warum mußte ich mich abtöten?« Um diese Frage zu beantworten, ist es notwendig, daß wir die Dynamik, den Mechanismus und die Ursachen des schizoiden Problems kennen.

3 Die Abwehr des Grauens

Furcht wirkt lähmend auf den Körper. Normalerweise reagiert man mit Angriff oder Flucht auf Furcht: Man versucht, die Gefahr zu beseitigen oder ihr zu entkommen. Sind diese Reaktionen blockiert, wird die Selbst-Kontrolle erschüttert, man bricht zusammen, und die psychische Gesundheit ist bedroht. In dieser Lage kann man dem Wahnsinn durch bestimmte Manöver ausweichen, die die Angst leugnen und verdrängen. Ein gewisses Maß an Selbst-Kontrolle kann wiederhergestellt werden, aber die Furcht ist damit nicht beseitigt. Verdrängt, nimmt sie die Form eines unbestimmten Grauens an. Sie verwandelt sich in die Angst, die Kontrolle über sich oder gar den Verstand zu verlieren.

Der Angst vor dem Wahnsinn liegt ein Grauen zugrunde, das um so beunruhigender ist, als es namen- und gesichtslos bleibt. Das Entsetzen, das es hervorruft, kommt in Bildern wie dem von der Schlangengrube zum Ausdruck. Dieses Grauen lauert in den Tiefen jedes schizoiden Menschen und läßt sich mit einer noch nicht explodierten Bombe vergleichen. Die Explosion des Grauens im Bewußtsein ist für den betreffenden Menschen eine im wahrsten Sinn des Wortes erschütternde Erfahrung. Der schizoide Geist assoziiert sie mit Zerstörung der Welt, mit Weltuntergang und hat das Gefühl der totalen Vernichtung. Auf diese Bedrohung reagiert der schizoide Mensch mit einem Gefühl des »Auseinanderfallens« oder »In-Stükke-Gehens«. Er entwickelt verzweifelte Abwehrmechanismen gegen das Grauen und seine katastrophalen Auswirkungen. Wenn die Abwehrmechanismen versagen, kann er das Grauen nur noch durch die vollständige Flucht in die Unwirklichkeit der Schizophrenie vermeiden.

Oberflächlich betrachtet, scheint das Grauen mit der Angst vor dem Wahnsinn zusammenzuhängen. Jack, dessen Fall wir im zweiten Kapitel schilderten, sagte einmal zu mir: »Ich glaube, ich habe einfach Angst davor, den Verstand zu verlieren.« Die meisten Patienten erleben diese Angst ganz ähnlich. Man kann jedoch zeigen, daß das Grauen selbst die Kraft ist, die das Ich zu überwältigen und die psychische Gesundheit des betreffenden Menschen zu zerstören droht – und daß Schizophrenie ein letzter Versuch ist, diesem Grauen zu entkommen. Wie kommt es zu diesem namenlosen Entsetzen?

Ängste werden namen- und gesichtslos, wenn man sie verdrängt. Im Unterbewußtsein leben sie jedoch mit der schrecklichen Wirkung fort, die sie einst auf das Kind hatten. Wenn ein Patient aus der Umklammerung dieses Grauens befreit worden ist, treten einige seiner Elemente deutlich zutage: die Angst, verlassen zu werden, die Angst, vernichtet zu werden, und die Angst, jemanden zu vernichten. Dies sind jedoch spezifische, da *bewußte* Ängste, während das unbewußte Grauen des Schizoiden ein gestaltloses Entsetzen ist, dessen Würgegriff die Muskeln erstarren läßt und den Willen lähmt. Dieses Grauen gleicht dem berühmten Skelett im Wandschrank, das einen Teil seines Schreckens verliert, wenn man die Tür öffnet und seiner Realität entgegentritt. Vor der geschlossenen Tür, die das Unbekannte versteckt, zittert man in übermächtiger Furcht, die allen Mut und jede Entschlußkraft vertreibt. Die Therapie muß dem Patienten daher helfen, Mut zu fassen und Kraft zu sammeln, um seinen Ängsten entgegenzutreten. Bei diesem Prozeß wird er zwangsläufig sein Grauen bewußt erfahren, und wenn der Therapeut ihn unterstützt und versteht, kann diese Erfahrung eine positive Wirkung haben.

Paul berichtete nach ungefähr einjähriger Behandlung von einer solchen Erfahrung:

> Ich habe eine seltsame Woche hinter mir. Ich hatte Phasen absoluter Hilflosigkeit und dann auf einmal wieder das Gefühl, sehr lebendig zu sein. Freitag war ich ziemlich aktiv, aber am Sonnabend konnte ich einfach keinen Fuß auf den Boden kriegen. Ich hatte das Gefühl, der Tag glitte mir nur so durch die Finger. Ich wurde ganz deprimiert und habe ein bißchen geweint. Sonntag war es wieder besser. Ich ging aus dem Haus. Montag kam ich mir so tot vor, daß ich für den Rest meines Lebens nur noch im Bett

liegenbleiben wollte.

In jener Nacht hatte ich einen Traum, drehte mich danach in halbwachem Zustand auf den Rücken und griff mit den Lippen nach oben, um zu saugen. Meine Lippen zitterten, und ich war sehr ängstlich, beinahe wie gelähmt. Meine Arme fühlten sich schwer und leblos an, wie tote Gewichte, die ich nicht bewegen konnte. Ich brauchte all meine Willenskraft, um mich dagegen zu wehren, der Lähmung zu erliegen. Ich fühlte, daß etwas Grauenvolles passieren würde, wenn ich mich ihr hingäbe. Ich zwang mich dazu, ganz aufzuwachen.

Die Analyse dieses Erlebnisses zeigt, daß sich das Grauen in der schrecklichen Angst und dem Gefühl der Lähmung äußerte, als Paul eine spontane Geste machte, um sich Lust zu verschaffen. Die Geste des Lippenspitzens – des »mit den Lippen Greifens« –, um zu saugen, rief irgendwelche Erinnerungen aus der Kindheit in ihm wach, als eine ähnliche Tätigkeit grauenhafte Folgen zu haben drohte. Als Kleinkind hatte Paul tatsächlich einmal bei seiner Mutter eine offen feindselige Reaktion ausgelöst. Er wollte irgend etwas von ihr, und sie warf ihm daraufhin einen unsagbar wütenden Blick zu, den Paul so verstand: Ich habe jetzt genug von deinen Forderungen; wenn du nicht endlich den Mund hältst, werde ich dich verlassen oder dich vernichten! Derartige elterliche »Ausbrüche« der Feindseligkeit sind gar nicht selten. Viele Mütter schreien ihre Wut und Erbitterung geradezu heraus, und manche haben mir sogar erzählt, wie oft ihnen danach gewesen sei, ihr Kind umzubringen. Wenn eine solche Episode sich nicht wiederholt, wird im Kind kaum jenes überwältigende Grauen entstehen, doch wenn die Feindseligkeit eine unbewußte, durchgängige Haltung der Mutter darstellt, wird das Kind nach einiger Zeit Angst davor haben, jede Forderung, die es stellt, könne Verlassenwerden oder Vernichtung nach sich ziehen. Dann wächst in ihm auf die Mutter eine Wut, die für das Kind ebenso beängstigend ist.

Das Ergebnis solcher Erfahrungen ist eine Aggressionshemmung. Der schizoide Mensch hat Angst davor, Forderungen an das Leben zu stellen, die zu Lust und Befriedigung führen würden. Das Greifen nach der Welt ruft ein unbestimmtes Gefühl des Grauens hervor. Er hütet sich vor diesem Grauen, indem er seine Umwelt begrenzt und seine Aktivitäten einschränkt. Manche schizoiden Patienten empfinden schon eine panikartige Furcht, wenn sie auch nur daran denken, allein auf die Straße zu gehen oder gar verreisen zu müssen. Bei allen Schizoiden hängt dieses Grauen mit der Furcht davor zusammen, die Kontrolle zu verlieren, denn der Verlust der Kontrolle würde die verdrängten Impulse an die Oberfläche treten lassen, was – wie zum Beispiel bei Paul – katastrophale Folgen haben könnte.

Die Aggressionshemmung, die Einschränkung der Aktivität und die Notwendigkeit der Kontrolle bewirken eine körperliche Starrheit, die selbst bejahende Gesten weitgehend verhindert. Impulse werden eingedämmt, und schließlich ist die Impulsbildung überhaupt geschwächt. Der schizoide Mensch, der seine Bedürfnisse aus Angst verdrängt hat, weiß zuletzt nicht mehr, was er eigentlich möchte. Das Leugnen der Lust führt zu einer Zurückweisung des Körpers. Um angesichts des Grauens zu überleben, tötet er seinen Körper ab, indem er weniger atmet und sich weniger bewegt.

In Anbetracht dieser Situation ist die schizoide Loslösung und Nicht-Teilnahme leicht als Abwehrmechanismus gegen das Grauen zu verstehen. In dem Maße, in dem man sich von emotionalen Beziehungen fernzuhalten vermag, kann man sich auch von dem Grauen fernhalten, das dem Durchbruch verdrängter Impulse folgen könnte. Die körperliche Starrheit dient demselben Zweck. Loslösung und Isolation reduzieren jedoch den Kontakt zur Wirklichkeit, schwächen das Ich und beeinträchtigen das Identitätsgefühl. Nicht-Teilnahme beraubt den schizoiden Menschen außerdem der emotionalen Befriedigung, die normale Beziehungen am Leben hält und ein Gefühl des Wohlbefindens schenkt. Die Starrheit schließlich führt zu einer inneren Leere, einem inneren Vakuum, aufgrund dessen die so störanfällige schizoide Struktur zusammenbrechen kann.

Dieser Abwehrmechanismus gegen das Grauen macht noch ein weiteres Manöver erforderlich. Der schizoide Mensch benutzt »Pseudokontakte« und »Intellektualisierungen«, um den Kontakt zur Wirklichkeit aufrechtzuerhalten und ein Verhaltensmuster zu stützen, das der Norm ähnelt; das heißt, er spielt eine Rolle. Diese unbewußte Rolle liefert ihm eine Identität und gibt seinen Tätigkeiten einen Sinn. Solange er sie durchzuhalten vermag, kann er auch die Gefahr der inneren Auflösung oder des Sturzes in das Grauen vermeiden. Aber das Manöver birgt gewisse Gefahren. Rollenspiel engt das Fundament der Existenz ein. Eine angenommene Identität kann angesichts der Konfrontation mit dem Selbst zerbröckeln – deshalb fürchtet sich der Schizoide oft davor, mit sich und seinen Gedanken allein zu sein. Alle Aspekte seines Abwehrmechanismus (und seiner Ausweichmanöver) machen ihn also für eben die Probleme besonders anfällig, die sie eigentlich abwenden sollen.

Das schizoide Verhalten unterscheidet sich in grundlegenden Aspekten vom normalen Verhalten. Ihm fehlen die Motivationen, die das normale Verhalten leiten; es wird, mit anderen Worten, nicht vom Streben nach Lust bestimmt, sondern von der Notwendigkeit zu überleben und dem Verlangen, der durch die emotionale Loslösung auferlegten Einsamkeit zu entrinnen. Es beruht auf Rationalisierungen (Mays »Fachausdrücke«) und Rollenspiel und wurzelt nicht in echtem Gefühl. Der schizoide Mensch kann also funktionieren, aber seine Art zu leben erinnert an das Funktionieren von Automaten.

Es wäre freilich ein Irrtum, dem schizoiden Menschen *jedes* Gefühl abzusprechen. Hinter seiner Abwehr verbirgt sich eine große Sehnsucht nach wahrem Kontakt, Wärme und Liebe. So sehr er manchmal einem Automaten ähneln mag – es wird auch immer wieder deutlich, daß er ein Mensch in Schwierigkeiten ist. Sein Handeln wirkt ja nicht nur normal, es hat teil am Normalen – der Unterschied ist in erster Linie graduell. Der Schizoide ist in dem Maße normal, als das Verlangen nach Lust und Befriedigung sein Verhalten motiviert. Er ist in dem Maße krank, in dem er diese Gefühle verdrängt und so handelt, *als ob* sie sein Verhalten bestimmten.

Wie die schizoide Abwehr funktioniert

Die schizoide Abwehr ist ein Mechanismus, der im Notfall hilft, mit einer Gefahr für Leben und psychische Gesundheit fertigzuwerden. Bei diesem Kampf treten alle geistigen Fähigkeiten in den Dienst des Überlebens, das wiederum von der absoluten Kontrolle und Beherrschung des Körpers durch den Geist abhängt. Würde der Geist in seiner Wachsamkeit nachlassen, käme es zur Katastrophe. Beim normalen, von keinem Grauen bedrohten Menschen wird der Körper nicht durch den Kampf ums Überleben gelähmt und kann seinem natürlichen Luststreben nachgehen.

Einer meiner Patienten sah bei einem Rorschach-Test wiederholt das Bild eines Menschen, der am Rand einer steilen Klippe hing. Diese Interpretation war eine Projektion seiner unbewußten Gewißheit, daß er über einem Abgrund schwebte und sich, um sein Leben und seinen Verstand nicht zu verlieren, mit aller Kraft festhalten mußte. Sie wies überdies auf das Ausmaß des Grauens hin, gegen das er ankämpfte. Die physische Anstrengung, sich – buchstäblich – festzuklammern, nahm all seine Energie in Anspruch. Die Besserung seines Zustandes wurde durch ein Gefühl der Erschöpfung und das Bedürfnis nach Schlaf eingeleitet – ein Hinweis darauf, daß die Gefahr vorbei war und er sich zum erstenmal entspannen konnte. Bei der Therapie ist Erschöpfung eines der ersten Anzeichen dafür, daß der Patient auf sinnvolle Weise mit seinem Körper Kontakt aufnimmt.

Die Unbeweglichkeit des schizoiden Körpers führt zu einem Mangel an Lebendigkeit und Reaktionsvermögen. Der schizoide Mensch nimmt den Reaktionsmangel als innere »Leere« wahr. Verschlimmert sich der Zustand, das heißt, wird der Verlust an Gefühl größer, meint er, von seinem Körper »getrennt« zu sein. Sein Geist erscheint ihm von seinem Körper losgelöst zu sein, wie Jack es ausdrückte. Dann hat ein solcher Mensch den Eindruck, neben sich zu stehen und sich zu beobachten.

Bei einem gesunden Menschen arbeiten Geist und Körper als einander ergänzende Systeme darauf hin, Wohlergehen und Lustgefühle zu fördern. Wenn im Körper ein Impuls erwacht, prüft der Geist seine Bedeutung, paßt ihn der Wirklichkeit an und steuert seine Befriedigung. Bei allen höher organisierten Kreaturen hat der Geist die Aufgabe, die Körperbewegungen im Interesse der Wirklichkeit zu lenken und zu koordinieren, während der Körper selbst den Antrieb, die Energie und die mechanischen Voraussetzungen für die Bewegungen liefert. Jedes Verhalten, das diese Integration aufweist, besitzt eine emotionale Qualität. Es geht von einem Impuls aus, der zu Fühlen, Denken und entsprechendem Handeln führt. Diese Beziehung zwischen Körper und Geist drückt sich in emotionalen Reaktionen aus, die vom Verlangen nach Lust motiviert sind.

Beim schizoiden Menschen, dessen Impulse infolge des in der Tiefe lauernden Grauens streng kontrolliert werden, ist nicht genug – oder gar kein – Gefühl vorhanden, auf das sich der Geist bei seinen Aktionen stützen könnte. Der Geist ersetzt daher das Gefühl durch logisches Denken als Motivierung zum Handeln. Der Körper wird ein Werkzeug des Willens und gehorcht den Befehlen des Geistes. Diesen Unterschied erkläre ich meinen Patienten immer so: Normalerweise ißt man, wenn man Hunger hat, der Schizoide aber ißt, weil es ein Uhr mittags ist. Der schizoide Mensch treibt Sport oder betätigt sich körperlich, um seinen Körper besser unter Kontrolle zu bekommen, und nicht, weil er Spaß an einer bestimmten Tätigkeit oder Bewegung hat. Ohne die bindende Kraft der Lust aber ist die Einheit der Persönlichkeit bedroht. Er kompensiert den Mangel durch vermehrte Kontrolle über den Körper – ausgeübt durch einen vom Willen disziplinierten Geist. Aufgrund dieses Mechanismus werden schizoide Menschen oft zu hervorragenden Schauspielern, Tänzern oder Sportlern.

Auch beim gesunden Menschen dient der Geist nicht nur dazu, die Impulse zu registrieren und zu lenken: Er kann dem Körper ebenfalls befehlen, entgegen seinen natürlichen Instinkten zu handeln. Gewöhnlich wird unser Handeln bestimmt vom Verlangen nach Lust und jener Befriedigung, die entsteht, wenn wir ein gesetztes Ziel erreichen. Ist die zum Ziel führende Tätigkeit eine angenehme – lusterzeugende – Erfahrung, arbeitet der Organismus spontan, harmonisch und scheinbar mühelos. Es gibt aber auch Situationen, bei denen der Weg zum Ziel keineswegs Lust erzeugt. Viele Situationen erfordern eine bewußte Willensanstrengung, bei der der Geist dem Körper befiehlt, entgegen seinen spontanen Wünschen oder Gefühlen zu handeln. Das spontane Bedürfnis eines Soldaten zum Beispiel wäre, die Gefahr zu meiden. Er zwingt sich aber mit aller Kraft seines Willens dazu, ihr entgegenzutreten. Mancher Schüler würde lieber spielen als lernen, aber man hat ihm beigebracht, sich der Disziplin des Geistes zu unterwerfen.

Die einzigartige Kraft des menschlichen Willens ist der Welt seit langem bekannt. Ausdrücke und Redewendungen wie »Willenskraft«, »der Wille zu leben« und »Wo ein Wille ist, ist auch ein Weg« lassen erkennen, was der Wille ist: ein biologischer Mechanismus, der in Aktion tritt, wenn alle anderen Mittel versagt haben. Mit Hilfe des Willens kann ein Ziel erreicht werden, das vorher unerreichbar schien. Die unglaubliche Macht des menschlichen Willens beruht auf seiner Fähigkeit, das natürliche Verlangen nach Lust oder Sicherheit zu umgehen und das scheinbar Unnatürliche zu schaffen. Der Wille funktioniert durch die Kontrolle, die das Ich über die willkürlichen Muskeln des Körpers ausübt. Paul benutzte seinen Willen, um der Tendenz seines Körpers, sich der Lähmung hinzugeben, entgegenzuwirken. Da der Wille die Gefühle des Körpers bezwingen kann, ist er im Leben des schizoiden Menschen von entscheidender Bedeutung.

Normalerweise spielt der Wille in unserem psychischen Haushalt eine Nebenrolle oder zumindest eine untergeordnete Rolle. Natürlich erfordert es manchmal unsere ganze Willenskraft, eine unangenehme Arbeit zu verrichten oder eine unerfreuliche Situation zu überstehen, erst wenn der Wille zum Hauptantriebsmittel des Handelns wird und die normale Motivationskraft der Lust verdrängt, reagiert der Mensch schizoid.

Der Schizoide wird weitgehend von seinem Willen beherrscht – er ist eigensinnig und trotzig, und alle seine Handlungen wirken gezwungen und genormt. Manchmal ist seine Willensanstrengung von Erfolg gekrönt, häufiger jedoch endet sie in Verzweiflung und Hoffnungslosigkeit. In diesem Zusammenhang erklärte einer meiner Patienten: »Ich drehe dauernd ein neues Blatt um, doch nur, um festzustellen, daß es braun wird, ehe ich irgend etwas geschafft habe.« Was der schizoiden Struktur fehlt, ist das Vertrauen in das natürliche und spontane Funktionieren des Körpers. Ein anderer schizoider Patient sagte mir: »Ich begreife einfach nicht, wie mein Körper von selbst weiterarbeitet. Ich denke immer, er könnte jeden Augenblick aufhören. Ich habe dauernd Angst, daß er außer Kontrolle gerät.«

Der schizoide Mensch besitzt in der normalen Funktionsweise seines Körpers kein Fundament für seine Identität und ist deshalb auf seinen Willen angewiesen, um die Einheit seiner Persönlichkeit zu wahren. Damit er das schafft, muß der Wille pausenlos tätig sein, was zur Folge hat, daß die Muskulatur ständig angespannt und schließlich völlig verspannt ist, was die typische Starrheit des schizoiden Körpers erklärt, die wiederum als Barrikade gegen das Grauen dient. Der Verlust der Kontrolle ist für den schizoiden Menschen gefährlich, weil er eine Spaltung seiner Persönlichkeit herbeiführen kann. Im Gegensatz zum Schizoiden wahrt der gesunde Mensch seine Einheit und Identität durch die Kraft seiner Impulse und Gefühle. Der Unterschied zwischen den beiden Zuständen läßt sich mit den Begriffen Impulsbildung und Muskeltätigkeit veranschaulichen. Abbildung 6 zeigt den normalen, Abbildung 7 den schizoiden Zustand.

Im normalen Zustand (Abb. 6) funktionieren die Impulse, die im Zentrum des Körpers entstehen und dann zu seiner Peripherie fließen, wie die Speichen eines Rads, um die Integrität des Organismus zu wahren. Der ständige Strom von Impulsen, die durch die Befriedigung von Bedürfnissen nach Lust streben, lädt die Oberfläche des Körpers auf, so daß er in einem Stadium der emotionalen Reaktionsbereitschaft ist. Beim lebendigen Körper äußert sich diese Ladung in Tonus und Färbung der Haut, im Glanz der Augen, in der Spontaneität der Gesten und im entspannten Zustand der Körpermuskulatur.

Im schizoiden Zustand (Abb. 7) ist die Impulsbildung schwach und sporadisch, und die Impulse dringen nicht bis zur Oberfläche des Körpers durch, die deshalb unzureichend versorgt wird, was wiederum zu einer Kontraktion der willkürlichen Muskulatur führt, um den Körper wie ein starres Gefäß zusammenzuhalten und so den infolge der inneren Leere drohenden Kollaps zu verhindern. Die verminderte Ladung an der Peripherie des schizoiden Körpers führt zu einer erhöhten Durchlässigkeit der Oberflächenmembrane für äußere Reize, was die Überempfindlichkeit der meisten schizoiden Menschen erklärt. Die Außenkontakte sind spärlich, die aktive Be-

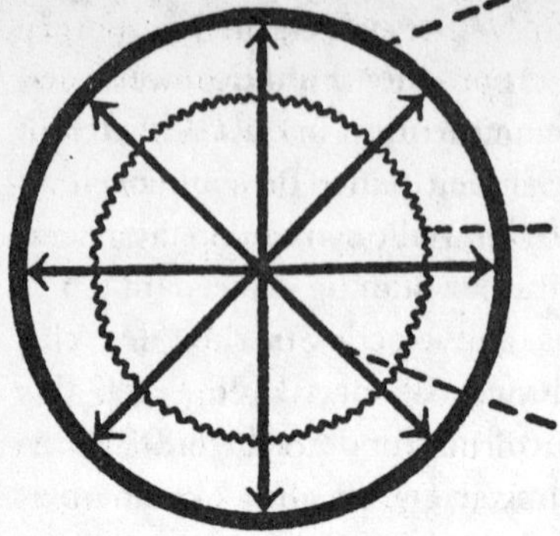

Peripherie: Die dicke Linie bezeichnet die Integrität der Oberfläche, die durch eine fortwährende Ladung von innen her gewahrt bleibt.

Willkürliche Muskulatur: Die dünne Wellenlinie bezeichnet den Zustand der Entspannung und Dehnung.

Impulse: Sie verlaufen rhythmisch und sind stark genug, um die Oberfläche zu erreichen.

Abbildung 6: Normaler Zustand

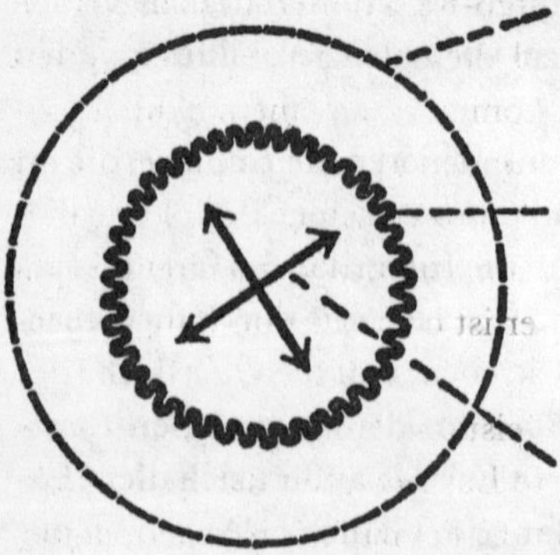

Peripherie: Die gestrichelte Linie bezeichnet Durchlässigkeit und Mangel an Ladung.

Willkürliche Muskulatur: Die dicke Wellenlinie bezeichnet die Kontraktion und Verspannung der Muskeln.

Impulse: Die Bildung von Impulsen ist schwach und sporadisch.

Abbildung 7: Schizoider Zustand

einflussung der Umwelt, mit der sich der Schizoide Befriedigung verschaffen will, schlägt meist fehl. Die chronische Spannung der tiefliegenden Muskeln ist für das typische asthenische Erscheinungsbild verantwortlich, da sie den Körper schmaler wirken läßt.

Die Unbeweglichkeit der Körpermuskulatur bedeutet zweierlei. Zum einen ist sie ein Abwehrmechanismus gegen das Grauen und ein Mittel, eine gewisse Einheit der Persönlichkeit aufrechtzuerhalten. Zum anderen ist sie jedoch auch unmittelbarer Ausdruck des Grauens, denn sie spiegelt die physische Einstellung eines Menschen wider, der starr vor Angst ist. Paul konnte diese Eigenschaft seines Körpers nicht wahrnehmen, weil er unfähig war, emotional zu reagieren. Solange er starr blieb, würde das Grauen verborgen bleiben, wie das Skelett im Wandschrank. Er mußte auftauen und nach der Welt greifen (die Lippen spitzen, um zu saugen), damit diese Wahrnehmung möglich wurde. Nur die Erfahrung des Grauens und dessen Auflösung in die einzelnen Angstkomponenten ließen eine Besserung seines Zustands erhoffen.

Der Kollaps der schizoiden Starre stürzt den Betreffenden in eine schizophrene Krise. Dieser Zusammenbruch führt zu einem Verlust der Ich-Abgrenzung und zur Zerstörung der noch verbliebenen Einheit und Integrität der Persönlichkeit. Dergleichen kann dem gesunden Menschen nicht widerfahren, denn ein normal starker Kontakt zur Außenwelt sorgt dafür, daß die Lebendigkeit der Peripherie des Körpers erhalten bleibt. Der Unterschied in der psychischen Struktur wird deutlich durch die Streß-Reaktionen des schizoiden bzw. des gesunden Menschen. Wird die psychische Belastbarkeit des Schizoiden zu sehr strapaziert, kommt es zu einem akuten psychotischen Schub, während beim gesunden Menschen übermäßiger Streß zu einem physischen Zusammenbruch führt, also nicht zu einem psychischen, sondern zu einem somatischen Leiden. Das »Bindemittel« zwischen Geist und Körper ist offenbar von unterschiedlicher Konsistenz und Qualität.

Bei gesunden Menschen werden Geist und Körper durch die integrative Funktion der Lust, durch die Lustfähigkeit der Persönlichkeit zusammengehalten. Da die Lust ein Prinzip des Körpers ist, bekräftigt der Geist, der die Lust antizipiert, seine Identität mit dem Körper auf der untersten Stufe der Erfahrung. Die Lustfähigkeit gewährleistet außerdem, daß ein steter Strom von Impulsen auf der Suche nach Befriedigung freigesetzt wird. Wenn die Lustfunktion fehlt, kommen die Impulse zögernd und selten. Deshalb ist der schizoide Mensch auf seinen Willen angewiesen, um den Geist an den Körper zu binden. Aber der Wille ist – so stahlhart er sein mag – spröde und brüchig, während die Lust flexibel und allumfassend ist. Sie wirkt wie der Saft in einem Baum: Sie sorgt für Kraft und Elastizität.

Die Vorstellung, daß es zwei verschiedene Mechanismen gibt, um die Einheit der Persönlichkeit zu wahren, stützt die Hypothese, daß somatische Leiden und psychische Leiden einander ausschließen und daß ein Mensch, allgemein ausgedrückt, zwar zu diesen oder jenen, aber nicht zu beiden gleichzeitig tendieren kann. Man darf also erwarten, daß die beiden Binde-Kräfte bei unerträglichem Streß mit unterschiedlichen Folgen nachgeben. Wenn die Lustfunktionen zusammenbrechen, ist im allgemeinen mit einem somatischen Leiden zu rechnen, während der Zusammenbruch der Willenskraft zu einer psychischen Erkrankung führt. Man kann also, je nach Funktionsweise des Gesamtorganismus, eine Austauschbarkeit der Symptome postulieren. Leopold Bellak erklärt zu diesem Phänomen: »Die geringe Verbreitung von Allergien unter Psychotikern und die Anfälligkeit für allergische Beschwerden nach deren Besserung oder Genesung sind wahrscheinlich eines der am besten dokumentierten Beispiele für eine solche Austauschbarkeit.«

Nach meiner klinischen Erfahrung entwickeln Schizophrene nur selten die Symptome einer gewöhnlichen Erkältung; wenn sie es doch tun, betrachte ich das als Zeichen einer klinischen Besserung ihres schizophrenen Leidens. So wie viele klinische Belege auch dafür sprechen, daß große emotionale Erregung und »innerer Aufruhr« die körperlichen Leiden normaler Menschen lindern können. Ein gutes Beispiel ist die positive Wirkung emotionaler Schocks auf Menschen mit rheumatischer Arthritis – einer der Gründe dafür, dieses Leiden mit Kortison zu behandeln. Kortison wirkt nämlich ähnlich wie das Kortikosteron, das bei Streß oder Schock von der Nebennierenrinde produziert wird.

Der Fall eines schizophrenen Patienten, den ich mehrere Jahre behandelte, veranschaulicht die Austauschbarkeit von Symptomen besonders gut. Im Verlauf der Therapie konnte die Mehrzahl seiner schizophrenen Tendenzen und Symptome erheblich gedämpft werden. In einem bestimmten Stadium der Behandlung, nachdem meiner Ansicht nach eine bedeutende Besserung eingetreten war, entwickelte der Patient plötzlich einen bösartigen Tumor an der Nasenspitze, was mir bezeichnend zu sein schien. War es möglich, daß der Patient, nachdem seine Flucht in die Psychose als Rückzug aus der Wirklichkeit infolge des analytischen Durcharbeitens der schizophrenen Mechanismen unmöglich gemacht worden war, statt dessen den Versuch unternahm, sich vom Leben zurückzuziehen, indem er einen Tumor entwickelte? Er akzeptierte meine Interpretation, und sie erwies sich als hilfreich für die Behandlung. Man führte eine Operation durch, die Erfolg hatte und den Patienten zu dem Kommentar veranlaßte: »Ich glaube fast, ich habe mir die Nase abschneiden lassen, um meinem Gesicht eins auszuwischen.« Nach der Operation machte er in seinen Bemühungen, eine stabile Persönlichkeit aufzubauen, auf jeden Fall einen großen Schritt nach vorn.

Ich möchte mit all dem nicht sagen, daß körperliche Leiden bei Schizophrenen nicht vorkommen oder daß ein somatisch Kranker keine Schizophrenie entwickeln kann. Wir haben es vielmehr mit Tendenzen zu tun, die einander zwar »theoretisch« ausschließen, im wirklichen Leben jedoch durchaus zusammen auftreten können. Es läßt sich allerdings feststellen, daß sich das Ich, einmal fest in der Wirklichkeit verankert, nicht so leicht »entwurzeln« läßt.

Der schizoide Rückzug

Dem schizoiden Menschen stehen zwei Strategien zur Verfügung, um Grauen und Wahnsinn abzuwehren. Die häufigste Abwehrstrategie ist die oben beschriebene körperliche und psychische Starre, die dazu dient, Gefühle zu unterdrücken und den Körper unter der Kontrolle des Ichs zu halten. Sie ist so angelegt, daß sie Verletzungen durch die Außenwelt in Form von Zurückweisung und Enttäuschung standhält. Sie bildet eine Festung, wo der schizoide Mensch in der relativen Sicherheit von Illusion und Tagtraum lebt.

Aber nicht alle schizoiden Menschen zeigen diese typische Starrheit. Viele, unter ihnen auch Barbara, deren Fall im ersten Kapitel geschildert wurde, weisen statt dessen eine Schlaffheit der Körperoberfläche oder einen mangelhaften Muskeltonus auf. Dadurch wird die Impulsbildung weiter reduziert – bis zu dem Punkt, wo der Körper eher tot als lebendig wirkt, die Ladung der Peripherie sehr niedrig und die Hautfarbe teigig oder fahlbraun ist. Logischerweise könnte dieser Zustand auf den Kollaps der Starre-Abwehr folgen und zur Schizophrenie führen. Bei Barbara kann man jedoch sagen, daß es schon in der frühen Kindheit, ehe ihre Persönlichkeit eine Festung, einen »Panzer« bilden konnte, zu einem Zusammenbruch kam: Barbara gab nach, bevor sie sich wehren konnte.

Wenn man eine Persönlichkeit erklären will, die geistig gesund ist, obgleich ihr Körper Anzeichen eines Zusammenbruchs aufweist, darf man den Begriff des schizoiden Abwehrmechanismus gegen das Grauen nicht auf die Starrheit beschränken, sondern muß ihn weiter fassen. Wenn das Grauen sehr groß ist, wird ein verzweifelteres Manöver notwendig, und was könnte angsterregender sein, als sich auszumalen, man sei Gegenstand eines Menschenopfers? Die Gefühle, die dieses Bild auslöst, dürften reichen, einen um den Verstand zu bringen. Und doch haben Barbara und andere Patienten mit diesem Grauen gelebt, ohne wahnsinnig zu werden. Sie bewahrten sich ihre geistige Gesundheit, indem sie an die Notwendigkeit und an den Wert dieses Opfers glaubten. Sie gaben ihren Körper auf, akzeptierten ihren symbolischen Tod, und schafften es dadurch, dem Grauen seinen Stachel zu nehmen. Ein Körper, dem jedes Gefühl fehlt, kann auch nicht mehr Angst oder Entsetzen spüren.

Die beiden Manöver, mit denen der Schizoide sich verteidigen kann, lassen sich als (1) starre Barrikade und als (2) Rückzug vom Schauplatz der Ereignisse bezeichnen. Beim Rückzug gibt der schizoide Mensch den größten Teil seiner Truppen (seinen Muskeltonus) preis und büßt die Fähigkeit ein, gegen seine Situation anzukämpfen, behält dafür aber die Kontrolle über den Rest seiner Persönlichkeit. Man könnte ihn vergleichen mit einem General ohne Armee – damit ist er immer noch weit besser dran als eine aufgelöste Armee ohne General. Die Schizophrenie ist ein Zustand der Auflösung, bei dem die verschiedenen Fähigkeiten der Persönlichkeit einander im Stich lassen. Der schizoide Rückzug ist ein Manöver, mit dem man das völlige Chaos verhindert.

Die schizoide Starre und der schizoide Rückzug haben eines gemeinsam: Die Bewahrung der psychischen Gesundheit hängt davon ab, ob die Ratio die Kraft besitzt, das Individuum in jeder Lage »funktionieren« zu lassen. Bei der schizoiden Starre handelt der Geist durch den Willen, beim schizoiden Rückzug ist der Wille machtlos, aber der Geist verbündet sich mit dem Gegner, um eine endgültige Niederlage zu verhindern. Das tat Barbara, indem sie sich mit dem Dämon identifizierte. Da sie nicht mehr den Willen besaß, mit der Gefahr fertigzuwerden, vermied sie die Katastrophe, indem sie sich in jeder Situation unterwarf. Die Unterwerfung war zu ertragen, weil sie als Opfer im Interesse des Überlebens rationalisiert werden konnte.

Im allgemeinen schließen die beiden Verteidigungsmanöver einander aus. Der Mensch, der all seine Energien in die starre Barrikade investiert hat, ist zu schwach, um den Rückzug anzutreten, wenn sein Bollwerk durchbrochen wird. Seinem Ich fehlt jene Flexibilität, die es bräuchte, um eine Niederlage zu rationalisieren, und der Einsturz seiner Schutzwehr kann zu einem psychotischen Schub führen. Der Schizoide, dessen Verteidigung auf Rückzug und Opfer beruht, hat wiederum die Möglichkeit eingebüßt, eine Schutzwehr zu errichten. Da aber an einem bestimmten Punkt jeder weitere Rückzug unmöglich ist, könnte in einer entsprechend ausweglosen Lage die Schizophrenie ausbrechen. Nichtsdestoweniger stehen die beiden Manöver in einem logischen und zeitlichen Zusammenhang. Logisch betrachtet, ist die schizoide Starre ein Abwehrmechanismus gegen den Zusammenbruch, während der Rückzug auf dem Versagen einer zunächst angewandten Verteidigungsstrategie beruht. Der zeitliche Zusammenhang liegt darin, daß das schizoide Manöver von Rückzug und Opfer in einem frühen Alter entwickelt wurde, nachdem das Kind sich vergeblich bemüht hatte, eine stabile Festung gegen die elterliche Feindseligkeit zu errichten.

Zusammenbruch und Schizophrenie

Da die schizoide Abwehr dazu dient, verdrängte Impulse in Schach zu halten, richtet sich ihr Erfolg nach dem Ausmaß an Kontrolle – und die Kontrolle wiederum stellt die Widerstandsfähigkeit des betreffenden Menschen auf die Probe. Daher können viele Faktoren das schizoide Gleichgewicht stören und einen psychotischen Schub herbeiführen. Nicht sein Abwehrmechanismus schützt den schizoiden Menschen vor einem Nervenzusammenbruch, sondern der Grad an Gesundheit, der noch in seiner Persönlichkeit besteht. Ich möchte jetzt einige der häufigsten Situationen schildern, die einen Zusammenbruch der schizoiden Struktur auslösen können.

1. Oft wird ein akuter psychotischer Schub von einer Droge – zum Beispiel Meskalin oder LSD – herbeigeführt, die den Geist zeitweilig an seiner Kontrolle über den Körper hindert. Unter dem Einfluß dieser halluzinogenen Substanzen wird der unmittelbare Kontakt zum Körper unterbrochen. Die Empfindungen und Phantasien, die den schizoiden Geist dann überschwemmen, lösen oft ein so überwältigendes Gefühl des Grauens aus, daß das Ich daran zerbricht. Erinnern wir uns, welchen Schock Jack erlebte, als er Meskalin genommen hatte. Heute ist man sich darüber klar, wie gefährlich LSD für Menschen sein kann, die wegen einer schizoiden Störung behandelt werden.

2. Mangelnder Schlaf ist, wie Paul Federn betont hat, ein anderer Faktor, der bei Menschen mit der entsprechenden Veranlagung einen psychotischen Schub auslösen kann. Man weiß heute, daß Schlafentzug selbst bei gesunden Menschen halluzinatorische Phänomene auslöst, denn Übermüdung schwächt die Kontrolle des Geistes über den Körper. Ein schizoider Mensch, der nächtelang für ein Examen büffelt, kann also einen Zusammenbruch erleiden.

3. Emotionale Situationen, die der schizoide Mensch nicht zu bewältigen vermag, führen möglicherweise ebenfalls zu einem Kollaps. Man weiß von schizoiden Patienten, die angesichts einer bevorstehenden Hochzeit, in einer finanziellen Notlage oder nach der Geburt eines Kindes zusammenbrechen. Eine Patientin von mir beging Selbstmord, nachdem sie von einem jungen Mann abgewiesen worden war.

4. Kritische Lebensphasen: Pubertät und Klimakterium. Die Pubertät mit ihren drängenden sexuellen Impulsen ist für die schizoide Persönlichkeit eine besonders schwierige Zeit. Ebenso das Klimakterium, wo unzulängliche Ich-Anpassungen unter dem Druck starker Emotionen nachgeben und den betreffenden Menschen oft in eine emotionale Krise stürzen.

Ein Nervenzusammenbruch ist ein Verlust der Kontrolle über Fühlen und Verhalten. Seine Erscheinungsformen sind jedoch bei den einzelnen Patienten unterschiedlich. Bei manchen Patienten äußert er sich als überwältigende Angst und Verwirrung. Andere werden unglaublich destruktiv und müssen geradezu »gebändigt« werden. Wieder andere entwickeln paranoide Wahnvorstellungen, und manche ziehen sich zunehmend zurück und stumpfen mehr und mehr ab. Jeder reagiert entsprechend der Funktionsweise seiner Persönlichkeitsstruktur, das heißt, je nach der relativen Stärke der unterdrückten Impulse und der dagegen gebildeten Abwehrmechanismen. Es gibt jedoch gemeinsame Elemente, die zeigen, daß in allen Fällen ein ähnlicher Prozeß abläuft:

1. Verwirrung und an Grauen grenzende Angstgefühle.
2. Entfremdung – ein Zustand partieller Unwirklichkeit, bei dem man nicht sagen kann, ob man träumt oder wacht. (In einer solchen Lage zwickt man sich vielleicht in den Arm, um es herauszufinden.) Zur völligen Entfremdung kommt es, wenn ein Mensch von seinen Empfindungen überwältigt wird.
3. Depersonalisation – Verlust des Selbst-Gefühls.
4. Zuletzt Schizophrenie – Rückzug auf infantile oder archaische Verhaltensstufen als letztes Mittel zum Überleben.

Der Mensch, der einen Nervenzusammenbruch erleidet, ist sich nicht bewußt, daß verdrängte Gefühle seine Abwehrmechanismen überwältigt haben. Eine solche Bewußtheit würde eine Selbst-Kenntnis und Ich-Stärke erfordern, die der Schizoide nicht besitzt. Wenn er sie im Laufe der Therapie erwirbt, ist er in der Lage, die Verdrängung seiner Impulse ohne Gefahr für sich und andere aufzuheben. Der Vorfall, der den Zusammenbruch auslöst, kann ganz belanglos sein. Bei entsprechenden Bedingungen funktioniert er wie der Zünder, der das Dynamit zur Explosion bringt.

Der schizophrene Zustand ist ein Leugnen der Realität. Bei vollständigem Leugnen schwindet das Grauen. Da das Grauen des Schizophrenen in der Angst vor der Vernichtung besteht, ist sein Zustand ein Refugium. Er kann kaum vernichtet werden, wenn er nicht »da« ist, das heißt, wenn er nicht in Zeit und Raum des jetzigen Augenblicks existiert. Er kann nicht bestraft werden, wenn er nicht er selbst ist, das heißt, wenn er »eigentlich« Napoleon oder Jesus Christus oder irgendein verkleideter Gott ist. Beruht sein Grauen dagegen auf der Angst, jemand anderen zu vernichten, wird diese Angst mit Hilfe eines paranoiden Mechanismus vertrieben. Er hat dann keinen Grund, sich etwas vorzuwerfen, weil er infolge seines paranoiden Wahns davon überzeugt ist, daß alle Welt ein Komplott schmiedet, um ihn zu vernichten. Es ist erstaunlich, wie wenig

Angst ein paranoider Mensch zeigt, wenn er erzählt, wie er angeblich ständig gehetzt und verfolgt wird. Aber: Wer nicht mehr fühlt und nicht mehr denkt, spürt auch keine Furcht mehr.

4 Der aufgegebene Körper

Selbst-Besitz

Das Äußere eines geisteskranken Menschen kommt uns manchmal ein wenig seltsam und absonderlich vor. Wir spüren irgendwie, daß er keinen Kontakt zu den Dingen ringsum hat. Dieser Eindruck beruht auf bestimmten physischen Anzeichen, die den schizophrenen vom gesunden Menschen unterscheiden.

Vor einiger Zeit kam ein Mädchen in meine Praxis, das sich offensichtlich in einem psychotischen Zustand befand. Sie hatte den Kopf etwas zur Seite geneigt, als wäre ihr Hals gebogen. Ihre Augen zeigten einen wilden, aufgewühlten Ausdruck. Ihr Gesicht war von Angst und Qual gezeichnet. Sie raufte sich mit beiden Händen die Haare, stöhnte und stammelte. Sie redete undeutlich, und ich konnte sie nicht verstehen. Ich spürte aber, daß sie alles verstand, was ich sagte.

Sie war die Patientin eines meiner Kollegen, der gerade außer Hauses war. Sie konnte sich einfach nicht beruhigen, jeder Versuch, ihr beizukommen, schlug fehl. Sie fuhr fort zu stöhnen und sich die Haare zu raufen. Als wir ihren Arzt erreicht hatten, redete er ihr am Telefon gut zu, und sie wurde zugänglicher. Sein Eintreffen brachte sie schließlich wieder »zur Vernunft«, er konnte sie beruhigen und nach Hause fahren.

Das Äußere dieser Patientin wies so offensichtlich auf eine Störung hin, daß ein kurzer Blick genügte, um die Diagnose zu stellen. Man sollte ein schizophrenes Leiden aber keinesfalls nur danach diagnostizieren, ob jemand *sichtlich* Qualen leidet, auch hinter augenscheinlich äußerer Ruhe und Beherrschtheit kann sich größte innerliche Aufgewühltheit verbergen. Der Mangel einer adäquaten Reaktion auf äußere Ereignisse – zum Beispiel den Tod eines Nahestehenden – ist ein allgemein anerkanntes Indiz dafür, daß bei dem Betreffenden »etwas nicht stimmt«.

Wenn wir sagen, der Psychotiker habe keinen Kontakt zur Wirklichkeit, meinen wir damit nicht unbedingt, daß er die Geschehnisse um sich herum nicht wahrnimmt. Der Katatoniker zum Beispiel ist sich sehr wohl dessen bewußt, was man zu ihm sagt oder mit ihm anstellt. Und ich bin ganz sicher, daß auch das gerade geschilderte Mädchen meine Fragen genau verstand. Ich fragte sie, was sie ängstige. Aber sie konnte die Frage nicht beantworten. Sie reagierte auf eine Situation in sich selbst, oder, anders ausgedrückt, auf bestimmte Gefühle und körperliche Empfindungen, die sie nicht begriff und die sie überwältigten. Es geht dabei gar nicht darum, wie intensiv die Gefühle sind. Der Kummer einer Mutter, die kürzlich ihr Kind verloren hat, wäre genauso groß, auch sie mag ihre Umgebung zeitweilig völlig »vergessen«. Aber sie wäre imstande, ihre Gefühle zu beschreiben und mit einer unmittelbaren Ursache in Zusammenhang zu bringen.

Der psychotische Mensch hat den Kontakt zu seinem Körper verloren. Er nimmt die Gefühle und Empfindungen seines Körpers nicht mehr als seine eigenen wahr. Es sind fremde und unbekannte Kräfte, die da auf irgendeine geheimnisvolle Weise auf ihn einwirken. Deshalb kann er sie uns auch nicht als plausible Ursachen seines Verhaltens schildern. Er hat entsetzliche Angst, und sein Verhalten drückt diese Angst aus, aber er kann sie nicht mit einem bestimmten Ereignis verbinden.

Der Schizophrene handelt, als wäre er »besessen« von irgendeiner fremden Macht, über die er keine Kontrolle hat, und vor Beginn der modernen Psychiatrie – und manchmal noch heute – glaubte man ja auch, Geisteskranke seien von einem »Dämon« oder »Teufel« besessen, der mehr oder weniger brutal »ausgetrieben« werden mußte. Der Eindruck des »Besessenseins« des Kranken drängt sich immer auf, ob der Psychotiker nun komisch, tragisch, wahnhaft oder in sich zurückgezogen wirkt. Er ist bis zum heutigen Tag ein wichtiges Indiz für die Diagnose der Krankheit geblieben.

Es ist aufschlußreich, daß wir mit dem Begriff »Besitz« operieren, um Normalität oder geistige Gesundheit zu kennzeichnen. Wir sagen von einem Menschen, er sei »im Besitz seiner selbst« oder »im Vollbesitz seiner geistigen Kräfte« bzw. – wenn wir das Gegenteil ausdrücken wollen – »nicht mehr im Besitz seiner geistigen Kräfte«. Besitz in diesem Sinne bezieht sich natürlich auf die Kontrolle des

Ichs über die instinktiven Kräfte des Körpers. Geht dieser Besitz verloren, geraten die Kräfte außer Kontrolle. Beim psychotischen Menschen hat sich das Ich so sehr aufgelöst, daß man sagen kann, es befindet sich in einem derart anarchischen Zustand, daß der Kranke nicht mehr weiß, was geschieht, und deshalb entsetzliche Angst hat. Der Kontrollverlust, zu dem es bei einem hysterischen Ausbruch kommt, läßt sich dagegen mit einem Aufruhr vergleichen. Man weiß, daß die Ich-Autorität bald wiederhergestellt sein wird und die aufrührerischen Emotionen unter Kontrolle gebracht werden. Der Grad an Selbst-Besitz läßt sich daran ablesen, inwieweit ein Mensch imstande ist, angemessen auf die verschiedenen Situationen seines Lebens zu reagieren. Dem Schizophrenen fehlt diese Fähigkeit völlig, der schizoide Mensch wird durch die Starrheit seines Körpers in seiner Reaktionsfähigkeit behindert.

Die schizoide Maske

Das erste, was dem Beobachter eines schizophrenen oder schizoiden Menschen merkwürdig vorkommt, ist der Ausdruck in den Augen des anderen. Man hat diesen Blick unter anderem als »abwesend«, »stumpf«, »leer« oder »weggetreten« bezeichnet. Er ist so typisch, daß er als wichtiger Anhaltspunkt für die Diagnose eines schizophrenen Leidens dient. Viele Autoren haben sich über ihn geäußert. Wilhelm Reich zum Beispiel sagt: »Schizoide Charaktere und voll entwickelte Schizophrene haben einen typischen Blick abwesender Entrücktheit. Es scheint, als ob der Psychotiker mit einem geistig abwesenden, doch auf sehr weite Distanzen angelegten Blick durch einen hindurchsieht.« Dieser spezifische Augenausdruck ist freilich nicht immer vorhanden. Manchmal wirkt der Blick einfach leer. Reich beobachtete, daß die Augen eines schizophrenen Menschen gleichsam »wegtreten«, wenn Emotionen in ihm aufwallen.

Silvano Arieti schildert einen »sonderbaren Blick oder Ausdruck in ihren Augen«, den schon viele Beobachter bemerkt haben. Er selbst beschreibt ein Hochziehen des oberen Lids, das zu einer Vergrößerung der Augen führt, und bringt dieses Phänomen mit dem »verwirrten und in sich zurückgezogenen« Ausdruck in Verbindung, der bei vielen Schizophrenen auffällt. Arieti äußert sich auch zu dem sogenannten »irren« Blick, den er darauf zurückführt, daß die Augen mancher Schizophrener nicht zu einer normalen Konvergenz fähig sind und sich nicht normal verengen. Ich glaube, daß dieser Blick ein Ausdruck des Grauens ist, das man als Wahnsinn interpretieren kann, weil es mit keiner bekannten, fixierbaren Ursache zusammenhängt. Am häufigsten begegnet man entweder diesem Blick *»abwesender* Entrücktheit«, den Reich schildert, oder einem Ausdruck von Angst und Verwirrung. Der gemeinsame Nenner ist jedoch in allen Fällen das Unvermögen des Schizophrenen, den Blick *mit Gefühl* auf einen anderen Menschen zu richten. Seine Augen können sich weiten vor Furcht, aber er sieht uns nicht furchtsam an; sie können voller Wut sein, sind aber nicht auf uns gerichtet. Wir fühlen uns in seiner Gegenwart unbehaglich, weil wir in ihm die Macht einer unpersönlichen Kraft spüren, die ausbrechen und uns zerschmettern könnte, ohne unsere Existenz auch nur zur Kenntnis zu nehmen.

Einer meiner Patienten bekam während eines katatonischen Anfalls ganz glasige Augen und berichtete mir hinterher, er habe alles gesehen, was ringsum geschah. Obwohl er »weggetreten« zu sein schien, sah er meine Hand, als ich damit vor seinen Augen winkte. Die mechanische Sehfunktion war intakt; das Licht, das in seine Augen drang, wirkte auf seine Netzhaut genauso, wie es auf den empfindlichen Film in einer Kamera gewirkt hätte. Als die katatonische Starre nachließ, verloren seine Augen den glasigen Ausdruck und wirkten wieder normal. Der katatonische Zustand trat nach einer Übung ein, bei der der Patient mit den Fäusten auf das Sofa schlagen und dabei laut »Nein!« rufen mußte. Die Übung rief Gefühle in ihm wach, mit denen er nicht fertigwerden konnte und auf die er reagierte, indem er sich »abtötete«. Seine augenscheinliche Leblosigkeit war ein Abwehrmechanismus gegen seine Wutgefühle. Er unterdrückte die Wut, indem er fast allen Kontakt zur äußeren Welt aufgab, was wiederum den glasigen Blick zur Folge hatte.

Der subjektive Eindruck, daß der Schizoide unfähig ist, Augenkontakt zu anderen Menschen herzustellen, gehört zu den beunruhigendsten Aspekten seines Erscheinungsbildes. Man hat nicht das Gefühl, daß er einen ansieht oder daß sein Blick einen »berührt«, sondern meint, daß er einen mit sehenden, aber irgendwie »unbeteiligten« Augen anstarrt. Wenn er allerdings den Blick dann doch einmal auf einen richtet, fühlt man sich auch »angerührt«.

Man kann die Störung in den Augen des Schizophrenen auch beschreiben als ein »Sehen, ohne zu blicken«. Der Unterschied zwischen Sehen und Blicken entspricht dem Unterschied zwischen Passivität und Aktivität. Sehen ist eine passive Funktion; laut *Webster's New International Dictionary* bezeichnet Sehen jene Tätigkeit der Augen, »bei der das Element der Aufmerksamkeit nicht betont ist«. Blicken wird dagegen als die Tätigkeit definiert, bei der man »die Augen oder den Blick auf eine bestimmte Weise, mit einem bestimmten Zweck oder Gefühl lenkt«. Da der Schizophrene den Blick nicht mit Gefühl lenken kann, ist er nicht im Vollbesitz der Sehkraft oder hat, anders ausgedrückt, nicht die normale Kontrolle über diese Funktion seines Körpers. Sein Selbst-Besitz ist eingeschränkt.

Wir sehen anderen Menschen in die Augen, um zu erfahren, was sie fühlen, oder um herauszubekommen, wie sie auf uns reagieren. Sind sie glücklich oder traurig, zornig oder amüsiert, ängstlich oder locker? Die Augen des Schizophrenen erzählen keine Geschichte, und deshalb wissen wir, daß er alles Fühlen verdrängt hat. Bei der Behandlung dieser Patienten achte ich immer ganz genau auf ihre Augen. Wenn ich sie emotional erreiche, das heißt, wenn sie auf mich als menschliches Wesen reagieren, leuchten ihre Augen auf und bekommen einen Brennpunkt. Das kann auch spontan geschehen, wenn ein Patient plötzlich infolge der Therapie mehr Körper-Gefühl entwickelt. Dann wird die Farbe seiner Augen intensiver, und er wirkt unvermittelt lebendiger. Die Leere in den Augen ist also ein Ausdruck der relativen Leblosigkeit der Gesamtpersönlichkeit. Das Reaktionsvermögen bzw. der Mangel an Reaktionsvermögen in den Augen eines schizoiden Patienten zeigt mir deutlicher als jede verbale Kommunikation, was in dem Betreffenden vorgeht und inwieweit er noch »im Besitz seiner Kräfte« ist.

Die Unfähigkeit des Schizoiden, seinen Blick auf einen Punkt zu konzentrieren, wurzelt in seiner Angst vor den Gefühlen, die dann durch seine Augen nach außen dringen würden. Er fürchtet sich davor, mit den Augen aktiv Angst oder Zorn auszudrücken, weil ihm das seine Gefühle bewußt machen würde. Mit Gefühl zu blicken heißt, sich des Gefühls bewußt zu sein. Unterdrückt man seine Gefühle, muß der Blick leer und »fern« bleiben. Die Ausdrucksarmut der Augen ist genau wie der Mangel an körperlicher Reaktionsfähigkeit ein Teil des schizoiden Abwehrmechanismus gegen Gefühle.

Den ausdruckslosen Augen des Schizoiden entspricht ein maskenhafter Gesichtsausdruck, dem das lebhafte Mienenspiel des Normalen, der Wechsel zwischen Freude, Trauer, Wut etc. fehlt. Die Maske kann ganz verschieden ausfallen: Sie kann die Ratlosigkeit des Clowns, die naive Unschuld des Kindes, den wissenden Ausdruck des Erfahrenen oder »aristokratischen« Hochmut aufweisen. Ihr typisches Merkmal ist ein »gefrorenes« Lächeln, an dem die Augen nicht teilhaben. Dieses charakteristische schizoide Lächeln verändert sich nicht, wirkt oft unpassend oder unangebracht und hat nichts mit Lust oder Freude an irgend etwas zu tun. Man kann es als einen Versuch deuten, die Spannung des maskenhaften Gesichts zu lockern, wenn sich Gefühle bemerkbar machen, die der Schizoide nicht ausdrücken oder mitteilen kann. Es verbirgt und leugnet das Vorhandensein einer negativen Einstellung. Harvey Cleckley hat diesen schizoiden Gesichtsausdruck die »Maske der Normalität« genannt.

Hinter der Maske des gefrorenen Lächelns und des wissenden Blicks kann man im Gesicht des schizoiden Menschen noch einen Ausdruck entdecken, den ich als »leichenhaft« bezeichnen möchte. In manchen Fällen sieht man ihn nur, wenn man mit den Daumen einen steten Druck auf die Wangenknochen beiderseits des Nasenrückens ausübt. Unter diesem Druck verschwindet das gefrorene Lächeln, die Backenknochen treten hervor, die Farbe weicht aus dem Gesicht, und die Augen beginnen wie leere Höhlen zu wirken. Es ist ein geisterhafter Ausdruck, und man meint unwillkürlich, den Schädel eines Toten vor sich zu haben. Der Patient ist sich dieses Ausdrucks nicht bewußt, da er gewöhnlich von der Maske verborgen wird, aber sein Vorhandensein ist ebenfalls ein Gradmesser der Angst. Man kann sagen, daß der schizoide Mensch eine »Todesangst« hat – nicht im übertragenen Sinne, sondern ganz buchstäblich. Der Ausdruck erscheint auch auf den Zeichnungen mancher Patienten, zum Beispiel in Abbildung 2 und 13 (S. 20 und 146).

Die schizoide Maske kann nicht beliebig abgelegt werden. Der

Gesichtsausdruck des schizoiden Menschen ist in einem in den Tiefen seiner Persönlichkeit herrschenden Grauen erstarrt, und die Maske ist sein Panzer gegen das Grauen. Außerdem erlaubt sie ihm, der Welt entgegenzutreten, ohne jene Schockreaktion auszulösen, die sein leichenhafter Ausdruck gewiß hervorrufen würde. Um die Maske ablegen zu können, muß erst die »Totenstarre« aufgehoben werden. Anders gesagt: Der Schizoide muß sich seine Angst und sein Grauen bewußt machen, um ihren Zugriff auf seine Persönlichkeit zu lockern.

Kretschmer stellte einmal eine Frage, die jeden Menschen herausfordern muß, der Kontakt mit Schizoiden hat: »Was ist die Tiefe hinter all diesen Masken?« Er antwortete: »Es kann ein Nichts sein, das schwarze, hohläugige Nichts – affektive Verblödung.« Er fuhr fort: »Man kann nicht wissen, was sie fühlen; manchmal wissen sie es selbst nicht; oder nur unbestimmt . . .« Wenn man einen Schizoiden fragt, was er fühlt, antwortet er gewöhnlich: »Nichts. Ich fühle nichts.« Wenn er seine Gefühle aber im Laufe der Therapie »rausläßt«, zeigt sich, daß er die gleichen Wünsche und Sehnsüchte hat wie jeder andere Mensch – und daß sie immer vorhanden waren. Seine Maske und seine »Gefühlskälte« sind Teil des Abwehrmechanismus gegen Grauen und Wut, dienen aber gleichzeitig dazu, jedes Verlangen zu unterdrücken. Er glaubt, er könne keine Gefühle oder Wünsche zulassen, weil dann irgendeine Katastrophe eintreten würde, oder weil er dann zurückgewiesen oder verlassen werden könnte. Wenn man nichts wünscht, kann man auch nicht verletzt und enttäuscht werden.

Der bereits erwähnte Kontrast zwischen dem Lächeln um den Mund und den an diesem Lächeln unbeteiligten Augen ist typisch für die schizoide Persönlichkeit. Eugen Bleuler hat den Widerspruch im Gesichtsausdruck des Schizophrenen so kommentiert: »Zu einer Art Paramimie führt auch der obenerwähnte Mangel an Einheitlichkeit im Ausdruck. Eine Patientin beklagte sich über ihre Stimmen- und Körperhalluzinationen: Mund und Stirne zeigten deutlichen Abscheu, die Augen freudige Erotik; nach einer Zeit nahm auch der Mund den Ausdruck der Fröhlichkeit an, während die Stirne finster und gerunzelt blieb. Sie gab selber an, daß die Gefühle, die sie als unangenehm beschrieben hatte, in gewisser Beziehung auch angenehm gewesen seien. So können alle einzelnen Bestandteile der Mimik (inklusive Stimme, Haltung, Bewegung der Hände, der Füße usw.) dissoziiert und untereinander widersprechend reagieren.«

Ein weiteres Kennzeichen des schizoiden Gesichtsausdrucks sind die zusammengepreßten Kinnbacken. Die demzufolge starre Kinnpartie bewirkt, zusammen mit dem gefrorenen Lächeln, eine auffällige Disharmonie zwischen der oberen und unteren Gesichtshälfte. Die starre Kinnpartie drückt eine Trotzhaltung aus, die den leeren oder ängstlichen Blick der Augen Lügen straft. Das starre Kinn trägt dazu bei, daß sich kein Gefühl der Furcht oder des Grauens in den Augen äußern kann. In Wahrheit sagt der Schizoide: Ich will keine Angst haben.

Wie ich festgestellt habe, ist es schizoiden Patienten fast unmöglich, irgendeinen bewußten Ausdruck in ihren Augen zu mobilisieren, ehe die Spannung in ihren Kinnbackenmuskeln sich erheblich gelöst hat. Das geschieht meist dann, wenn sie Trauer und Schmerz »freien Lauf« lassen und weinen.

Das Weinen beginnt ja mit einem Beben des Kinns, die Mundwinkel zucken nach unten, und die Kinnbacken lösen sich voneinander, während man seine Gefühle mit dem Weinen zuckend freisetzt. Die Starre der schizoiden Kinnpartie – Abwehrmechanismus gegen jede Gefühlsäußerung – verhindert dieses Freisetzen.

Kürzlich las ich in einem kurzen, unveröffentlichten Aufsatz von Grace Wells über den Reflex des Knurrens eine interessante Interpretation der Spannung in und am schizoiden Kopf. Gewöhnlich kann der schizoide Patient nicht »knurren«, das heißt, er ist nicht imstande, die Oberlippe hochzuziehen und die oberen Schneidezähne zu entblößen. Gesunden Menschen fällt diese Geste relativ leicht. Die Schwierigkeit des Schizoiden dabei beruht auf der Unbeweglichkeit der oberen Gesichtshälfte, die sich über die Kopfhaut bis zum Nacken fortsetzt. Die Nackenmuskeln des Schizoiden sind stark kontrahiert. Man kann diese Spannung mit einem kleinen Experiment bei sich selbst hervorrufen: Nehmen Sie an, Sie hätten schreckliche Angst, und machen Sie den entsprechenden Gesichtsausdruck: Augen weit aufreißen, Augenbrauen hochziehen und Kopf nach hinten legen. Jetzt können Sie spüren, wie sich die Muskeln an der Schädelbasis zusammengezogen haben. Knurren und

Beißen erfordern jedoch einen gezielten Bewegungsablauf, der dem der Angstreaktion diametral entgegengesetzt ist. Beim Beißen wird der Kopf vorgebeugt, damit die oberen Schneidezähne »zupacken« können, während die unteren die »Beute« festhalten. Da der Schizoide vor Grauen erstarrt ist, kann er diese Bewegung nicht ausführen, und deshalb ist ihm auch die Geste des Knurrens unmöglich.

Die schizoide Knurr- und Beißhemmung hängt mit einer tiefsitzenden oralen Störung zusammen, die sich auch in dem schizoiden Widerwillen äußert, mit dem Mund nach der Welt zu greifen (die Lippen zu spitzen) und zu saugen. Diese allgemeine orale Störung wurzelt in einem Kindheitskonflikt mit der Mutter, die nicht fähig war, die oralen erotischen Bedürfnisse ihres Kindes zu befriedigen. Die Frustration des Kindes führt wiederum zu Beißimpulsen, auf die die Mutter so feindselig reagiert, daß das Kind keine andere Wahl hat, als seine oralen Begierden zu unterdrücken und seine orale Aggressivität zu verdrängen.

Körperliche Starre

Ein anderes häufiges Merkmal des schizoiden Körpers ist die fehlerhafte Ausrichtung von Kopf und Rumpf. Der Kopf wird oft schief – entweder nach rechts oder nach links geneigt – auf dem Rumpf getragen. Diese Haltung weist ebenfalls auf die Trennung zwischen dem Kopf und dem übrigen Körper hin, aber den Grund dafür verstand ich erst, als ein Patient mir folgendes Erlebnis erzählte: Er hatte eine Unterredung und stand unter erheblichem emotionalen Streß. Plötzlich verschwamm sein Blickfeld, und die Gegenstände begannen ihre Form zu verlieren. Als er den Kopf zur Seite legte, konnte er wieder klar sehen. Sobald er aber versuchte, ihn geradezuhalten, trat die Störung erneut auf. Er überstand das Gespräch, indem er den Kopf in eine Hand stützte. Dieses Phänomen läßt sich wahrscheinlich damit erklären, daß ihm die geneigte Kopfhaltung erlaubte, ein Auge, nämlich das dominierende, zum Sehen zu benutzen und das Anpassungs- und Konvergenzproblem zu umgehen, das auftrat, wenn beide Augen versuchten, sich auf einen Gegenstand zu richten.

Starrheit und Spannung kennzeichnen auch den Rest des schizoiden Körpers. Fast immer tritt eine Starre in Schultern und Hals auf, die mit einer Hochmuts- und Rückzugshaltung zusammenzuhängen scheint. Ich interpretiere diesen Ausdruck als »darüberstehen«, nämlich über dem Körper und den körperlichen Bedürfnissen und Gefühlen. Er wird dann zum Dauerzustand, als wolle der Schizoide mit seiner Haltung kundtun, er stehe über anderen Menschen oder über der körperlichen Lust, die das Leben bietet. Der Eindruck von Überheblichkeit entsteht vor allem bei Patienten, die einen langen, dünnen Hals haben, der den Kopf vom Körper zu distanzieren scheint. Ihre Schultern hängen nach unten, wodurch die Trennung noch zusätzlich betont wird. In anderen Fällen sind die Schultern nach oben gezogen, als versuchten die Betreffenden, sich mit Hilfe der Schultern hochzuhalten. Wegen der Verspanntheit des Schultergürtels baumeln die Arme wie leblose Fortsätze in ihren Gelenken und wirken nicht wie die Gliedmaßen eines einheitlichen Organismus.

Die schizoide Starre entspricht nicht der Starre des Zwangsneurotikers, die auf einer Spannung mit starker emotionaler Ladung beruht. Der Neurotiker ist frustriert und zornig; der Schizoide wird von unterdrückter Wut geängstigt. Der Körperbau des »erstarrten« Neurotikers weist eine grundlegende Einheit auf, die dem schizoiden Körper fehlt. Man könnte die Rigidität des Schizoiden mit Eis vergleichen, während die Starre des Neurotikers eher an Stahl erinnert. Die Starre der schizoiden Persönlichkeit ist ebenso spröde wie hart, ebenso beengend wie einengend. Kretschmer schreibt, Strindberg, der später schizophren wurde, habe gesagt: »Ich bin hart wie Eis und doch gefühlvoll bis zur Empfindsamkeit.«

Schizoides Fühlen ist Empfindsamkeit oder, genauer gesagt, Sentimentalität, weil ihm ein unmittelbarer Zusammenhang mit körperlichen Regungen fehlt. Man kann es am besten mit dem englischen Ausdruck *cool* umschreiben – ein Gefühl, das das Leugnen von Bedürfnissen und das Zurückweisen körperlicher Lust widerspiegelt. Normales Fühlen ist eher emotional als sentimental, weil es in körperlichen Empfindungen wurzelt; deshalb sind emotionale Gefühle warm oder heiß (leidenschaftlich). Andererseits ist der Schizoide aber nicht frei von Gefühl oder sogar Leidenschaft, wenn es zum Beispiel darum geht, die Rechte der Unterdrückten zu verteidigen oder für eine gute Sache zu kämpfen. Seine Hinwendung zu übergeordneten Prinzipien spiegelt eine Selbstlosigkeit wider, die an die Wurzel seiner persönlichen Probleme rührt. Das soll natürlich nicht heißen, daß die Verteidigung der Gerechtigkeit ausschließlich Domäne der Schizoiden ist. Ich meine vielmehr, daß der Schizoide infolge seines mangelnden Identitätsgefühls häufig seine Daseinsberechtigung in sozialem Engagement oder im Verfechten bestimmter Heilslehren sucht. Die schizoide Sentimentalität ist das Ergebnis der Abstrahierung des Gefühls vom Selbst und vom Körper. Sie läßt auf einen Identitätsverlust schließen, der mit sozialen Identifikationen kompensiert wird.

Bei genauerer Betrachtung des schizoiden Körpers werden noch einige andere typische Ungereimtheiten sichtbar. So stellt man häufig fest, daß die Muskulatur der oberen Körperhälfte relativ unterentwickelt ist, der schmale Brustkorb wirkt eingefallen. Diese Thoraxverengung, die im unteren Rippenbereich besonders deutlich ist, behindert natürlich die Atmung. In anderen Fällen, wo das Leiden weniger ausgeprägt ist, findet man dagegen eine kompensatorische Ausdehnung der Brust, die manche Patienten als »männlich« betrachten und durch Gewichtheben herbeiführen oder verstärken. Beim kollabierten Körper ist die Brust eingefallen, schlaff, ohne Tonus. In allen Fällen ist jedoch eine Verengung des Körpers in der Taillengegend zu beobachten, die auf ein chronisches Zusammenziehen des Zwerchfells zurückgeht.

Bei vielen Patienten erweckt diese schmale Taille den Eindruck, der Körper sei in zwei Hälften geteilt. Man könnte das Phänomen so interpretieren, daß der betreffende Mensch versucht, die obere Körperhälfte, mit der sich sein Ich identifiziert, von der Sexualität der unteren Körperhälfte zu trennen. Ich habe einmal eine Patientin behandelt, die von der Taille an aufwärts voll entwickelt war, unten herum aber fast zurückgeblieben wirkte – Frau und kleines Mädchen in einem.

Sie erzählte mir eine Episode, die ihr Problem deutlich erkennen ließ: Am Tag nach einer Blinddarmoperation hatte man ihr eine Bettpfanne gegeben. Sie sagte zur Schwester, sie könne das Gefäß nicht benutzen, weil der Urin bei ihr nicht nach unten, sondern nach vorn fließe. Als die Schwester auf der Benutzung bestand, versuchte meine Patientin es – und machte sich naß. Was sie gesagt hatte, stimmte. Ihr Becken stand immer noch ein wenig vor, wie bei einem kleinen Mädchen. In der Pubertät kommt es normalerweise zu einer Drehung des Beckens nach unten und hinten, wodurch die Vagina zwischen die Schenkel »rutscht«. Das war bei meiner Patientin nicht geschehen, und sie wußte es.

Diese Beckenbewegung und die Verbreiterung der Hüften schaffen das Erscheinungsbild des normalen weiblichen Körpers. Die Knie nähern sich einander, während die Oberschenkel sich leicht einwärts drehen und berühren oder fast berühren. Diese Entwicklung findet bei den meisten schizoiden Frauen nur unvollkommen statt: Das Becken bleibt nach vorn geneigt, und die Schenkel sind deutlich voneinander getrennt.

Ein weiteres Merkmal des schizoiden Körpers ist Dysplasie, das heißt, er weist Züge auf, die eigentlich für das jeweils andere Geschlecht kennzeichnend sind. So findet man bei Frauen häufig androide Merkmale wie schmale Hüften, während viele Männer weibliche Merkmale wie ein volles, rundes Becken, einen deutlichen Schamhügelansatz und eine typisch weibliche Schamhaarverteilung in Form eines auf der Spitze stehenden Dreiecks aufweisen.

Dysplasie tritt beim asthenischen Körpertypus seltener auf. Bei solchen langen, dünnen Körpern sind die sekundären sexuellen Merkmale wenig ausgeprägt – schmale Hüften und Schultern, lange, sehnige, meist unterentwickelte Muskeln kennzeichnen diese Erscheinung.

Die Beine und Füße schizoider Menschen weisen ebenfalls gewisse Besonderheiten auf. Die Knie sind steif, die Knöchel wirken starr, und die Füße sind zusammengezogen oder verkrampft, was die Beine irgendwie unbeweglich macht. Solche Menschen können daher nicht vollständig in den Knien einknicken, wenn die Füße flach auf dem Boden stehen. Andererseits sind die meisten schizoiden Patienten imstande, mit Bein und Fuß eine gerade Linie zu bilden und die Zehen zu krümmen, als wollten sie damit etwas greifen. Ich interpretiere dieses Phänomen als Indiz dafür, daß sich der schizoide Fuß mehr zum Greifen als zum Gehen eignet.

Bei vielen Patienten sind die Füße leicht einwärts gedreht, wodurch das Körpergewicht auf den äußeren Rand der Füße verlagert wird, was wiederum zu einer leichten Beugung der Beine führt. Der einwärts gedrehte Fuß weist auf den Zustand vor der Geburt und im Säuglingsalter hin, wo man die Zehen ebenfalls einander zugewandt hält. Er zeugt daher von einer Entwicklungsstörung und läßt eine infantile Fixierung vermuten. Bei dieser Haltung sind die Fußmuskeln chronisch gespannt, um die Last des Körpers tragen zu können, wodurch der Rist oder Spann viel ausgeprägter wird als bei normalen Füßen.

Infantilismus ist auch bei Patienten mit ungewöhnlich kleinen Füßen zu beobachten – meist bei auffallend zierlichen Kind-Frauen, manchmal aber auch bei großen, schweren Menschen. Im letzteren Fall kann man daraus auf infantile Tendenzen der betreffenden Persönlichkeit schließen. Wenn die untere Körperhälfte schwer und schlaff ist, verlieren auch die Fußmuskeln ihren Tonus. Der Spann ist eingedrückt, und das Körpergewicht lastet auf dem inneren Rand der Füße. Bei einem klinischen Seminar in meiner Praxis führte ich einmal einen Patienten vor, der 106 Kilogramm wog. Seine Füße waren klein und verkrampft, und er war nicht imstande, seine Zehen zu spreizen oder zu krümmen. Die Füße hatten eine bläuliche Farbe, was darauf hinwies, daß er irgendwie an Zyanose, einer Form von Blausucht, litt. Einer der anwesenden Ärzte erklärte angesichts dieser Füße: »Ich glaube, er hat nicht genug Bodenkontakt, und ich meine, daß seine Ideen deshalb in der Luft schweben und nicht auf dem Boden der Tatsachen stehen. Seine Beine und Füße scheinen nicht stark genug zu sein, um den Körper zu tragen.«

Der Patient kommentierte diese Diagnose mit der Bemerkung: »Ich glaube, daß man als Erwachsener normalerweise im Boden wurzelt, aber ich tue es nicht.«

Manche Patienten beobachteten auch einen Zusammenhang zwischen der Funktionsstörung der Beine und Füße und der Sehstörung. Eine Frau berichtete: »Ich habe den Eindruck, wenn ich nicht auf meinen Füßen stehen kann, bin ich auch nicht imstande, meine Augen auf einen Gegenstand zu konzentrieren. Als mir das heute passierte, beugte ich die Knie, und nach einer Weile konnte ich auch wieder besser sehen.« Ein deutlicher Hinweis auf den Nutzen der therapeutischen Übung, die Knie möglichst lange gebeugt zu halten, um die Starre der Beine zu lockern und den Bodenkontakt zu verbessern. Diese Übung wirkt der allgemeinen Tendenz des schizoiden Patienten entgegen, mit durchgedrückten Knien und steifen Beinen dazustehen.

Eine andere Patientin schilderte ihre Erfahrungen bei einem therapeutischen Tanzkurs:

> Ich kniete und beugte mich vor, um Hals und Rücken auszustrekken. Ich konnte mein ganzes Rückgrat fühlen, bis auf eine oder zwei taube Stellen. Ich konnte mühelos durchatmen. Ich fühlte mich überall verbunden. Ich richtete mich auf, um auf den Füßen zu stehen, und meine Beine begannen zu zittern. Meine Augen schielten immer wieder. Ich konnte sie auf nichts fixieren. Das Zittern wurde stärker, erfaßte meinen Bauch und mein Becken, und da begann ich unwillkürlich zu schluchzen.

Wie diese Beobachtung zeigt, hängt die Fähigkeit, die Augen auf einen bestimmten Punkt zu konzentrieren, buchstäblich davon ab, ob man sich seinen körperlichen Gefühlen »stellen« kann – und das wiederum kann man nur, wenn man »auf den eigenen Füßen steht«. Die erste Patientin konnte ihre Augen erst dann auf einen Punkt richten, als sie fühlte, daß ihre Füße auf dem Boden standen; die zweite Frau verlor diese Fähigkeit, als sie sich den Empfindungen ihres Körpers nicht stellen konnte, das heißt, als sie diese Gefühle nicht ertrug.

Wir haben bisher immer wieder darauf hingewiesen, daß der schizoide Körper vor Angst erstarrt ist. Der nun folgende Bericht zeigt, wie sich dieses Grauen auf den Körper auswirkt. Eine Patientin erzählte, wie sie eines Nachmittags durch ihr Haus ging und plötzlich die große Standuhr in der Diele vor sich sah, die sie gleich erreichen würde. Während sie an die Uhr dachte, hatte sie einen Kopf vor Augen, von dem sich die Haut abpellte. Das Bild entsetzte sie. Sie sagte:

> Mein Körper erstarrte. Ich fühlte, wie meine Schultern hochzuckten und steif wurden; mein Kopf war plötzlich wie aus Holz; meine Augen wurden glasig und meine Knöchel starr. Ich konnte

nicht mehr atmen. Ich mußte mir schreckliche Mühe geben, um mich zu bewegen. Nach diesem Erlebnis hatte ich noch einige Tage Schwierigkeiten beim Gehen, und mir war so, als könnte ich jeden Moment das Gleichgewicht verlieren.

Die Starre funktioniert wie ein Abwehrmechanismus, solange sie unbewußt ist, das heißt, solange man sich über sie und ihre Bedeutung nicht im klaren ist. Während der Beobachter hinter der Unbeweglichkeit des schizoiden Körpers das Grauen erkennt, spürt der Schizoide, der den Kontakt zu seinem Körper verloren hat, nur das verzweifelte Bedürfnis, sich zusammenreißen – »zusammenhalten« – zu müssen. Erst wenn die Starre sich löst oder zusammenbricht, kann das Grauen ins Bewußtsein dringen.

Bei einer meiner Patientinnen begannen die Angstanfälle mit einem Zittern ihres ganzen Körpers. Ein heftiges Beben durchlief sie mehrmals. Sie zitterte so sehr, als könnte sie tatsächlich auseinanderfallen. Ein Anfall dauerte ungefähr fünf bis zehn Minuten und hörte von selbst auf, sobald die Patientin begriff, daß sie nicht zu Schaden kommen würde. Nach einer solchen Attacke fühlte sie sich jedesmal besser. Im Laufe der Therapie wurden die Anfälle seltener und verliefen weniger heftig. Sie stellte fest, daß die Attacken immer dann einsetzten, wenn sie sich »öffnete«, das heißt, wenn sie zuließ, daß ein Gefühl der Wärme von mir zu ihr durchkam, und dieses Wissen beruhigte sie. Mehr als alles andere waren es jedoch meine Gegenwart und Hilfe, die sie in den schwierigen Augenblicken aufrechthielten. Langsam gewann sie die Fähigkeit, ihre Gefühle zu tolerieren und zu akzeptieren, und ihre zuvor gelblichbraune Haut wurde »rosig«, wie sie es ausdrückte. Die Spannungen ihrer tiefliegenden Muskeln lösten sich bis zu einem gewissen Grad, und ihr Körper wurde warm, während er vorher kalt gewesen war.

Während die Patientin fähig wurde, sich ihren Gefühlen zu stellen, erlangte sie auch die Fähigkeit, auf den eigenen Füßen zu stehen. Diese Entwicklung beendete die Therapie auf dramatische Weise. Als ich es ablehnte, weiterhin die Rolle der helfenden und schützenden Mutter zu spielen, fragte sie mich: »*Möchten* Sie überhaupt, daß ich gesund werde? *Möchten* Sie, daß ich weiterlebe?« Hätte ich bejaht, hätte es (für sie) bedeutet, daß ich die Verantwortung für ihr Wohlergehen übernahm. Ich konnte aber auch nicht nein sagen. Sie fürchtete sich davor, die Nabelschnur, die sie während ihrer Krisen gehalten hatte, zu durchtrennen und sich auf eigene Kräfte zu verlassen. Ich konnte nur antworten, daß die Entscheidung, gesund zu werden und weiter zu leben, bei ihr läge. Widerstrebend fand sie sich mit meiner Antwort ab und beschloß, nunmehr ausschließlich auf eigenen Füßen zu stehen. Ich verfolgte die Fortschritte, die sie machte, noch sechs Jahre lang: Sie schaffte es immer besser, sich ihren Gefühlen zu stellen und ohne fremde Hilfe auf eigenen Füßen zu stehen.

Die geschilderte Methode, die Persönlichkeit mit Hilfe einer Interpretation des körperlichen Ausdrucks zu erfassen, hat natürlich nur dann Erfolg, wenn der Analytiker imstande ist, die physischen Merkmale eines Menschen mit dessen Verhalten in Zusammenhang zu bringen. Er muß wissen, was die Verzerrungen oder Ungereimtheiten im Körperbau eines Patienten bedeuten. Kretschmer besaß diese Fähigkeit, und deshalb sind die klinischen Beschreibungen in seinem Werk fast noch wichtiger als sein Versuch, Patienten nach Körperbautypen einzuteilen. Seine Schilderungen sind das Ergebnis eines scharfen Auges, eines unbestechlichen Geistes und einer kreativen Phantasie. Hier ein gutes Beispiel dafür: »Eine ätherisch durchsichtige, hellblonde Erscheinung mit schmaler Nase und blau geäderten Schläfen, die sich mit einer Atmosphäre von Distanz umgab. Die Bewegungen langsam, fein, aristokratisch, mit einzelnen eingestreuten Eckigkeiten. Wenn man mit ihr spricht, zieht sie sich unmerklich zurück und sucht Anlehnung am Schrank. Sie hat etwas Fremdes und Traumhaftes. Ihre Hand ist schmal, lang und allzu biegsam. Zum Gruß reicht sie nur die Fingerspitzen, die kühl und durchsichtig sind. Sie lächelt fern, irr und unbestimmt.«

Diese Beschreibung macht deutlich, in welchem Ausmaß Rückzug und Loslösung von der Außenwelt mit einem Rückzug und einer Loslösung vom eigenen Körper einhergehen können. Kretschmers Bild einer Schizophrenen mit Verfolgungswahn zeigt die Verwandlung des lebenden Körpers in einen körperlosen Geist und einen aufgegebenen Körper. Die Patientin ist ätherisch, blau, durchsichtig und fern wie der Himmel. Ihrem Äußeren und ihrer Persönlichkeit fehlt alles Rote, Erdverbundene, alle Körperlichkeit aus Fleisch und Blut. Was bleibt, ist die durchscheinende Hülle eines Menschen.

Kretschmer beobachtete und registrierte die Besonderheiten der Haut, die Behaarung, die Gesichtszüge usw. Er schrieb: »Die Hautfarbe der *Schizophrenen* aller Lebensalter ist . . . vorwiegend *blaß*, oft mit einem Stich ins Gelbliche oder Käsig-Pastöse, evtl. auch mit fahlbraunen Pigmentierungen.« Er wies wiederholt auf die Häufigkeit dysplastischer Merkmale hin: Infantilismus (kleine Hände), Feminismus beim Mann (schmale Taille, großes Gesäß, überdurchschnittliche Hüftmaße und weibliche Haarverteilung) und Eunuchoidismus (unterentwickelte Genitalien). Obgleich er diesen und anderen Einzelheiten so viel Beachtung schenkte, betonte er, man solle sich ein »Gesamtbild vom jeweiligen Kranken machen«.

Nur das Gesamtbild des Patienten ermöglicht es, eine schizoide Persönlichkeit zu diagnostizieren. Die Details können variieren, weil jeder Mensch ein Individuum mit einzigartigen Lebenserfahrungen ist, die sich in seinem Körper widerspiegeln. Wenn man die einzelnen Züge aber im Zusammenhang sieht, bekommt man einen Eindruck davon, wie groß der Selbst-Besitz des betreffenden Menschen ist. Der Blick, der Gesichtsausdruck, die Kopf- und Körperhaltung, die Hautfarbe, der Muskeltonus, das Timbre der Stimme, die Beweglichkeit des Beckens, die Spontaneität der Gesten – diese und viele andere Mosaiksteine bilden das Gesamtbild, das wir suchen. Wenn es Einheit, Stimmigkeit und Sicherheit zeigt, wissen wir, daß der betreffende Mensch »ganz da« ist, daß er im Besitz seiner Kräfte, daß er emotional gesund ist. Dem schizoiden Körper fehlen diese Eigenschaften. Das schizoide Bild zeigt einen aufgegebenen Körper, aus dem die geängstigte Psyche geflohen ist.

5 Das Körper-Ich

Ein gesunder Mensch hat eine deutliche Vorstellung von seinem Körper, die er verbal und zeichnerisch auszudrücken vermag. Er kann seinen Gesichtsausdruck, seine Körperhaltung und seine Gebärden schildern. Er kann eine Gestalt zeichnen, die ein einigermaßen zutreffendes Abbild eines menschlichen Körpers ist. Der Schizoide kann das nicht. Seine Zeichnungen menschlicher Gestalten sind oft so bizarr und stilisiert, daß die Schwäche seines Körper-Ichs sofort sichtbar wird.

Im ersten Kapitel haben wir uns mit dem Konflikt zwischen Ich-Ideal und Realität beschäftigt. Jetzt soll ein anderer Konflikt zur Sprache kommen: der zwischen Ich-Ideal und Körper-Ich. Der Gegensatz zwischen diesen beiden Vorstellungen ist ein Gradmesser für die schizoide Störung. Die Schwäche des Körper-Ichs wird durch eine Übertreibung des Ich-Ideals kompensiert. Der Patient wird sich der Übertreibung bewußt, wenn man sein Ich-Ideal seinem Körper-Ich gegenüberstellt.

Das Körper-Ich spiegelt sich zum Beispiel in seinen Zeichnungen von Menschen wider. Sie sagen etwas aus über das Maß an Harmonie zwischen den Teilen des Körpers, das Gefühl für die Körperoberfläche, das Akzeptieren sexueller Eigenheiten, die grundlegende »Stimmung« des Körpers und die Gesamteinstellung des Betreffenden zu seinem Körper. Zeichnungen sind nicht zuletzt deshalb so aufschlußreich, weil der Mensch, der sie macht, keine anderen Anhaltspunkte hat als sein eigenes Körper-Bild. Deshalb drückt er mit seiner Zeichnung aus, wie er seinen Körper wahrnimmt. Wenn einem Menschen das physische Lustgefühl fehlt, wird er eine menschliche Gestalt nur unvollständig zeichnen können, das heißt, er wird viele Merkmale weglassen oder abschwächen.

Wie kommt es zu einem verzerrten Körper-Ich? Das Körper-Ich entwickelt sich aufgrund der Synthese jener Empfindungen – positiv oder negativ, angenehm oder schmerzlich –, die die physischen Kontakte zwischen Eltern und Kind hervorrufen. Positive Empfindungen tragen zur Bildung eines klaren, harmonischen Körper-Ichs bei. Negative Empfindungen haben ein verzerrtes oder lückenhaftes Körper-Ich zur Folge.

Die Einstellung der Eltern zu ihrem Kind drückt sich – wie S. F. Fisher und S. E. Cleveland betont haben – »in der Art und Weise aus, wie sie seinen Hunger stillen, wie sie es hochnehmen und anfassen und wie sie versuchen, körperliche Prozesse wie Urinieren und Stuhlgang zu steuern«. Das »Wie« bezieht sich auf die Qualität der Berührungen, den Ausdruck in den Augen, die Zärtlichkeit des Umgangs, das alles wird vom Kind als körperliche Empfindung registriert, die sich auf die Entwicklung seines Körper-Ichs auswirkt.

Ein unvollkommenes oder unzulängliches Körper-Ich läßt immer auf eine gestörte Mutter-Kind-Beziehung schließen, denn die Mutter spielt bei der Befriedigung der physischen Bedürfnisse des Kindes die größte Rolle. Eine abweisende Mutter raubt dem Kind die Chance, seinen Körper in der körperlichen Intimität der Mutter-Kind-Beziehung lustvoll zu erfahren. Eine besitzergreifende Mutter verwehrt dem Kind das Recht, seinen Körper als etwas Eigenes zu erleben, da sie ihn zu ihrer Lust und Befriedigung in Beschlag nimmt.

Da die frühkindliche Identität in erster Linie eine Körper-Identität ist, bestimmt die Qualität des physischen Kontakts zur Mutter sein Gefühl für seinen Körper, ja, sein Lebensgefühl überhaupt. Warme, zärtliche und helfende Arme lassen das Kind den eigenen Körper lustvoll »erfühlen« und wecken in ihm den Wunsch nach weiterem Kontakt mit der Welt. Die Art, wie eine Mutter ihr Kind ansieht – liebevoll und sanft oder hart und voller Haß –, beeinflußt die Reaktionsfähigkeit der Augen des Kindes nachhaltig.

Das Körper-Ich erfüllt beim Erwachsenen zwei wichtige Funktionen. Es dient erstens als Modell für die Ausführung bewußter motorischer Aktivitäten. Eine bewußt zu steuernde motorische Tätigkeit wird unbewußt geprobt, ehe man sie sozusagen in die Tat umsetzt. Man malt sich den Bewegungsablauf mit Hilfe seiner Körper-Vorstellung aus, darum ist klar, daß ein unzulängliches Körper-Ich die Ausführung beeinträchtigt. Zweitens hat das Körper-

Ich die Aufgabe, Empfindungen zu lokalisieren. Die Fähigkeit, die Stelle zu bestimmen, an der eine Empfindung auftritt, hängt von einem gut entwickelten Körper-Ich ab. Kleine Kinder können Schmerzgefühle nicht genau lokalisieren, weil ihr Körper-Ich noch zu vage ist. Aus demselben Grund wissen Schizophrene nicht, wo genau es ihnen zum Beispiel weh tut.

Das Körper-Ich des schizoiden Menschen funktioniert in den Bereichen mangelhaft, die mit dem Ausdruck von Gefühlen zusammenhängen. Der Schizoide sieht seinen Körper als ausdruckslos und reaktionsschwach, und diese Begrenztheit zeigt sich auch in seinen Zeichnungen. Sein Ich-Ideal kann jedoch ganz anders sein: So hält er sich womöglich für sensibel, verständnisvoll und mitfühlend. Dabei ist es ihm aber unmöglich, seine Sensibilität mit seinem Mangel an Wärme, sein Mitgefühl mit seiner Distanziertheit, sein Verständnis mit seiner Ohnmacht in Einklang zu bringen. Die Figurenzeichnungen schizoider Patienten weisen bestimmte gemeinsame Merkmale auf: Die Menschen wirken leblos, oft grotesk stilisiert oder karikaturhaft. Sie sehen aus wie Statuen, Clowns, Puppen, Geister, Zombies oder Vogelscheuchen.

Die Clownsmaske

Eine häufige Verzerrung des Körper-Ichs läßt sich aus jenen Zeichnungen herauslesen, die den menschlichen Körper irgendwie clownesk darstellen. Abbildung 8 ist ein typisches Beispiel für solche Zeichnungen schizoider Patienten. Sie stammt von Paul, dessen Grauen ich im dritten Kapitel beschrieben habe.

Als ich Paul aufforderte, sich zu seiner Zeichnung zu äußern, sagte er:

> Er ist gutmütig, kindlich, aber auf eine leere Art. Er versucht zu sagen: Ich führe nichts Böses im Schilde.
>
> Er spielt den Narren, damit die Leute denken, er sei unintelligent, eindimensional. Das würde seiner Absicht entgegenkommen.
>
> Ich habe so lange den Narren gespielt. Jetzt versuche ich, auf eine philosophische Weise abgeklärt zu sein. Ich bin nie davon weggekommen, den Narren zu spielen, aber ich habe viele Tricks benutzt, um es zu kaschieren.

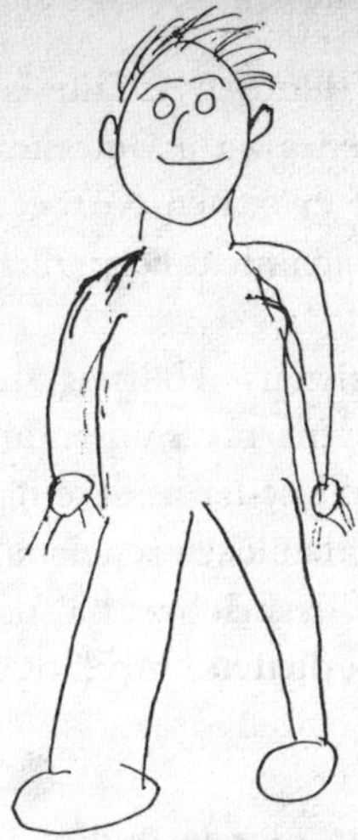

Abbildung 8

Was beabsichtigt er? Was möchte der Clown verbergen? Es ist eine begründete Vermutung, daß hinter der Clownsmaske tiefe Trauer und nagende Sehnsucht liegen. Das galt zumindest für Paul, der vorübergehend sogar gelähmt war, als er versuchte, seine Sehnsucht auszudrücken. Nach meiner Erfahrung war es auch bei allen anderen Patienten der Fall, die den Narren oder den Clown spielten. Pauls Figur zeigt aber auch eine unterdrückte Feindseligkeit durch die als Dornen oder Nadeln dargestellten Finger. Paul erklärte, daß die Arme der Figur »herunterhängen und baumeln«, was auf ihre Unzulänglichkeit als aggressive Organe und auf seine Distanzierung vom Gefühl der Feindseligkeit in ihnen hinweist.

Der »Narr« und der »Intellektuelle« kennzeichnen die Spaltung von Pauls Persönlichkeit. Er war ein intelligenter, gebildeter und belesener junger Mann. Er konnte beeindruckend über philosophische Ideen diskutieren, und doch wirkte er irgendwie »blöde«. In Gesellschaft war er zurückhaltend, schüchtern und linkisch, er wußte nicht, was er zu Mädchen sagen sollte. Deshalb war Paul, wie seine Zeichnung zeigt, trotz seines wachen Verstandes emotional klumpfüßig. Zwei physische Eigenheiten ließen ihn als Narren erscheinen. Zum einen setzte er ständig ein vages Lächeln auf, als wollte er sagen: Ich führe nichts Böses im Schilde, zum anderen bewegte er sich ausgesprochen linkisch. Die Schwerfälligkeit seines Körpers bildete einen auffallenden Gegensatz zur Gewandtheit seines Geistes. Verständlicherweise lehnte er seinen Körper als »töricht« oder »närrisch« ab. Er betätigte sich nicht körperlich und trieb nie Sport, bis er zur Therapie kam.

Paul nahm eine distanzierte Haltung zu seinem Körper ein, was der Genuß von Marihuana noch unterstützte. Marihuana hat die gleiche Wirkung wie LSD oder andere halluzinogene Drogen, die den Geist vom Körper abzulösen scheinen, so daß man sich gleichsam von außen sieht. Das Erlebnis hat oft eine bessere Wahrnehmung der eigenen körperlichen Unzulänglichkeit zur Folge. Ich zitiere Pauls Bericht:

> Meine Augen wurden sehr lebendig, aufgeregt, entspannt. Ich sah die Dinge sehr deutlich.
> Ich fühlte mich entrückt. Ich saß auf einem Stuhl, der nicht auf dem Boden zu stehen schien. Ich hatte das Gefühl, über dem Boden zu schweben. Ich schien das Spannungsmuster in meinem Körper zu fühlen: Spannungsbänder um meinen Kopf, quer über meiner Brust, an meinen Beinen und um meine Achselhöhlen. Meine Arme fühlten sich vom Rumpf losgelöst an. Ich war wie eine Zwangsjacke ohne Arme. Mein linkes Bein erschien kürzer als das rechte. [Man beachte den diesbezüglichen Unterschied in der Zeichnung!]
> Ich spielte mühelos Klavier. Ich empfand ein unglaubliches Sehnen und hatte das Gefühl, ich könnte alles schaffen. Es war ein sehr gespaltenes Gefühl, überwältigend positiv gegenüber dem Klavier, während ich früher eine sehr negative Einstellung dazu gehabt hatte. Aber ich spürte, daß nicht ich es war, der da spielte. Ich war »außer mir« und beobachtete den Vorgang. Ich spürte, daß nicht nur ich und meine Freunde, sondern noch ein anderer Mensch im Zimmer war. Ich fühlte einen bösen Geist in mir, eine mephistophelische Macht, die über mir schwebte und mich steuerte. Ich spielte scheinbar fehlerlos, aber das lag daran, daß etwaige Fehler beabsichtigt oder bewußt waren.
> Die Erfahrung war im Grunde unbefriedigend. Sie endete mit Kopfschmerzen, und ich wurde ganz lethargisch.

Die Parallelen zwischen Pauls Selbst-Wahrnehmung unter Drogeneinfluß und seiner Zeichnung sind verblüffend. Sein Gefühl, seine Arme seien wie abgeschnitten und baumelten herab, seine Beine seien verschieden lang und sein Körper stecke in einer Zwangsjakke, kehrt in den entsprechenden Merkmalen der Zeichnung wieder. Die Ohnmacht, die er in seinem Körper spürt, spiegelt auch das Gesicht des Einfaltspinsels oder Clowns. Das Gefühl der Macht wird als selbständige Kraft außerhalb des Körpers wahrgenommen.

Paul war von der Macht beeindruckt, die der Geist verkörperte. Der Geist schien allmächtig zu sein, während er, Paul, das Gefühl hatte, sein Körper stecke in einer Zwangsjacke. Beim Klavierspielen hatte er das Gefühl, der Geist habe Besitz von ihm ergriffen. Später wurde ihm klar, daß diese Kraft irgendwo in ihm war und daß er Großes leisten könnte, wenn er den Geist in Besitz nähme, statt von ihm besessen zu werden.

Als Paul mehr Körpergefühl entwickelte, verschwand die Clownsmaske, und er erschien als das, was er war: ein trauriger junger Mann, der sein Leid kannte, aber den ernstlichen Wunsch hatte, zu leben und Lust zu finden.

Die Puppe

Eine andere häufige Verzerrung des normalen Körper-Ichs finden wir in Zeichnungen, bei denen menschliche Körper wie Puppen dargestellt sind. Auch das Äußere vieler dieser Patienten, meist Frauen, läßt erkennen, daß ihre Persönlichkeit etwas Puppenhaftes hat. Mary war so eine junge Frau. Sie war 1,52 Meter groß und wog etwa 45 Kilo. Ihr Körper – grazil und gut proportioniert, aber starr – wirkte trotz ihrer 33 Jahre ausgesprochen jugendlich, beinahe kindlich – eine typische »Kindfrau«. Sie hatte eine blasse, trockene, leblos aussehende Haut. Ihr Gesicht war ausdruckslos, ihre Augen neigten dazu, ziellos ins Leere zu blicken. Nichtsdestoweniger war Mary irgendwie attraktiv und reizvoll.

Wie sah sie ihren Körper? Welche Einstellung hatte sie zu ihm? Ihre in Abbildung 9 und 10 wiedergegebenen Zeichnungen von einer weiblichen und einer männlichen Gestalt und die Kommentare, die sie zu den beiden Zeichnungen abgab, liefern wichtige Anhaltspunkte für die Beantwortung dieser Fragen.

Allein die Tatsache, daß sie spontan drei Gestalten zeichnete, um ihre Vorstellung vom weiblichen Körper wiederzugeben, ist bezeichnend. Das läßt nämlich auf eine dreifache Spaltung in ihrer Persönlichkeit schließen. Die obere Figur in Abbildung 9 wirkt extrem kindlich und jungenhaft, ohne Hände, Füße und Geschlechtsmerkmale. Die mittlere Gestalt, eine Matrone, deren Kopf vom Körper getrennt ist, läßt Rückschlüsse auf den weiblichen Aspekt von Marys Persönlichkeit zu. Die untere Zeichnung, die nur einen Kopf mit einem wissenden Gesichtsausdruck zeigt, stellt ihr losgelöstes Ich dar.

Abbildung 9

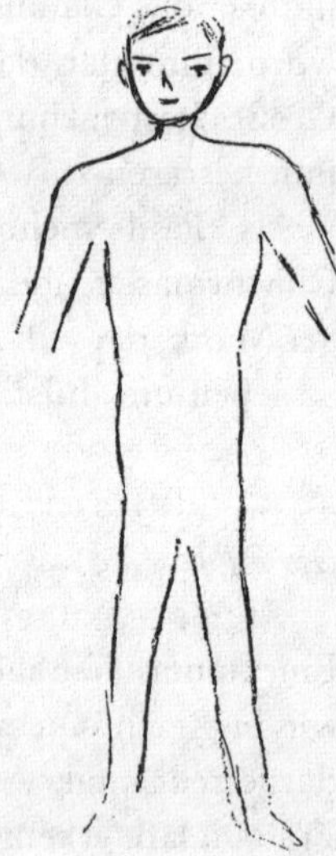

Abbildung 10

Alle Zeichnungen sind stilisiert, was auf einen unzureichenden Begriff vom menschlichen Körper schließen läßt. Die Gestalten bzw. der Kopf wirken nicht real und strahlen kaum menschliches Gefühl aus. Marys Kommentar: »Sie sehen ein bißchen so aus wie ich. Alle meine Frauen wirken sehr streng, so wie ich aussehen möchte.«

Abbildung 10 drückt Marys Vorstellung vom männlichen Körper aus. Als sie die Zeichnung fertig hatte, bemerkte sie dazu:

Ich lasse den Penis instinktiv weg, wenn ich einen Mann zeichne. Ich zeichne auch keine Arme oder Hände. Ich kann keine Hände zeichnen, die wie Hände aussehen. Keine Hüften und kein Geschlecht. Sieht zu gut aus. Gesicht und Kopf zu jungenhaft. So wollte ich früher aussehen – wie ein Schwuler. Früher mochte ich sie. Er hat keine Gefühle; er ist intellektuell und hat Geschmack.

Als ich Mary bat, ihre Einstellung zu Händen zu schildern, sagte sie: »Hände sind wie Klauen, besonders wenn die Finger lang, spitz zulaufend und sehr rot sind – wie die von meiner Mutter.« Dann fügte sie hinzu: »Ich habe schreckliche Angst vor Katzen. Ich male mir immer aus, eine Katze würde mich anspringen und zu Tode kratzen. Mein Blut gefriert zu Eis, wenn ich die Augen einer Katze sehe.«

Offensichtlich identifizierte Mary ihre Mutter mit einer Katze, und ihre Angst vor Katzen spiegelte ihre Angst vor der Mutter wider. Die Gleichsetzung der Mutter mit einer Katze weist auf das Bild vom Katz-und-Maus-Spiel hin, bei dem Mary sich als hilfloses Objekt vorkam – ein Spielzeug für ihre Mutter. Die fehlenden Hände und Füße in ihrer Zeichnung sind ein Hinweis auf ihre Unfähigkeit zu kämpfen oder zu fliehen.

Aus all diesen Beobachtungen zog ich den Schluß, daß Mary sich ihren Körper wie den einer Puppe vorstellte. Ihre Zeichnungen waren puppenhaft, andere Menschen hatten sie als Puppe charakterisiert, und sie betrachtete sich sogar selbst als eine Puppe. Eines Tages sagte sie: »Ich bin eine süße Puppe, hübsch, asexuell und leblos.« Ihr Körper-Ich entsprach also dem einer Puppe, aber nach ihrem Ich-Ideal war sie eine abgeklärte, sexuell erregende, reife Frau. Sie klagte oft darüber, daß Männer nicht die Hände von ihr lassen könnten. Viele Männer werden von dieser puppenhaften Eigenart der Kindfrau, die sie nicht in ihrer Männlichkeit bedroht, unwiderstehlich angezogen. Mary hatte eine gespaltene Persönlichkeit: Ihr Ich-Ideal, das ihr bewußtes Verhalten bestimmte, stand im Gegensatz zu ihrem Körper-Ich, das ihre wahren Gefühle widerspiegelte.

Das Ich-Ideal der schizoiden Persönlichkeit entwickelt sich als Reaktion auf das Körper-Ich. Das Ego kann den negativen Wert, den der Körper darstellt, nicht akzeptieren. Es schafft sich seine eigene Vorstellung von der Persönlichkeit als Gegensatz zum abgelehnten Bild vom Körper. Die beiden einander widersprechenden Vorstellungen entstehen jedoch gleichzeitig als Reaktion auf die äußeren Kräfte, die die Einheit der Persönlichkeit spalten. Um diese Kräfte zu erhellen, muß man die Charakterstruktur des Patienten im Hinblick auf frühkindliche Erfahrungen analysieren.

Welche Identifikationen formten Marys Persönlichkeit? Welche Erfahrungen formten ihren Körper um? Als wir bei einer Sitzung über die symbolische Bedeutung ihres Körperbaus sprachen, sagte Mary:

> Meine Mutter pflegte immer zu sagen, sie hätte gern eine Puppe, die sie schön anziehen und vorzeigen könnte. Ich weiß noch, daß ich dann immer das Gefühl hatte, ich gehörte mir nicht selbst. Und wenn ihre Hände mich berührten – dann bekam ich eine Gänsehaut. Mein Körper gehörte meiner Mutter, als sei ich ihre Puppe. Wenn ich nein sagte und sie mich verfolgte, war ich plötzlich wie gelähmt.

Mary gab ihren Körper auf, weil ihre Mutter ihn in Besitz genommen hatte. Ihr Körper wurde gleichsam von einem Geist in Besitz genommen – vom Geist ihrer Mutter. Marys Reaktion deutet darauf hin, daß es ein böser Geist war, aber sein genaues Wesen war noch unklar. In jenem Stadium der Behandlung konnte Mary nur sagen, sie sei in ihrer Rolle als Puppe und Spielzeug ihrer Mutter ein »schwules kleines jungenhaftes Mädchen« gewesen.

Während einer anderen Sitzung erzählte Mary folgendes:

> Ich erinnere mich noch genau daran, daß sie mich jeden Abend auf die Klosettbrille stellten und mir einen Einlauf machten. Sie taten es, weil ich nachts immer schrie, und sie dachten, es seien Blähungen. Ich war nackt, und wenn Freunde von ihnen zu Besuch kamen, sahen sie immer zu. Meine Mutter ist ein sehr phallischer Mensch.

Dann rief Mary mit hysterischer Stimme aus:

> Ich kann das Gefühl in meinem Körper einfach nicht ertragen! Ich habe das Gefühl, ich würde vergewaltigt. Ich bin mir dauernd

meines Beckens und meiner Vagina bewußt. Ich habe das Gefühl, es krabbelten Dinge darin herum. Ich habe das Gefühl, ich möchte nicht atmen. Ich möchte mich nicht bewegen.

Sie fing krampfhaft an zu schluchzen und fuhr fort: »Ich habe meinen Körper abgetötet. Ich habe ihn einfach gefrieren lassen. Ich habe es eben gerade getan. Ich möchte ein Junge sein!«

Die »Puppenrolle« läßt sich als ein unbewußtes Manöver erklären, sexuelle Gefühle, die als fremd und bedrohlich wahrgenommen werden, zu betäuben und zu verdrängen. Indem ein Mensch zur Puppe oder zum Mannequin (einer lebensgroßen Puppe) wird, tötet er seinen Körper ab und entpersönlicht sich. Daß Mary, wie aus ihren Zeichnungen hervorgeht, ihren Körper und ihre Weiblichkeit ablehnte, hängt mit den sonderbaren Gefühlen in ihrem Bauch und ihrer Vagina zusammen. Ihre Äußerungen machen deutlich, daß ihre Tendenz, sich abzutöten, das heißt, sich zu depersonalisieren, eine Reaktion auf diese Empfindungen war, die sie als Bedrohung der Integrität ihrer Persönlichkeit betrachtete. Das gleiche Phänomen habe ich bei allen Patienten beobachten können, die eine gespaltene Persönlichkeit hatten.

Depersonalisation

Depersonalisation wird mit Hilfe eines ganz einfachen Mechanismus herbeigeführt: Der Atem wird angehalten, und der Körper erstarrt. Das Manöver ist allerdings nicht so bewußt, wie aus Marys Bericht hervorzugehen scheint. Im Hintergrund lauert ein Gefühl des Grauens, das vom Bewußtsein als »merkwürdige Empfindung« wahrgenommen wird, gegen die sich der Organismus wehrt, indem er sich »abtötet«. Angesichts dieses Grauens stellt der Körper sozusagen alle seine Funktionen ein.

Wenn die Depersonalisation beginnt und das Ich vom Körper getrennt wird, entsteht ein Teufelskreis. Solange der Körper von allen Wahrnehmungen abgeschnitten ist, werden seine Empfindungen als fremd und beängstigend erlebt. Ohne ein angemessenes Körper-Ich kann der Verstand die körperlichen Sensationen nicht zutreffend deuten. Deshalb ist die Hypochondrie ein so verbreitetes Symptom bei Menschen mit schizoiden Tendenzen. Während ein gesunder Mensch Phänomene wie eine zugeschnürte Kehle, heftiges Herzklopfen oder ein Kribbeln im Magen verstehen und deshalb ertragen könnte, reagiert der schizoide Mensch übertrieben ängstlich darauf. Ein Schizophrener »sieht« sie sogar als Ergebnis äußerer Einflüsse, obwohl sie ohne jede Einwirkung von außen in seinem Körper stattfinden.

Eugen Bleuler schilderte einige Beispiele verzerrter Selbst-Wahrnehmung, die für den Zustand der Depersonalisation typisch sind: »Der Arzt fährt ihnen mit Messerstimmen in die Augen, man zerschneidet, prügelt, brennt, elektrisiert sie, zersägt ihnen das Gehirn, macht ihnen die Muskeln steif, hat ihnen eine beständig arbeitende Maschine in den Kopf gesetzt. Man hat ihnen etwas in den Tränenkanal getan, die Augen von alten Frauen angehängt; man schläfert sie ein, deutet der weiblichen Kranken an, sie gäbe schöne Kalbfleischschnitzel, die dann von Wölfen gefressen werden; man schneidet ihnen die Geschlechtsteile ab und stellt diese in einer benachbarten Stadt aus. Man hat ihnen die Eingeweide umgedreht; Elefanten und allerlei Bestien bewohnen ihren Leib. Eine Kranke hat Menschen in ihren Fingern, die sie töten wollen und ihr das Blut aussaugen. Man entzieht ihnen die Kraft, die Schönheit, um andere damit zu begaben.«

Zwei Tatsachen machen deutlich, warum diese Sensationen so beängstigend sind. Erstens treten sie in einem Körper auf, der ansonsten relativ gefühllos ist. Der Kontrast zwischen dem »abgetöteten« Körper und der spontanen Empfindung erklärt – wenigstens teilweise – deren ungewöhnliche Intensität. Zweitens fehlt dem Schizophrenen die Fähigkeit, seine Gefühle und Impulse in zielgerichtete Aktivitäten zu integrieren. Der gesunde Mensch paßt Impulse in Aktionsmuster ein, die die Energie des Impulses in expressive oder aggressive, auf die Außenwelt gerichtete Handlungen kanalisieren. Dazu ist der Schizophrene nicht fähig. Infolgedessen bleibt der chaotische Impuls im Inneren des Körpers blockiert, wo er die Organe übermäßig erregt und Empfindungen auslöst, die als merkwürdig und bedrohlich wahrgenommen werden.

Psychologisch gesehen werden die fremdartigen und beunruhigenden Körper-Gefühle, über die unsere Patienten berichten, unbewußt mit beängstigenden Erfahrungen aus der frühen und späteren Kindheit assoziiert. Die seltsamen Gefühle, die Mary in Becken und Vagina spürte, erinnerten an ähnliche Empfindungen aus der Kindheit. Im allgemeinen müssen solche Assoziationen durch die Analyse von Träumen und Erinnerungen erhellt und durchgearbeitet werden. Bloße Bewußtmachung der Zusammenhänge kann die Angst nicht vertreiben. Solange das Ich vom Körper getrennt ist, sind die genitalen Erregungszustände mit Angstgefühlen verbunden. Die Angst wiederum führt dann zu einer weiteren Betäubung des gesamten Körper-Gefühls.

Das Fehlen eines adäquaten, lebendigen und reaktionsfähigen Körper-Ichs erklärt auch häufigen Partnerwechsel – promiskuitives sexuelles Verhalten. Genitalerregung wird als eine fremde und beunruhigende Macht erlebt, die beseitigt oder ihrer »Ladung« beraubt werden muß. Das führt zu einer zwanghaften Sexualität ohne Zärtlichkeit, bei der es keine Rolle spielt, wer als Partner dient. Sie soll die Genitalerregung ableiten – doch weil der Körper in seiner Gesamtheit nicht emotional beteiligt ist, schenkt sie keine positive Lust oder Befriedigung. Vor allem die Homosexualität wird von dieser Art sexuellen Fühlens gekennzeichnet, wie ich in meinem Buch *Love and Orgasm* beschrieben habe. Alle von mir behandelten Homosexuellen wiesen diese Störung auf, die mit einem fehlentwickelten Körper-Ich zusammenhängt.

Wie die Erfahrung zeigt, lassen zwanghaftes sexuelles Verhalten und wahlloser Partnertausch nach, wenn der Körper lebendiger wird. Die Sexualität bekommt für den Patienten eine ganz neue Bedeutung, kennzeichnet mehr und mehr das Verlangen nach physischer Nähe und nicht mehr das Bedürfnis, eine unangenehme Spannung zu lösen. Der Patient empfindet seine genitale Erregung in diesem neuen Zustand als Teil seines gesamten Fühlens und deshalb als angenehm und lustvoll.

Im Verlauf der Therapie, als Mary mehr Körper-Gefühl und einen besseren Kontakt zu ihrem Körper bekam, wurde sie sich der Kindheitserlebnisse bewußt, die sie gezwungen hatten, ihren Körper aufzugeben. Hier eine ihrer Erinnerungen:

Ich liege jetzt oft im Bett und fühle meinen ganzen Körper. Es ist ein so gutes Gefühl zu wissen, daß alles da ist. Aber selbst dann bin ich mir der Spannungen bewußt, die die untere Hälfte meines Körpers abschneiden. Dort kitzeln Eltern ihre Kinder. Mein Vater pflegte mich dort zu kitzeln, bis ich es nicht mehr aushalten konnte. Ich hatte das Gefühl, ich würde sterben, wenn er nicht aufhörte. Er schien nie rechtzeitig aufzuhören. Er pflegte mich an den Knien zu packen und festzuhalten. Es war gräßlich! Heute kann ich mich dort nicht einmal selbst berühren.

Eltern, die ihr Kind unter dem Vorwand, zärtlich zu sein, bis zur Hysterie treiben, haben etwas Perverses. Ein solches Verhalten läßt auf ein unbewußtes sexuelles Interesse am Kind schließen. Die Einläufe sind in gewissem Sinn als Vergewaltigungen zu interpretieren. Die Einführung der Tülle in den Anus hat so viel Ähnlichkeit mit dem sexuellen Akt, daß man die Parallele selbst dann ziehen muß, wenn die Eltern sich einer solchen Bedeutung nicht bewußt sind. Viele Eltern, die ihren Kindern Einläufe machen, sind sich tatsächlich nicht über die sexuelle Symbolik des Vorgangs klar, aber ihre Blindheit spiegelt nur ihr mangelndes Einfühlungsvermögen in die kindliche Psyche wider. In Anbetracht des Verhaltens ihrer Eltern erscheint es ganz plausibel, daß Mary sich vergewaltigt vorkam. Nachdem sie ihre Eltern an einem Wochenende besucht hatte, schilderte sie mir ihre Reaktion:

Mir wurde klar, daß meine Mutter lesbisch ist. Sie faßte mich an, und ich hätte sie am liebsten umgebracht.

An jenem Abend fühlte mein Körper sich schrecklich an, und in meinem Becken hatte ich sexuelle Gefühle, die sehr unangenehm, falsch waren. Mir war übel, als hätte ich etwas in mir, das ich loswerden mußte. Also onanierte ich, nachdem ich zu Bett gegangen war. Das Gefühl war nur in der Klitoris. Ich merkte, daß ich auf eine brutale Weise onanierte, als versuchte ich, etwas fortzumassieren. Der Orgasmus war krampfhaft, gespannt und zornig. Er half nur ein bißchen.

Als junges Mädchen hatte ich dasselbe Gefühl gehabt. Ich pflegte ebenso zu onanieren – mit dem Wunsch, jene unangenehmen Gefühle loszuwerden. Einmal versuchte ich, diesen Gefühlen mit lesbischen Gedanken an meine Mutter nachzugeben. Es war sehr erregend, aber scheußlich. Furchtbar unbefriedigend. In jener Zeit hatte ich ein kurzes Verhältnis mit einem Mädchen, aber es nützte nichts.

Dann fügte Mary hinzu: »Der Mund meines Vaters hat dieselbe Wirkung auf mich. Als ich ein kleines Mädchen war, pflegte er mich spielerisch und zärtlich zu lecken und an mir zu saugen.«

Mary bezeichnete ihre Mutter als lesbisch, weil sie sah, daß es ihre Mutter sexuell erregte, wenn sie ihren Körper berührte. Ihre Mutter hatte ihr anvertraut, sie lasse Sex nur über sich ergehen und habe noch nie einen Orgasmus gehabt. Mary beschrieb ihre Mutter als eine aggressive, maskuline Frau, die ihren Mann beherrsche und zu Hause das Sagen habe. Während ihre Mutter die männliche Rolle in der Familie spielte, übernahm ihr Vater eine passive, weibliche Rolle.

Verführung und Zurückweisung

Mary wurde sowohl von ihrer Mutter als auch von ihrem Vater verführt. Ein Kind wird verführt, wenn ein Elternteil sein Bedürfnis nach Nähe und Wärme ausnutzt, um sich unbewußt sexuell zu erregen. Verführende Eltern sind sich der sexuellen Komponente ihres Handelns nicht bewußt, wenn sie ihr Kind zum Beispiel auf den Mund küssen oder wenn sie ihren Körper vor dem Kind entblößen und zur Schau stellen. Dieses Verhalten wird als Zärtlichkeit oder neuerdings als tabufreie Erziehung rationalisiert, aber das Kind spürt die unterschwellige sexuelle Färbung. Ein anderes Element der Verführung besteht darin, daß das Kind eine unterwürfige Position einnehmen muß, es kann und darf die sexuellen Annäherungsversuche eines Elternteils, auf den es ja emotional und materiell im weitesten Sinne angewiesen ist, nicht abwehren. So wird das Kind durch die Verführung willfährig gemacht, indem es sexuell erregt und durch diese Erregung an den betreffenden Elternteil gekettet wird.

Die Verführung bringt das Kind in ein ernstes Dilemma. Es gewinnt zwar ein Gefühl der Nähe, verliert aber das Recht, sich selbst durchzusetzen und Forderungen zur Erfüllung seines eigenen Strebens nach Lust zu stellen. Körperlich wirkt sich die Verführung ebenso negativ aus. Das Kind wird sexuell erregt, kann die Erregung wegen seiner physiologischen Unreife jedoch nicht gänzlich entladen. Es kann sie nicht auf den unterentwickelten Genitalapparat konzentrieren, und deshalb wird sie zu einer unangenehmen körperlichen Empfindung. Gleichzeitig ist die Erregung durch sexuelle Schuldgefühle mit Angst verbunden. Das Kind hat dann keine andere Wahl mehr, als sein Körper-Gefühl zu betäuben. Es gibt seinen Körper auf.

Der verführende Elternteil ist zugleich ein zurückweisender Elternteil. Den Körper des Kindes als Quelle sexueller Erregung zu benutzen, bedeutet nämlich nichts anderes, als dessen Gefühl für Privatsphäre zu verletzen und ihm die Achtung und Liebe zu verweigern, die seine im Entwicklungsstadium befindliche Persönlichkeit benötigt. Das so mißbrauchte Kind wird im Grunde als unabhängige Person zurückgewiesen.

Aber es kann auch umgekehrt laufen, denn selbst der »offen« zurückweisende Elternteil verführt. Die Zurückweisung beruht häufig auf einer furchtsamen Scheu des Betreffenden vor körperlicher Intimität, weil sie sexuelle Schuldgefühle in ihm weckt. Solche Eltern haben Angst davor, das Kind zu berühren und zu streicheln, und wenn sie es doch tun, dann geschieht es so ungeschickt, daß das Kind die verborgene sexuelle Angst spürt. Das Kind versteht diese Angst als Ausdruck einer gehemmten sexuellen Regung und reagiert mit einem übertriebenen sexuellen Interesse. Gleichzeitig bekommt es aber Angst davor, sich dem Elternteil zu nähern, weil es damit eine feindselige Reaktion hervorruft, die es später mit seiner eigenen Sexualität verbindet.

Eltern, die keinen Kontakt zu ihrem Körper haben, sind sich nicht darüber klar, wie »verführerisch« sie mit ihren Kindern umgehen. Das Kind, das seinem Körper näher ist, reagiert dagegen sehr empfänglich auf alle Gefühlsnuancen und nimmt das verborgene sexuelle Interesse sehr wohl wahr. Eine Mutter wird gewöhnlich ihren Sohn zu einer anscheinend unschuldigen erotischen Intimität verführen, während ein Vater sein sexuelles Interesse für seine Tochter durch Blicke, Worte oder Handlungen ausdrücken mag. Diese Beziehungen sind offensichtlich inzestuös.

Eine Patientin berichtete mir, ihre Mutter habe ihr, als sie sechs Jahre alt gewesen sei, unter dem Vorwand einer aufgeschlossenen Sexualerziehung ihre Genitalien gezeigt. Das kleine Mädchen war von dem Anblick abgestoßen und lief aus dem Zimmer. Es fand den Körper der Mutter widerwärtig und übertrug diese Vorstellung auf das eigene Geschlechtsorgan. Mehr noch als durch die Sache selbst wird das Kind durch die emotionale Rücksichtslosigkeit der Handlungsweise verletzt und entsetzt. Ein anderes Beispiel für dieses mangelnde Einfühlungsvermögen berichtete eine meiner Patientinnen: Als sie zehn Jahre alt gewesen sei, habe ihre Mutter bemerkt, daß ihre Brüste begannen, sich zu entwickeln. »Sie kam zu mir herüber, legte eine Hand unter meine eine Brust und sagte in einem lauernden Ton: ›Oh, ich sehe, du entwickelst dich.‹ Ich fand das ekelhaft. Ich fühlte, wie ich den Boden unter den Füßen verlor.«

Sie fuhr fort:

> Allein der Gedanke daran, daß meine Mutter mich anfaßte, machte mich schaudern. Ich wollte mich ihrer Berührung entziehen. Ich fühlte, daß sie sexuell war. Ihre Brüste und ihr Körper widerten mich an. Einmal, als ich fünfzehn Jahre alt war, kam sie mit einer zerrissenen Hose in mein Zimmer. Ich sagte ganz harmlos: »Du hast ein Loch in der Hose.« Sie antwortete: »Du doch auch!« Mir wurde beinahe übel. Sie war so pervers, schmutzig und geil.

Bei Mary führte das verführende und zurückweisende Verhalten der Eltern dazu, daß sie ihren Körper und ihre Weiblichkeit ablehnte. Marys Persönlichkeit – das Puppenhafte, die fehlende weibliche Reife und ihre homosexuelle Passivität – wurzelte in ihrer Unterwerfung unter die phallische Aggressivität der Mutter und die oralen Verführungsbemühungen des Vaters. Infolgedessen wurde ihr die Unterwerfung unter einen Mann unmöglich. »Ich kann sie verführen; dann behalte ich die Kontrolle. Die entgegengesetzte Situation macht mir Angst.« Mary verführte, um sich selbst zu schützen.

Gleichzeitig fürchtete sie sich vor spontanen sexuellen Regungen, die sie zu einer Frau und zu einer Gefahr für ihre Mutter machen würden.

Die unterdrückte sexuelle Angst schränkte die Wahrnehmung ihres Körpers, besonders seiner unteren Hälfte, ein. Eines Tages sagte Mary bei einer Sitzung: »Ich spüre meine Beine nicht. Ich habe nicht den Eindruck, daß sie ein Teil meines Körpers sind.« Der von Mary beschriebene Verlust von Gefühl in den Beinen ist ein verbreiteter und charakteristischer Defekt des Körper-Ichs schizoider Menschen. Ihre Zeichnungen zeigen oft Körper ohne Beine oder mit mangelhaft ausgebildeten Beinen. Gisela Pankow, deren Arbeit mit Schizophrenen im wesentlichen auf der dynamischen Wiederherstellung des Körper-Ichs basiert, erwähnt die »Spaltung zwischen der Kopfzone und der Beinzone« mit einer damit verbundenen Zurückweisung des »Konzepts von einem sexualisierten Körper«. Zwischen den Beinen und der Sexualfunktion besteht ein unmittelbarer Zusammenhang. Geschlechtlichkeit beinhaltet Reife (auf den eigenen Füßen stehen) und umgekehrt. Mit der Trennung seines Ichs (Kopfzone) von seiner Geschlechtlichkeit (Beinzone) leugnet der Schizoide seine Selbständigkeit und zieht sich auf eine infantile Position der Hilflosigkeit zurück. Mary drückte diese Tendenz so aus:

> Ich lasse keinerlei Gefühle unter der Taille zu. Wenn in meinem Becken ein Gefühl entsteht, ist es qualvoll. Ich fürchte dann, ich würde den Verstand verlieren. Ich möchte eine Nixe sein.

Mary hatte einen Traum, in dem sie mit ihrem nackten Vater im Bett lag. Sie versuchte, den Kontakt zwischen ihren unteren Körperhälften zu vermeiden, damit »es nicht sexuell wurde«. Marys Leugnen der eigenen Sexualität wurzelte also in einer Angst vor sexueller Verstrickung mit dem Vater. Das hätte die Eifersucht und den Zorn ihrer Mutter geweckt, vor der Mary sich schrecklich fürchtete.

Unfähig, sich als Frau zu akzeptieren, versuchte Mary, sich mit ihrem Bruder zu identifizieren. Als kleines Mädchen fragte sie sich: Wie wollen die wissen, daß ich ein Mädchen bin und kein Junge?

»Ich dachte an den Penis«, sagte sie, »und ich griff danach, aber ich hatte keinen. Wenn ich ein Junge wäre, hätte ich einen.« Ihre endgültige Identifikation war weder männlich noch weiblich; sie wurde »der Junge ohne Penis«, der jugendliche Homosexuelle.

Wir haben einige der Erfahrungen und Identifikationen beschrieben, die Marys Einstellung zu ihrem Körper prägten. Diese Einstellung, die sich sowohl in ihrem Körper-Ich als auch in ihrer Erscheinung äußerte, wird ebenfalls in ihren Zeichnungen menschlicher Gestalten sichtbar. Als Ergebnis der Analyse ihrer Einstellung, der Arbeit mit ihrem Körper und meiner Bejahung der Patientin als menschliches Wesen änderte sich ihr Körper-Ich. Eines Tages berichtete sie: »Wissen Sie, was ich heute fühle? Ich fühle die Grenzen meines Körpers deutlicher. Er fühlt sich nicht mehr so unbestimmt an.«

Der Rückzug des Gefühls von der Peripherie des Körpers gehört zu den Mechanismen der schizoiden Abwehr. Der Ladungsverlust an der Körperoberfläche reduziert das Bewußtsein von den Körperumrissen, und macht es unmöglich, einen Körper einigermaßen korrekt zu zeichnen. Er senkt die Schwelle für äußere Reize und macht den Schizoiden außerordentlich empfindlich für Kräfte von außen.

Zwischen dem Körper-Ich und dem tatsächlichen Körper besteht eine funktionale Identität. Ein adäquates Körper-Ich setzt eine Mobilisierung des totalen körperlichen Fühlens voraus. Die Therapie sollte erstens die Sperren abbauen, die den Patienten daran hindern, seinen Körper zu akzeptieren, und zweitens sollte sie dem Patienten irgendwie zeigen, wie er seinen Körper »unmittelbar« erfahren kann. Er muß ermutigt werden, sich mehr zu bewegen und freier zu atmen, denn wenn diese Funktionen eingeschränkt sind, geht das Fühlen verloren. Bei meiner Arbeit mit Mary mußte ich vor allem diese Aktivitäten neu beleben. So lernte sie, mit den Beinen zu treten, auf die Couch einzuschlagen, sich zu recken und tief durchzuatmen. Wie sehr sich ihr Zustand besserte, geht aus folgendem Bericht hervor:

> Ich habe mir einen Bikini gekauft, und ich habe ihn trotz meiner Angst am Strand getragen. Ich kam mir richtig sexuell und weiblich vor. Sie wissen ja, wie ich zu meinem Körper stehe. Es war ein herrliches Gefühl. Ich weiß nicht, wann ich mich jemals so gut gefühlt habe. Ich fühlte mich wie ein anderer Mensch.

Bei der Erörterung von Marys Fall habe ich die Entwicklung und Funktion des Körper-Ichs betont. Im dreizehnten Kapitel werde ich einen anderen Aspekt ihrer Behandlung besprechen – die Demaskierung der »süßen Puppe« Mary.

Der Schizoide ist ein Mensch, dessen Gefühle eingesperrt sind wie der Geist in Aladins Wunderlampe. Der Schizoide scheint jedoch die Zauberformel vergessen zu haben, die den Geist befreien könnte. Wenn man die Geschichte von Aladin und der Wunderlampe metaphorisch betrachtet, entspricht die Lampe dem Körper, die Zauberworte sind Worte der Liebe, und das Reiben der Lampe ist gleichbedeutend mit einer Liebkosung. Wenn der Körper liebkost wird, beginnt er innerlich zu leuchten wie eine Lampe und verströmt ein machtvolles Fluidum, die Aura der Erregung. Wenn der Körper »aufleuchtet«, strahlen die Augen, und der Geist der Sexualität kann seine magischen Verwandlungen bewirken. In Wahrheit hat der schizoide Mensch die Zauberformel gar nicht vergessen; er spricht von Liebe und betätigt sich sexuell, aber die Lampe ist defekt oder zerbrochen, und nichts geschieht. In seiner Verzweiflung wendet er sich dem Perversen zu, experimentiert mit Drogen oder wechselt wahllos den Partner. Aber keines dieser verzweifelten Manöver befreit den Geist der Liebe und Sexualität.

6 Die Psychologie der Verzweiflung

Selbstzerstörerisches Verhalten

Viele Menschen tun Dinge, von denen sie wissen, daß sie ihnen schaden, aber sie fahren dennoch fort, sie zu tun. Manchmal hat man den Eindruck, daß sie, besonders die Schizoiden unter ihnen, von einem Dämon zu Handlungen getrieben werden, die ihr Leben oder ihre geistige Gesundheit gefährden. Selbst in weniger schweren Fällen besitzt die Persönlichkeit eine selbstzerstörerische Tendenz, die bei der Therapie nur schwer zu überwinden ist.

Man nimmt im allgemeinen an, daß jemand bestimmte Tätigkeiten oder Verhaltensmuster ändern wird, wenn er sich bewußt ist, daß sie selbstzerstörerisch sind. Auch erfahrene Therapeuten gehen von dieser Voraussetzung aus und sind dann überrascht oder enttäuscht, wenn der Patient nicht positiv auf die Analyse reagiert. Diese Situation, die sogenannte negative therapeutische Reaktion, führte Freud zur Entwicklung der Theorie des »Wiederholungszwangs«, also vom Bedürfnis, schmerzvolle traumatische Erfahrungen zu wiederholen. Später erweiterte Freud diese Theorie der zwanghaften Wiederholung des Unlustvollen zu seiner Hypothese vom »Todestrieb«.

Zugegeben, alle von mir analysierten Patienten hatten irgendwelche selbstzerstörerischen Tendenzen. Deshalb waren sie ja in Behandlung. Aber bei keinem einzigen von ihnen fand ich Anhaltspunkte für Freuds Hypothese. Viele äußerten zwar Todeswünsche, doch ein Todes*wunsch* ist noch lange kein Todes*trieb*. Selbstzerstörerisches Verhalten läßt sich oft von Grund auf ändern. Die Tatsache, daß ein Mensch selbstzerstörerisch handelt, ist ein Indiz dafür, daß in seiner Persönlichkeit eine Kraft wirkt, die die Lebensenergie des Organismus verschwendet. Eine solche Anti-Lebenskraft gibt es in der schizoiden Persönlichkeit, aber sie ist die unmittelbare Folge und nicht die Ursache der schizoiden Spaltung. Da alle Bereiche der schizoiden Persönlichkeit dem Auflösungsprozeß unterworfen sind, wird die Existenz des Schizoiden selbst von Lebenskräften und Todeskräften bestimmt. Eine häufige Form der selbstzerstörerischen Tendenz ist die Abhängigkeit von Beruhigungsmitteln und Sedativa.

Ich behandelte einmal eine Alkoholikerin, die positiv auf die therapeutischen Sitzungen reagierte. Sie sprach ganz frei und offen über ihre Probleme und Gefühle. Am Ende jeder Sitzung erklärte sie, daß sie sich schon viel besser fühle, aber wenn sie nach der Behandlung wieder zu Hause war, konnte sie nicht der Versuchung widerstehen, ein Glas zu trinken. Ein anderer Patient, der bei der Therapie erhebliche Fortschritte gemacht hatte, äußerte plötzlich große Furcht vor dem Tod. Bisher hatte sein verzweifelter Kampf ums Überleben seiner Angst gar keinen Raum gelassen, hatte sie ausgeschaltet. Sobald er aber fühlte, daß es etwas gab, wofür es sich zu leben lohnte, entwickelte er eine bewußte Angst vor dem Sterben. Eine solche Angst wurzelt in der Sorge, für die guten Gefühle bestraft zu werden. Wenn sie zu groß wird, sieht der betreffende Mensch keine andere Möglichkeit mehr, als seine guten Gefühle zu zerstören.

Die Angst, die mit den lebensbejahenden Empfindungen assoziiert wird, beruht auf einem allgemeinen Gefühl des Verhängnisses. Gewöhnlich ist der Patient sich nicht bewußt, daß er sich unter diesen negativen Vorzeichen abmüht, obgleich dann und wann vage Gefühle der Verzweiflung ins Bewußtsein dringen können. Sie werden jedoch im Interesse des Überlebens rasch unterdrückt, und er fährt in seinen aussichtslosen Bemühungen fort. Wenn dieses selbstzerstörerische Verhalten in der Therapie analysiert wird, gibt er zu, daß er von vornherein die unbestimmte Ahnung gehabt habe, er würde scheitern. Auf irgendeiner Bewußtseinsstufe war ihm klar, daß er keinen Erfolg haben konnte, mehr noch, daß er keinen haben durfte.

Warum sollte man sich so sehr vor dem Erfolg fürchten? Oder besser: Vor welchem Erfolg fürchtet man sich so sehr? Der gefürchtete Erfolg ist der sexuelle Besitz eines Elternteils, aber es bedarf oft einer langen Analyse, bis der Patient zu dieser Einsicht kommt. Zunächst ist er sich nicht darüber klar, daß das über ihm schwebende Verhängnis das Entsetzen vor dem Inzest ist, die Gefahr, das große

Tabu zu brechen, und die Furcht vor der unbarmherzigen Vergeltung, die unweigerlich folgen würde. Um sich gegen dieses Grauen zu wehren, opfert der schizoide Mensch das Recht, seinen Körper zu genießen und die Wärme menschlichen Kontakts zu erfahren. Durch seine Unfähigkeit, die Lust des erotischen Verlangens und der sexuellen Beglückung zu erleben – bedingt durch seine Schuldgefühle wegen der tabuierten inzestuösen Wünsche –, fühlt er sich aus der menschlichen Gesellschaft verbannt.

Das über dem Schizoiden hängende Damoklesschwert des Verhängnisses ist die Drohung, aufgrund einer Verletzung des Inzesttabus verlassen oder vernichtet zu werden. Um diesem Damoklesschwert zu entgehen, hat er seine sexuellen Gefühle verdrängt und seinen Körper aufgegeben. Jetzt, als Erwachsener, stellt er fest, daß ihm der normale Weg zu menschlichen Beziehungen aufgrund dieser Verdrängung versperrt ist. Sein Abwehrmechanismus isoliert ihn also, entfremdet ihn der menschlichen Gemeinschaft und verdammt ihn zu eben dem Verhängnis, vor dem er sich gefürchtet hat. Das Dilemma besteht darin, daß der Schizoide in seinem Grauen nicht imstande ist, eine befriedigende Beziehung aufzubauen, und daß er, isoliert, wie er ist, auch nicht in seinem gegenwärtigen Zustand verharren kann.

Aber der ödipale Konflikt schläft nie ganz, solange die Verdrängung der sexuellen Gefühle anhält. Ständig drohen sexuelle Gefühle durchzubrechen, und die Angst vor Strafe verschwindet nie. Der schizoide Mensch kämpft gegen dieses Gefühl, das Verhängnis sei unvermeidlich, ganz gleich, was er tut – und sieht schließlich eine einzige Rettung darin, zu lernen, damit zu leben.

Wenn ein Mensch sich an die Vorstellung einer sicheren Katastrophe gewöhnen kann, nimmt er ihr einen Teil ihres Schreckens. Wenn man nichts mehr zu gewinnen hat, besteht auch nicht die Gefahr, etwas zu verlieren. Man erlegt sich selbst eine Strafe auf, um nicht von anderen bestraft zu werden. Wie Wilhelm Reich in seiner Analyse des masochistischen Charakters gezeigt hat, ist das die Erklärung dafür, daß masochistische Menschen von Auspeitschung träumen bzw. sich tatsächlich auspeitschen lassen. Beim Masochismus ist die tatsächliche Strafe nie so schlimm wie die gefürchtete Strafe: die Kastration. Ähnlich ist eine selbstauferlegte Isolation weniger beängstigend als Verlassenwerden und Tod.

Das selbstzerstörerische Verhalten des schizoiden Menschen besitzt in seinem Unbewußten Überlebenswert. Es ist eine Überlebenstaktik, die in seiner jetzigen Situation anachronistisch ist, doch gemessen an seinen Kindheitserfahrungen höchst wirksam. Es ist ein Abwehrmechanismus, dem man gelegentlich auch im Tierreich begegnet: Das Tier stellt sich bei drohender Gefahr einfach tot. Ich hatte einmal einen Patienten, der während einer Therapiestunde ganz entspannt auf der Couch lag, als ich plötzlich bemerkte, daß seine Augäpfel nach oben wegrutschten, so daß nur noch das Weiße zu sehen war. Sein Atem ging langsamer, er lag regungslos da und sah aus wie ein Sterbender. Als ich ihn fragte, was diese Haltung bedeute, erzählte er mir, daß er als kleiner Junge immer so reagiert habe, wenn seine Eltern ihn bedrohten. Sie bekamen dann sofort Angst, wenn sie sein totenähnliches Aussehen bemerkten, und verhielten sich nicht mehr drohend, sondern fürsorglich.

Ebenso läßt sich die Tatsache interpretieren, daß heute immer mehr junge Menschen versuchen, sich das Leben zu nehmen. Trotz ihres offensichtlichen selbstzerstörerischen Elements sind Selbstmordversuche zugleich ein dramatischer Hilferuf. Viele Eltern erkennen erst dann, wie ernst die emotionalen Schwierigkeiten ihres Kindes sind, wenn sie mit einem solchen drastischen Schritt konfrontiert werden.

Aber wie lange kann man um Hilfe rufen, die nicht kommen will? Wie lange kann man unter dem Damoklesschwert des Verhängnisses leben, ohne es auf sich herabzubeschwören? Am Ende hat das verzweifelte Manöver ein verzweifeltes Ergebnis. Der verzweifelte Mensch fordert sein Geschick heraus.

Überlebensstrategien

Ein Beispiel für die Psychologie der Verzweiflung ist der Fall eines jungen Mannes, der zu mir kam, weil er schon lange unter Depressionen litt und unfähig war zu arbeiten. Bill war Mathematiker, besaß einen sachlichen, präzisen Verstand und konnte Probleme gründlich analysieren – wenn er nicht persönlich davon betroffen war. Bei der Therapie stellte sich heraus, daß seine Schwierigkeit vor allem in dem Gefühl lag, daß »nichts passierte«. Ganz deutlich wurde dieses Gefühl bei der Analyse von zwei Träumen, in denen, wie er betonte, »nichts passierte«. Dann begriff er, daß genau dieses Gefühl sein Leben beherrschte und seinen Depressionen und seiner Unfähigkeit zu arbeiten zugrunde lag. Das Gefühl verschärfte sich, als die Behandlung nach einem vielversprechenden Anfang plötzlich im Sande zu verlaufen schien. Zunächst hatte er, als er seine Muskeln bei verschiedenen Übungen einsetzte, starke unwillkürliche Vibrationen in seinen Beinen und seinem Rumpf gespürt. Er wurde ganz aufgeregt, weil irgend etwas mit ihm zu passieren schien. Abgesehen von einem gewissen Freisetzen von Gefühl durch Weinen führten diese ersten unwillkürlichen Bewegungen jedoch zu nichts. Seine anfängliche Begeisterung ließ nach, und seine Depression vertiefte sich. Die Arbeit fiel ihm noch schwerer. Ich hatte ihn vor dieser Entwicklung gewarnt, denn ich wußte aus Erfahrung, daß die Patienten ihren inneren Ängsten entgegentreten müssen, ehe sie auf Besserung hoffen können. Wir waren uns beide über die Möglichkeit klar, daß er wegen seiner Unfähigkeit zu arbeiten seine Stelle verlieren könnte. Das würde bedeuten, daß »etwas mit ihm passierte«; er räumte sogar ein, daß er sich diese an sich negative Entwicklung vielleicht sogar wünschte.

Bill war ein junger Mann mit einem mageren, etwas verspannten Körper – ein asthenischer Typ. Er hatte breite Schultern, ein schmales Becken und extrem angespannte, verkrampfte Beine. Seine ziemlich breite Brust zeigte in der Gegend des Brustbeins eine Delle, und seine Bauchmuskulatur war stark kontrahiert. Deshalb beschränkte sich die Atmung auf den Brustkorb. Seine Arme und Beine waren zwar kräftig, harmonierten aber nicht mit dem übrigen Körper. Trotz einer augenscheinlichen Kraft hatte sein Körper irgend etwas Schwächliches. Die Spaltung seiner Persönlichkeit äußerte sich auch in seiner Mimik. War sein Gesicht entspannt, wirkte es traurig, müde und alt, aber wenn er lächelte, begann es zu strahlen wie das Gesicht eines kleinen Jungen. Der Konflikt zwischen Optimismus und Niedergeschlagenheit verleitete ihn zu gefährlichen Unternehmungen, die zum Glück ohne Folgen blieben.

Bill war Bergsteiger und erkletterte vor allem mit Begeisterung

Steilwände; er behauptete, es gäbe nicht viele Leute, die ihn darin überträfen. Er hatte viele Touren ohne Furcht oder Zögern bewältigt. Höhenangst oder Angst vor dem Absturz kannte er nicht. Er hatte keine Angst, weil es ihm in irgendeiner Ecke seiner Persönlichkeit gleichgültig war, ob er abstürzte. Er berichtete, wie er einmal während eines Alleingangs an einem steilen Grat plötzlich keinen Halt mehr mit den Füßen fand. Einige Augenblicke lang hielt er sich nur noch mit den Händen an einem schmalen Sims fest und baumelte so über dem Abgrund. Während er mit den Zehen nach einem neuen Halt suchte, war sein Geist völlig von dieser Tätigkeit losgelöst. Er fragte sich: Wie wäre es wohl, wenn ich jetzt abstürzte? Und dabei empfand er keine Panik.

In Bills Persönlichkeit herrschte ein Konflikt zwischen dem Wunsch, etwas Sinnvolles möge passieren, und der Furcht, wenn tatsächlich etwas passierte, würde das Ergebnis katastrophal sein. Dieser Konflikt trieb ihn dazu, sich gefahrvollen Situationen auszusetzen – vor allem der Gefahr des Abstürzens oder Fallens. Wenn er an einer Klippe stand, zwang er sich dazu, dicht an den Rand des gähnenden Abgrundes zu treten; damit wollte er sich seine Furchtlosigkeit beweisen. Bills Verzweiflung wurde in einigen merkwürdigen Phantasien sichtbar. Er hatte wiederholt den Drang, Hochspannungsleitungen zu berühren oder vor schnell fahrende Autos zu springen, um zu sehen, was dann passieren würde. Er sagte, wenn er jemals Selbstmord beginge, würde er sich von einer Klippe stürzen. »Aber nur, wenn es sicher wäre«, fügte er hinzu. Bill wollte den Kitzel der Gefahr, verbunden mit der Gewißheit, daß nichts passieren würde.

Man kann analytisch nachweisen, daß Menschen, die Angst davor haben, aus großen Höhen zu fallen, sich auch davor fürchten, in Schlaf zu fallen oder sich zu verlieben (»to *fall* in love«, wie es bezeichnenderweise im Englischen heißt). Gegen die Höhenangst kann das Ich Abwehrmechanismen entwickeln, die die Angst verdrängen und die Persönlichkeit auch in bedrohlichen Situationen funktionsfähig erhalten. Das Ich kann den Betreffenden – wie in unserem Fall – sogar zwingen, seine unbewußte Angst herauszufordern, aber es kann dem Menschen nicht dabei helfen, sich zu verlieben, weil dieses Gefühl jenseits der Ich-Kontrolle liegt. Ich war nicht überrascht, als Bill mir berichtete, daß er unter Schlafstörungen litt und in letzter Zeit immer häufiger durchwachte Nächte erlebte. Er war auch nie richtig verliebt gewesen. Ein verliebter oder liebender Mensch würde nicht darüber klagen, daß nichts passiert – Liebe ist schließlich ein Ereignis von außerordentlicher Bedeutung.

Es wurde bald klar, daß Bill schreckliche Angst vor dem Fallen hatte. Sein Abwehrmechanismus dagegen bestand eben darin, Situationen zu suchen, in denen gerade diese Gefahr zentral war; damit wollte er sich beweisen, daß er nichts zu fürchten hatte. Seine Taktik erforderte eine extreme Körperkontrolle, vor allem der Beine. Die waren daher auch so gespannt und verkrampft, daß er sie kaum beugen konnte; seine Knöchel waren gleichsam steif und seine Fußspanne so kontrahiert, daß er kaum Fußkontakt mit dem Boden hatte. In Anbetracht seiner körperlichen Verfassung war Bill der letzte, von dem man bergsteigerische Leistungen erwartet hätte, aber er kompensierte die Handikaps mit seinem starken Willen. Er lebte daher ständig im Alarmzustand und wehrte sich mit aller Kraft gegen jede Herausforderung, um zu beweisen, daß nichts passieren würde.

Solange dieses Manöver lief, würde aber auch nichts passieren, was Bill aus seiner Depression herausholte. Er mußte lernen, sich »gehenzulassen«; sein Wille mußte seinem Körper mehr Freiheit geben. In diesem Stadium der Behandlung forderte ich Bill auf, eine Streß-Haltung einzunehmen, wie sie von Skiläufern und anderen Sportlern zur Stärkung der Muskeln eingesetzt wird. Solche physischen Übungen können emotionale Einstellungen »konkretisieren« und dem Patienten seine Probleme durch die Bewußtwerdung seiner körperlichen Starre vor Augen führen. Bei Bill diente die Übung dazu, ihn mit seiner Fallangst zu konfrontieren.

Bill stand am Rand der Couch, knickte in den Knien ein und beugte sich so weit vor, daß das gesamte Gewicht seines Körpers auf den Fußballen ruhte. Er hielt das Gleichgewicht, indem er sich ein wenig nach hinten bog und die Couch mit den Fingern berührte. Sportler können gewöhnlich etwa eine Minute in dieser Stellung verharren. Als ich Bill fragte, wie lange er so stehenbleiben könne, sagte er: »Ewig.« Ich beschloß, ihn auf die Probe zu stellen. Er hielt sich etwas mehr als fünf Minuten in der Stellung, während seine

Beine zitterten und der Schmerz zunahm. Als der Schmerz schließlich zu stark wurde, fiel Bill nicht etwa hin – er warf sich vielmehr auf die Knie. Er wiederholte die Übung noch einige Male, bis sich zeigte, daß er Angst davor hatte, das Gefühl des Fallens aufkommen zu lassen. Bill spürte, daß seine Beine nicht nachgeben würden. Ich interpretierte diese körperliche Haltung als seinen unbewußten Entschluß, um jeden Preis »auf eigenen Füßen zu stehen«, das heißt, er lehnte unbewußt jede Abhängigkeit von anderen Menschen ab und leugnete sein Bedürfnis nach Kontakt und Intimität.

Als wir uns das nächste Mal sahen, berichtete Bill vom Durchbruch eines starken Gefühls:

> In der Nacht nach unserer letzten Sitzung hatte ich meinen ersten Alptraum. Ich wachte auf und dachte, jemand sei im Zimmer. Ich muß geschrien haben. Als ich wach war, glaubte ich, eine Gestalt an der Tür zu sehen. Ich hatte Angst aufzustehen. Schließlich hörte ich meine Katze, und als ich ihr etwas zurief, fühlte ich mich besser. Dieses Erlebnis erinnerte mich an meine Kindheitsängste. Jetzt ist mir klar, daß ich nur deshalb spät zu Bett gehe, weil ich Angst davor habe, in Schlaf zu fallen.

Vor diesem Traum hatte Bill sich nicht mehr an seine Kindheitsängste erinnert. Nach seinem Bericht von dem Alptraum sprachen wir über seine Beziehungen zu seiner Mutter und seinem Vater, und Bill wurde klar, daß er alle Gefühle zu seinen Eltern verdrängt hatte – die Liebe zu seiner Mutter ebenso wie die Angst vor seinem Vater. Auf diese Weise war das Inzesttabu in Bills Vorstellung derart erweitert worden, daß »überhaupt nichts passieren durfte«. Wenn ein Tabu so extreme Folgen hat, muß der ödipale Konflikt eine sehr reale Inzestmöglichkeit und eine unmittelbar drohende Katastrophe beinhaltet haben. Unter diesen Umständen greift der betreffende Mensch zu gravierenden Maßnahmen, um die Katastrophe zu verhindern: Er leugnet seinen Körper und dessen Gefühle und isoliert jedes der Familienmitglieder vom anderen. Bill hatte sich als kleiner Junge sehr allein gefühlt und war als Erwachsener weiterhin allein.

Bills Alptraum war der erste Durchbruch seiner verdrängten Gefühle. Er begriff, daß die fremde Gestalt in seinem Zimmer sein Vater war und daß er als Kind große Scheu vor ihm gehabt haben mußte. Als er heranwuchs, überspielte er die Scheu mit einer arroganten Haltung, weil »nichts passierte«; er wurde weder bestraft noch ausgestoßen. Das allgemeine Gefühl des Verhängnisses bestand jedoch in seinem Unbewußten fort und übertrug sich auf seine Einstellung zur Arbeit. Seine Psychologie der Verzweiflung verlangte, daß er die Autoritäten herausforderte, um zu sehen, ob sie zurückschlagen würden, aber zugleich hatte er schreckliche Angst davor, seine Stelle zu verlieren. Bill hatte seine ganze Existenz einer bestimmten Aufgabe verschrieben: Er wollte die Technik meistern, am Rande eines Abgrunds zu überleben.

Die Psychologie der Verzweiflung wurzelt in widersprüchlichen Haltungen – in einer äußerlichen Auflehnung, die inneren Widerstand kaschiert, oder in einer ähnlichen Auflehnung, die innere Passivität verbirgt. Unterwerfung bedeutet, daß man die Position des »Außenseiters«, des Angehörigen einer Minderheit, des Entrechteten, des Zurückgewiesenen akzeptiert. Sie hat zur Folge, daß man das Recht auf persönliche Erfüllung und Befriedigung aufgibt oder, anders gesagt, auf das Recht auf Lust und Genuß verzichtet. Der innere Widerstand zwingt den verzweifelten Menschen zu provozierendem Verhalten, mit dem er das Verhängnis oder die Sinnlosigkeit geradezu heraufbeschwört, das bzw. die er so sehr fürchtet – aber immer nur so weit, daß er dem Verhängnis jedesmal um Haaresbreite entkommt.

Kurz nach dem Alptraum hatte Bill einen weiteren Traum. Er war mit einem anderen Mann im Zimmer. Sie waren beide nackt. Der andere Mann, der, wie Bill dachte, ebenfalls er selbst sein konnte, beugte sich aus dem Fenster, um nach draußen zu schauen. Bill näherte sich ihm von hinten und drang in ihn ein. Bill sagte: »Ich fühlte nichts. Ich wollte nur wissen, wie es sein würde.«

Als ich vermutete, der andere Mann verkörpere vielleicht Bills Sehnsucht nach Kontakt und sein Bedürfnis, etwas zu geben, brach er in qualvolles Schluchzen aus. Bill hatte die passive, die Gefühls-Seite seiner Persönlichkeit unterdrückt, weil sie auch homosexuelle Unterwerfung beinhaltete. Seine Angst vor dem Fallen hing ebenfalls mit seiner Angst vor homosexueller Unterwerfung zusammen.

Er mußte diese Gefühle durcharbeiten, um seiner Schwierigkeiten Herr zu werden, denn die Unfähigkeit zu arbeiten, war Ausdruck seiner Angst, sich seinem Arbeitgeber zu unterwerfen.

Das selbstzerstörerische Verhalten, das man heute so oft bei Alkoholabhängigkeit, Drogenmißbrauch, Kriminalität und wahllosem Partnerwechsel beobachtet, spiegelt letztlich wider, in welchem Maße die Menschen unserer Kultur isolierte und verzweifelte Individuen geworden sind. Der schizoide Mensch lebt in einem ständigen Alarmzustand. Das spezifische Schicksal, vor dem er sich fürchtet, läßt sich aus seinem Verhalten herauslesen, da es sowohl eine Herausforderung dieses Schicksals ist wie auch ein Versuch, sich gegen dessen Folgen abzuhärten. Wenn der schizoide Mensch so versucht hat, dem Schicksal zu trotzen, kann er später sagen: »Siehst du, ich hatte recht. Du hast mich gehaßt. Du hast mich zurückgewiesen. Du hast mich zerstört.« Damit kann er seine Isolation, Wertlosigkeit und Leere erklären. Und er kann beginnen, sich und der Welt zu beweisen, daß er imstande ist, sich über sein Verhängnis zu erheben.

Der folgende Fall veranschaulicht die vielschichtigen Impulse, die selbstzerstörerischen Aktivitäten zugrunde liegen können. Penny, wie ich die betreffende Patientin nennen möchte, ließ sich so manchen Abend in der Bar vollaufen, um am nächsten Morgen neben einem Mann aufzuwachen, den sie wohl in der Bar kennengelernt hatte – jedenfalls konnte sie sich nicht mehr daran erinnern, was in der Nacht geschehen war. Dabei wurde Penny wiederholt schwanger und mußte illegale Abtreibungen, vor denen sie furchtbare Angst hatte, durchführen lassen. Pennys einzige Erklärung für ihr Verhalten lautete, sie könne abends nicht allein zu Hause bleiben – eine »einleuchtende« Rationalisierung. Als ich Penny das erste Mal sah, war sie zwanzig Jahre alt und lebte schon seit einigen Jahren so. Sie war verzweifelt, fühlte sich isoliert und bewegte sich im Zwischenreich einer »amputierten« Existenz. Als ich eben diesen Ausdruck benutzte, um ihren Zustand zu charakterisieren, antwortete sie, sie habe gerade etwas darüber geschrieben.

Hör zu.
Hau ab und laß mich in Ruhe.
Man läßt mich nicht in Frieden
Und zwingt mich,
In einem Zwischenreich zu vegetieren,
Wo ich bekannt bin,
Aber nicht liebe
Und nicht geliebt werde,
Aber bekannt,
Und allein,
Verloren
Zwischen leblosen
Steinplatten,
Grau und kalt
Und verwittert
Vom Geifer
Meines Wahnsinns.

Dann stellte sie mir eine Reihe von Fragen:

> Was ist mit mir passiert? Warum bin ich mein Leben lang von einer verfahrenen Situation in die andere geschlittert? Was wird jemals das Dunkel der Tausende von Tagen und Nächten durchdringen können, die mich zu dem gemacht haben, was ich bin? Und wie? Ich glaube nicht, daß es geschehen kann, aber ich muß es versuchen – und mich auf Ihre Fähigkeit, auf Ihr Wissen und auf Ihr, wie ich hoffe, gutes Gefühl über mich verlassen. Sonst würde das, was jetzt schon unerträglich ist, bald unmöglich sein, und das wäre das Ende.

Penny war aus einer Kleinstadt im Mittelwesten der USA nach New York gekommen, wo sie als Direktionssekretärin arbeitete. Sie war intelligent und sensibel, was ihr Verhalten um so irrationaler erscheinen ließ. Aber wenn das Alleinsein ihre psychische Gesundheit bedrohte, dann blieb ihr keine andere Wahl, als um jeden Preis menschliche Nähe zu finden. Warum hatte Penny solche Angst davor, allein zu sein? Alleinsein bedeutete, nicht geliebt zu werden und nicht zu lieben, und eine verzweifelte Sexualität war offenbar immer noch besser als dieses Schicksal. Doch jede verzweifelte Bemühung Pennys, Liebe zu finden, endete mit dem bitteren Gefühl, noch mehr zurückgewiesen worden zu sein als vorher. In ihrer Verzweiflung konnte sie schließlich keinem Annäherungsversuch mehr widerstehen. Vielleicht, erklärte sie, war es diesmal der Richtige.

Als ich Penny das erste Mal sah, bot sie das Bild einer typischen Schizoiden. Ihre Augen waren stumpf und leer, ihre Haut war blaß und teigig, und ihr Körper wirkte völlig starr. Sie atmete sehr flach. Wenn sie versuchte, tief durchzuatmen, geriet sie in Panik. Sie bekam dann fast eine Minute lang keine Luft mehr und fing an zu weinen. Sie erkannte, wie verängstigt sie war und wie sehr sie den Kontakt zu ihrem Körper verloren hatte. Ich erklärte ihr, sie könne nur aus ihrem Dilemma herausfinden, wenn sie ihren Körper erstens akzeptiere und sich zweitens mit ihm identifiziere. Das leuchtete Penny ein, denn ihr war klar, daß sie sich ihres Körpers schämte und daß ihre vielen Affären letztlich nur verzweifelte Versuche waren, einen Kontakt zu ihm herzustellen.

Verzweifelte Menschen wie Penny suchen oft Zuflucht im Sex, um mehr Körper-Gefühl zu bekommen. Diese zwanghafte Sexualität könnte den Eindruck erwecken, sie seien superpotent bzw. nymphomanisch. Wenn überhaupt, sind sie aber das Gegenteil, denn die sexuelle Aktivität wurzelt nicht etwa in einem Gefühl sexuellen Überdrucks, sondern in einem Bedürfnis nach erotischer Anregung. Sexuelle Aktivität dieser Art führt niemals zu orgasmischer Befriedigung oder Erfüllung, sondern zu einem Gefühl der Leere und Enttäuschung. Im weiteren Verlauf der Therapie sprach Penny von der »Erregung, enttäuscht zu sein«. Sie meinte damit, daß jedem Abenteuer sowohl die Hoffnung innewohnte, es könne einen Sinn haben, wie auch die Angst, es würde zu nichts führen. Diese Mischung von Hoffnung und Angst kennzeichnet die Psychologie der Verzweiflung. Sie macht den Menschen blind für die Realität und treibt ihn in Situationen, die nur zerstörerisch auf seine Persönlichkeit wirken können.

Penny nahm sich als Frau nicht an. Sie bemerkte: »Ich kann akzeptieren, daß ich eine Frau bin, aber ich bezweifle, daß es mir jemals Spaß machen könnte.« Ein Akzeptieren ohne »Spaß«, das heißt ohne Lust, bedeutet aber Unterwerfung unter das Schicksal. Für Penny bestand dieses Schicksal darin, erniedrigt, gedemütigt und schließlich zurückgewiesen und zerstört zu werden. Sie unterwarf sich ihrem Schicksal, weil sie sich in ihrem Sein verletzt und besudelt fühlte. In Anbetracht dessen, was sie getan hatte, konnte niemand mehr Achtung vor ihr haben, am wenigsten sie selbst. Sie sagte dazu: »Ich komme mir vor wie eine Ware aus zweiter Hand, wie eine Porzellanschüssel mit einem Sprung.« Dann wurde ihr die Bedeutung dieser Freudschen Fehlleistung klar, und sie rief aus: »Was habe ich da gesagt!«

Ein Mensch sucht sich sein Schicksal nicht aus; es erfüllt sich an ihm. Er ist an sein Schicksal gekettet, solange er die Werte akzeptiert, die es bestimmen. Nicht die Weiblichkeit erlegte ihr einen Makel auf, sondern die weibliche Sexualität. Ehe und Mutterschaft galten als Tugenden, aber sexuelle Lust war für ein Mädchen sündhaft. Penny war sich nicht bewußt, daß sie so dachte; sie sah sich als eine moderne, aufgeklärte Frau, die Sex akzeptierte. Ihr häufiger Partnerwechsel war jedoch ein Zeichen für sexuelle Schuldgefühle. Diese Kombination von Aufgeklärtheit und Schuldgefühlen war für Pennys verzweifeltes sexuelles Verhalten verantwortlich.

Pennys wahre Gefühle wurden sichtbar, als ich ihr Fragen über Onanie stellte. »Onanie« war ein Wort, das sie nicht über die Lippen brachte. Schon der Gedanke daran widerte sie an. Eine weitere Analyse ihrer Gefühle ergab, daß sie die Vagina als schmutzig, unberührbar betrachtete. Wie meine Patientin Mary, lehnte auch sie die untere Hälfte ihres Körpers ab und leugnete infolgedessen ihren ganzen Körper als Quelle der Lust. Da Penny sich ihres Körpers schämte und Angst vor seinen Regungen hatte, konnte sie nicht allein sein. Sie war nicht imstande, bei sich selbst – das heißt bei ihrem Körper – Ruhe und Sicherheit zu suchen. In ihrer Verzweiflung wurde sie in sexuelle Erlebnisse hineingetrieben, die ihre Schuldgefühle und ihre Scham nur noch vergrößerten.

Befriedigung bei der Onanie weist darauf hin, daß ein Mensch »es selbst machen kann«. Ohne die Fähigkeit, es selbst machen zu können, verzweifelt der Mensch und muß jemanden finden, der »es für ihn machen kann«: Er muß um Liebe betteln. Bettler dürfen aber nicht wählerisch sein, und deshalb wird der Betreffende oft zu Verzweiflungsschritten getrieben. Bills Bedürfnis, Steilwände zu bezwingen, war als Manöver nicht weniger verzweifelt als Pennys Flucht in die sexuelle Promiskuität. Beide suchten die Gefahr, um etwas zu spüren, was sie durch die Selbst-Erfahrung ihres Körpers nicht herbeiführen konnten. Das Problem ist nicht die Onanie als solche, sondern das sexuelle Schuldgefühl und die Zurückweisung des Körpers. Die Unfähigkeit, sich durch Onanieren Befriedigung zu verschaffen, ist das Hauptsymptom dieses Schuldgefühls.

Pennys Überlebensstrategie bestand darin, sich ihrem Schuldgefühl hinzugeben, bis es seinen Schrecken verlor – was es freilich nie tat. Trotzdem hat ein solches Verhalten etwas seltsam Erlösendes. Man lernt nämlich, daß man ein offensichtliches Laster überleben kann. Das Danach ist nie ganz so schlimm, wie man erwartet hat. Man wird für seine Sünde nicht mit dem sofortigen Tod bestraft. Der Schrecken der Sexualität ist etwas kleiner geworden, und man hat sich trotz der qualvollen Erfahrung seine psychische Gesundheit bewahrt.

Ein Mensch, der den Kontakt zu seinem Körper verliert, sieht der Schizophrenie ins Auge. Die verzweifelten Manöver sind letzte Versuche, den Kontakt wiederherzustellen. Pennys Promiskuität erlaubte ihr, das Schamgefühl von ihrem Körper auf ihr Verhalten zu übertragen. Indem Bill in die Berge stieg, verlagerte er seine Furcht vor seinem Körper auf die Steilwände. Scham und Furcht werden einigermaßen erträglich, wenn man sie auf äußere Ereignisse projizieren kann. Das Verzweiflungsmanöver ist ein Weg, die psychische Gesundheit zu erhalten, indem man das Grauen auf reale Situationen überträgt. Mit spezifischen Ängsten kann der Geist fertigwerden; nur das Unbekannte macht ihn verwundbar. Wenn das Manöver fehlschlägt, besteht der letzte verzweifelte Schritt, dem Verhängnis zu entgehen, im Selbstmord.

Sex und Tod sind in der gespaltenen oder gebrochenen Persönlichkeit untrennbar miteinander verbunden. Die Angst vor Sex ist die Angst vor dem Tod. Wenn man kämpft, um am Leben zu bleiben, ist alles eine tödliche Gefahr, was die Selbst-Kontrolle außer Kraft zu setzen droht. Sexuelle Gefühle sind eine solche Gefahr. Eine andere Patientin drückte das einmal ganz deutlich aus. Sie erklärte: »Ich kämpfe um mein Leben. Wenn ich lockerlasse, wird irgend etwas mir das Heft aus der Hand nehmen und mich in einen Abgrund stürzen.« Pennys wahlloser Partnerwechsel war ein Versuch, ihre sexuellen Gefühle abzuschwächen und sie damit vor einem noch größeren Grauen zu bewahren. Das Grauen brach sich gelegentlich dennoch Bahn. Sie berichtete:

> Mit mir passiert etwas, das mir schreckliche Angst macht. Wenn ich aufwache, aber noch nicht ganz da bin, merke ich, daß mein Herz laut und schnell klopft, und ich kann nicht atmen. Ich weiß, daß ich in einer Minute oder so sterben werde, wenn ich nicht atme. Es ist ein Gefühl, als ob ich stürbe. Mein Kopf platzt, und meine Brust fühlt sich an, als würde sie gleich bersten. Es erinnert mich an eine Beschreibung, die ich einmal gelesen habe – von jemandem, der einen Herzanfall bekam.

Später erzählte Penny einen Traum, der eine gewisse Erklärung für das Grauen lieferte:

> Ich war in einem Schlafzimmer und blickte über irgendein Hindernis in ein anderes Zimmer, in dem ich mich selbst sah. Ich hatte furchtbare Angst und erwachte mit lautem Herzklopfen. Als ich wach war, dachte ich über den Traum nach, und mir wurde klar, daß das Hindernis meine Eltern waren, die im Bett Geschlechtsverkehr hatten. Es erfüllte mich mit Entsetzen.

Warum ängstigt ein solcher Anblick ein Kind derart? Warum können sich Kinder so schwer mit der Vorstellung abfinden, daß ihre Eltern intim miteinander verkehren? Wenn der kindliche Geist körperliche Intimität mit Angst und Scham assoziiert, betrachtet er den sexuellen Akt als einen Angriff auf sein Ich und seinen Körper. Er sieht in ihm eine Verletzung der Privatsphäre, eine Beleidigung der Persönlichkeit. Auf einer tieferliegenden Stufe spiegelt die Reaktion des Kindes auf den Anblick sexueller Betätigung die unbewußten Gefühle der Eltern hinsichtlich des Geschlechtsakts wider. Pennys Entsetzen war Ausdruck der bewußten oder unbewußten Angst ihrer Mutter vor Sex. Penny beschrieb ihre Mutter als reizlos, eine unauffällige Erscheinung, eine Frau, die keinen Spaß an ihrem Körper hatte. Ihr Vater, sagte sie, war distanziert und unfähig, Zärtlichkeit auszudrücken. Für einen solchen Mann ist Sex das Bedürfnis, eine Spannung zu lösen. Für eine solche Frau heißt Sex Unterwerfung unter eine unangenehme Pflicht.

Die Art der körperlichen Intimität zwischen Mutter und Kind spiegelt den Standpunkt der Mutter zu sexueller Intimität wider. Wenn sie den sexuellen Akt mit Abscheu vollzieht, wird jeder körperliche Kontakt von diesem Gefühl durchdrungen sein. Wenn sich eine Frau ihres Körpers schämt, kann sie ihn dem Baby, das sie stillt, nicht natürlich und ungehemmt darbieten. Wenn sie sich von der unteren Hälfte ihres Körpers abgestoßen fühlt, wird sie einen gewissen Widerwillen spüren, sobald sie die untere Körperhälfte des Babys anfaßt. Jeder Kontakt mit der Mutter ist für das Kind eine Chance, die Lust physischer Intimität zu erfahren – oder eine Gefahr, von der Scham und Furcht davor abgestoßen zu werden. Wenn eine Mutter Angst vor Intimität hat, wird das Kind die Angst irgendwie spüren und als Zurückweisung seiner selbst interpretieren. Das Kind einer Frau, die sich vor körperlicher Intimität schämt, wird ein Gefühl der Scham vor dem eigenen Körper entwickeln.

Das grundlegende Trauma der schizoiden Persönlichkeit ist das Fehlen lustvoller körperlicher Intimität zwischen Mutter und Kind. Der Mangel an erotischem Körperkontakt wird vom Kind als Verlassenwerden, als Preisgabe empfunden. Wenn die kindlichen Forderungen nach diesem Kontakt nicht liebevoll erfüllt werden, wird es in dem Gefühl heranwachsen, niemand mache sich etwas aus ihm. Womöglich stellt es sogar fest, daß die Eltern feindselig reagieren, wenn es auf seinem Wunsch nach körperlichem Kontakt beharrt. Schließlich wird es sein Bedürfnis nach Intimität unterdrükken, um den Schmerz einer unerfüllten Sehnsucht zu vermeiden. Und es wird lernen, daß man sein Fühlen und Verlangen unterdrücken muß, wenn man überleben will. Entsprechend spürt das Kind sein Verlassensein, sobald es seine Sehnsucht fühlt, und Verlassensein ist gleichbedeutend mit Tod. Da die Sehnsucht des Kindes auf Intimität gerichtet ist, meidet es die Intimität, damit die Angst vor dem Verlassenwerden nicht durchbricht.

Wird das kindliche Bedürfnis nach Intimität, körperlichem Kontakt und oraler erotischer Beglückung nicht in den ersten Lebensjahren befriedigt, wird es auf die sexuellen Gefühle übertragen, die in der Ödipusphase entstehen – was erklärt, warum der Ödipuskonflikt bei den betreffenden Kindern so intensiv ist. Die sexuelle Bindung an den andersgeschlechtlichen Elternteil ist »aufgeladen« mit der unerfüllten kindlichen Sehnsucht nach Intimität und oraler Befriedigung. Diese derart belastete Bindung führt, was die Gefühle des Kindes betrifft, zu einer realen Inzestgefahr. Bei der Analyse sprechen wir von einer Verlagerung oder Verschiebung vom Mund auf die Genitalien. Die Verbindung von Oralität (frühkindlicher Sehnsucht) und Genitalität (erstes Keimen sexueller Gefühle) ist so unklar, daß das Kind zwischen den beiden Verlangen nicht unterscheiden kann. Das Bedürfnis nach körperlichem Kontakt könnte das Kind dazu verleiten, eine sexuelle Intimität zu akzeptieren, der das größte aller Tabus im Wege steht.

Die Eltern spielen bei diesem Konflikt eine Rolle, die man nur als Kombination von Zurückweisen und Verführen bezeichnen kann. Indem sie das Kind verführen, steigern sie die Intensität seines ödipalen Konflikts. Um das Inzesttabu nicht zu übertreten, opfert das Kind jedes Gefühl. Bill sorgte dafür, daß nichts passieren konnte. Penny hoffte verzweifelt, daß etwas passieren würde; einerseits wollte sie sich verlieben und heiraten, andererseits konnte sie aber nicht zulassen, daß dies geschah.

Das Kind wird gezwungen, die Last der Schuld an seiner verzweifelten Lage allein zu übernehmen. Die Eltern verstecken sich feige hinter einem Moralkodex, der häufig nicht mehr zwischen dem frühkindlichen Verlangen nach oraler Befriedigung und Intimität und erwachsener Genitalität unterscheidet. Sie verurteilen die frühkindliche Onanie aus Angst, sie würde die sexuellen Gefühle des Kindes zu früh wecken, und damit versperren sie ihm den einzigen Weg, der zum Abbau seiner Spannungen führen könnte. In ihrer Angst vor der ödipalen Situation verweigern sie dem Kind jenen Eigen-Körperkontakt, der seine Verzweiflung verhindern könnte.

Schließlich wird das Verhängnis des Kindes durch die Warnung besiegelt, erotische Befriedigung nehme ein böses Ende. Einem Mädchen wird direkt oder indirekt die scharfe Trennungslinie zwischen der Jungfrau und der Herumtreiberin, der Ehefrau und der Prostituierten zur Kenntnis gebracht. All seine Bemühungen um erotische Lust werden als Schritt auf dem Weg nach unten gebrandmarkt. Wenn das Mädchen sich auflehnt, bezeichnet man es als nichtsnutzig, als liederlich und manchmal sogar als Nutte. Viele Eltern haben ihre verzweifelte Tochter mit den Worten »Kein anständiger Mann wird dich je haben wollen« gedemütigt. Viele haben ihrer Tochter zornig prophezeit: »Du wirst noch einmal auf der Straße enden!«

So wurde auch Penny erzogen. Ihre Eltern entließen sie mit einer schweren Bürde von Scham und Schuldgefühl über ihren Körper und ihre Sexualität ins Leben. Jeder irgendwie lustvolle Kontakt mit einem Mann weckte diese Gefühle aufs neue. Deshalb mußte sie sich auf ihrer Suche nach erotischer Beglückung immer wieder betrinken. Sie trank, um diese Gefühle abzuschwächen und sich dem anderen Geschlecht etwas unbefangener nähern zu können. In Wahrheit wurden die Gefühle durch das Trinken aber nur noch schlimmer. In diesem Widerstreit mit ihren Schuldgefühlen führte ein verzweifelter Schritt zum anderen, führte ein Glas zum nächsten, und am Ende trotzte sie ihrem Schicksal mit sexuellen Handlungen, die dieses Schicksal immer unausweichlicher erscheinen ließen. Die Befürchtungen ihrer Eltern bestätigten sich, und das von ihnen vorausgesagte Schicksal drohte der Tochter, die sie so verzweifelt zu schützen versucht hatten, nun tatsächlich.

Der verzweifelte Mensch reagiert auf jede Situation, als ginge es »um Leben und Tod«. Für ihn beinhaltet jedes noch so kleine Problem die Überlebensfrage. Bei jeder Situation muß er wählen zwischen schwarz und weiß. Jede Entscheidung ist von vornherein mit der Alternative »alles oder nichts« belastet – mit dem Ergebnis, daß der verzweifelte Mensch nichts bekommt; er schafft es zwar zu überleben, aber es gelingt ihm nicht, auch nur einen seiner Wünsche zu erfüllen.

Die schizoide Verzweiflung läßt sich nur dann überwinden, wenn man sich seiner Überlebensfähigkeit sicher ist. Zu diesem Zweck muß man jedoch die Tiefen seiner Verzweiflung ausloten und sein Schicksal akzeptieren. Bezeichnenderweise bessert sich der Zustand mancher schizophrener Patienten erst dann, wenn sie einen Aufenthalt in der geschlossenen Abteilung einer Nervenklinik hinter sich haben. Nachdem sie feststellen konnten, daß es ihnen sogar in dieser verzweifeltsten aller Situationen gelang zu überleben, wagen sie es, der Wirklichkeit ins Auge zu sehen, das heißt, ihr Verlangen nach körperlicher Intimität zu akzeptieren. In einer Umgebung, in der Scham keine Bedeutung mehr hat, überwinden sie die Scham vor ihrem Körper. Wenn sie erkennen, daß sie nichts mehr zu verlieren haben, verlieren sie ihre Angst. Sie gewinnen die Überzeugung, daß das Überleben als solches eine sinnlose Leistung ist, wenn es nicht mit der Lust und Befriedigung körperlicher Nähe einhergeht.

7 Illusion und Wirklichkeit

Verzweiflung führt zu Illusionen. Der verzweifelte Mensch schafft sich Illusionen, um bei seinem Kampf ums Überleben nicht den Mut zu verlieren. Wie William V. Silverberg in seiner Analyse des »schizoiden Manövers« betont, ist das eine positive Funktion des Ichs: »Demnach sollte es scheinen, daß das, was ich als ›schizoides Manöver‹ bezeichnet habe, auf entschiedene und nützliche Weise dazu beitragen kann, dem Grauen in Situationen, in denen ein Mensch hilflos der unvermeidlichen Verletzung oder Zerstörung ausgeliefert ist, einen Teil seines Schreckens zu nehmen.« Als Beispiel für diesen Mechanismus zitiert Silverberg das Gedicht Rainer Maria Rilkes, in dem ein junger Soldat, der dem Schlachtentod ins Auge sieht, die Säbel des Feindes in eine »lachende Fontäne« verwandelt, in die er sich gleich stürzen wird. Mit dieser Illusion »wird der entsetzlichen Realität der Vernichtung ausgewichen, natürlich nicht in Wirklichkeit, aber im Geist des jungen Mannes«. Diese Flucht in die Illusion wird durch die Hilflosigkeit angesichts der äußeren Realität noch unterstützt.

Verzweiflung und Illusion

Die Gefahr einer Illusion liegt darin, daß sie die Verzweiflung festschreibt. Einer meiner Patienten sagte einmal: »Die Menschen setzen sich unrealistische Ziele und halten sich bei dem Versuch, sie zu erreichen, in einem fortwährenden Zustand der Verzweiflung.« Ein Beispiel für eine Illusion oder ein »unrealistisches Ziel« ist das Verlangen, »die vollkommene Ehefrau« zu sein.

Natürlich sind nur wenige Leute derart naiv, wirklich anzunehmen, es gäbe so etwas wie – oder gar sie selbst seien – die vollkommene Ehefrau, die vollkommene Mutter oder der vollkommene

Liebhaber; die Handlungen und Reaktionen vieler Menschen lassen aber oft genug erkennen, daß diese Illusionen in ihrem Unbewußten sehr lebendig sind. Der überkritische Mensch verrät mit seiner Haltung das Bedürfnis, als vollkommen zu gelten. Seine Unfähigkeit, andere so hinzunehmen, wie sie sind, spiegelt letztlich sein Unvermögen, sich selbst zu akzeptieren, wider. Sein Streben nach Vollkommenheit ist die Projizierung der Forderungen, die er an sich selbst stellt. Perfektionismus ist vielleicht die häufigste aller Illusionen und zweifellos eine der zerstörerischsten, was zwischenmenschliche Beziehungen angeht. Die Illusion, eine vollkommene Mutter zu sein, setzt ein »vollkommenes Kind« voraus und führt zur Zurückweisung des »normalen« Kindes, das das Verständnis und die Hilfe seiner Mutter braucht – und die »perfekte Mutter« wiederum wird zu einer verzweifelten und destruktiven Frau.

Verzweiflung und Illusion bilden einen Teufelskreis, in dem das eine das andere hervorruft. Je mehr die Illusion die Wirklichkeit negiert, um so verzweifelter wird der Kampf, sie zu bewahren. Wenn die Illusion zur Grundlage der Existenz wird, was im schizoiden Zustand der Fall ist, muß sie gegen jede Wirklichkeit verteidigt und bewahrt werden.

Im sechsten Kapitel habe ich das verzweifelte sexuelle Verhalten meiner Patientin Penny beschrieben. Ihre Promiskuität wurde als Versuch gesehen, mit dem Gefühl der Zurückweisung fertigzuwerden. Man kann dieses Verhalten auch als das Produkt einer Illusion betrachten, der Illusion von Reinheit und Tugend nämlich. Pennys Tugend war nicht von der gewöhnlichen Art – sie gehörte vielmehr zu einer höheren Ordnung, unbefleckt von Promiskuität und Alkoholmißbrauch. Der Tagtraum, der mit dieser Illusion einherging, war der vom Märchenprinzen, den sie eines Tages finden würde, der ihren Adel und ihre Überlegenheit durch den Schmutz ihres Lebens hindurchschimmern sah. Er würde sie zu seiner Prinzessin machen und vor den Augen der Welt ehren. Das ist eine moderne Version des Aschenputtel-Motivs – im Kontext der sexuellen Moral: Penny würde den Prinzen auf die Probe stellen, indem sie sich mit Schmutz (dem Schmutz der Sünde) bedeckte; wenn er ihre Überlegenheit nicht erkannte, war er kein wahrer Prinz; und nur ein wahrer Prinz war einer verkleideten Prinzessin würdig.

Den Aschenputtel-Traum findet man bei allen schizoiden Mädchen. Er dient als Kompensation des Gefühls der Wertlosigkeit, unter dem sie leiden, und vielleicht zugleich auch als Manifestation der aufgrund ihrer psychischen Schwierigkeiten brachliegenden emotionalen und geistigen Fähigkeiten.

Die von der Illusion verzerrte Wirklichkeit ist Ausdruck des Gefühls der Verzweiflung und Hoffnungslosigkeit. Pennys Illusion, eine Prinzessin zu sein, sollte die Überzeugung widerlegen, daß kein Mann sie jemals heiraten würde. Mit Hilfe der Illusion konnte sie so tun, als sei sie diejenige, die andere Menschen zurückwies. Als sich ihr Zustand durch die Behandlung besserte, wurde ihr bewußt, daß sie vor der eigenen Verzweiflung davongelaufen war.

Dieses Bewußtsein brach sich nach einem Besuch bei ihren Eltern Bahn, in dessen Verlauf ihr Vater deutlich zum Ausdruck brachte, wie wenig er mit ihr und ihrem Lebenswandel zufrieden war. Penny wurde maßlos wütend und rannte aus dem Haus. Seine Zurückweisung war der Todesstoß: Sie zerstörte ihre Illusion. Ihr Bild vom Prinzen war eine Verklärung ihres Vaters gewesen, der sie, wie sie glaubte, trotz allem liebte. Die Illusion war aus dem tief verwurzelten Glauben erwachsen, sie würde in seinen Augen immer die Prinzessin bleiben, was auch geschehen mochte.

Jener Vorfall hatte eine zweifache Wirkung. Unmittelbar danach fühlte Penny sich so stark und mächtig wie nie zuvor. Es war, als wäre plötzlich eine Kette gerissen, die sie gefesselt hatte. Die neue Kraft strömte aus dem Zorn, den sie auf ihren Vater hegte, einem Gefühl, das sie bisher immer verdrängt hatte. Der Zorn hielt allerdings nicht lange an, und ihre Grundstimmung wurde wieder verzweifelt, was sich erst durch die Analyse der Beziehung zu ihrem Vater besserte.

In der frühen Kindheit war die Vater-Tochter-Beziehung sehr eng gewesen. Penny hatte all die Sehnsucht nach Intimität, Zärtlichkeit und Hilfe, die ein Kind normalerweise auf die Mutter richtet, auf ihren Vater übertragen. Diese Übertragung war nötig, weil es der Mutter nicht gelang, die Bedürfnisse des Kindes zu befriedigen. Der Vater reagierte jedoch ambivalent. Dem Bedürfnis des Kindes nach körperlichem Kontakt konnte er nicht nachkommen, weil dann in ihm selbst starke Schuldgefühle wegen zu großer physischer Intimität erwacht wären. Er akzeptierte sie als intelligentes und denkendes Wesen, wies sie aber als sexuelles und körperliches Wesen zurück, wodurch die bereits erfolgte emotionale Zurückweisung durch die Mutter noch verstärkt wurde.

Ohne ein gewisses Maß an elterlicher Liebe und Zustimmung kann ein Kind jedoch nicht überleben. Um zu überleben, akzeptierte Penny darum die Bedingung ihres Vaters, sie müsse sich von ihrem Körper und seiner Sexualität trennen – für das stillschweigende Versprechen, wenn sie das täte, würde sie sein »ein und alles« werden. Die Loslösung brachte sie allerdings in eine verzweifelte Lage. Nach dem Verzicht auf körperliche Lust brauchte Penny etwas, das ihren Lebenswillen aufrechterhielt. Um ihre psychische Gesundheit zu schützen, mußte sie einfach glauben, daß jemand sie liebte, und da sie sich ihrem Vater zugewandt hatte, mußte sie an ihn glauben. Jede Enttäuschung durch ihren Vater festigte die Illusion nur weiter, weil die Alternative buchstäblich tödliche Verzweiflung zu bedeuten schien.

Die Beziehung zu ihrem Vater brachte sie allerdings in Konkurrenz zu ihrer Mutter und führte zu einer gefährlichen Rivalität. In der Vorstellung des Kindes war es die Mutter, die den Vater daran hinderte, die Liebe seiner Tochter uneingeschränkt zu erwidern. Auf diese Weise wird die Mutter zur Hexe oder zur bösen Stiefmutter, die das Mädchen mit einem Zauber belegt, damit sein Verlangen nicht erfüllt werden kann. Pennys ältere Schwestern, die auf der Seite der Mutter standen, übernahmen die Rolle der bösen Stiefschwestern aus dem Märchen. Alle Voraussetzungen für den Mythos waren erfüllt – so perfekt, daß es schwierig wurde, die Illusion von der Wirklichkeit zu trennen.

Die Unterscheidung zwischen Illusion und Wirklichkeit ist oft schwer. Penny wurde wirklich von ihrer Mutter und ihrem Vater geliebt. Ihr Glaube, sie sei etwas »Besonderes«, hatte eine reale Wurzel. Jedes Kind hat das Gefühl, etwas Besonderes für seine Eltern zu sein, und dieses Gefühl wird in späteren Jahren durch ein adäquates Selbst- und Identitätsgefühl ersetzt. Es wird jedoch zu einer Illusion, wenn die Eltern ihre Liebe davon abhängig machen, daß das Kind seine instinktive oder animalische Natur opfert. Dann dient die Illusion dazu, das Ich zu schützen und das Opfer zu leugnen, und kann auch später nicht mehr aufgegeben werden. Infolgedessen bleibt der betreffende Mensch auf seine Kindheitssituation fixiert.

Auch bei schizoiden jungen Männern findet man diese Illusion, allen überlegen und etwas Besonderes zu sein. Einer meiner Patienten beschrieb diese Einbildung:

> Mir wurde plötzlich klar, daß ich ein idealisiertes Bild von mir hatte: ein Prinz in der Verbannung. Ich assoziierte das Bild mit dem Traum, eines Tages würde mein Vater, der König, kommen und mich zu seinem rechtmäßigen Nachfolger ernennen.
> Ich weiß noch, wie ich bei der Volksschulabschlußfeier darauf wartete, daß mein Vater erschien. Er kam nicht. Ich versuchte ständig, mich seiner würdig zu erweisen, im Sport, in meinen Leistungen und in meiner Bildung. Er nahm nie davon Notiz. Dann starb er.
> Ich weiß, daß ich immer noch die Illusion habe, man würde mich eines Tages entdecken. Bis dahin muß ich meine »Ansprüche« aufrechterhalten. Ein Prinz darf sich nicht durch gewöhnliche Arbeit erniedrigen. Ich muß zeigen, daß ich etwas Besonderes bin.

Die Diskrepanz zwischen Einbildung und Wirklichkeit trieb ihn in einen Zustand der Verzweiflung. Da er Schauspieler war, wirkte sein Traum, eines Tages entdeckt zu werden, besonders passend. Doch je mehr er sich bemühte, um so weniger erreichte er. Beim Vorsprechen beeindruckte er jedesmal, aber in den Vorstellungen wurde er den geweckten Erwartungen nicht gerecht. In der Hoffnung, seine Illusion werde Wirklichkeit, gab er sich beim Vorsprechen völlig aus. Da die Hoffnung sich nicht erfüllte, verlor er schon während der Proben den Mut, worunter natürlich seine Leistung in den Vorstellungen litt. Schließlich ließ er schon bei den Proben zu einem neuen Stück so sehr nach, daß sein Vertrag gelöst wurde.

Bei der Therapie verhielt er sich genauso. Am Anfang gab er sich alle Mühe, seinen Körper zu aktivieren, weil er mir zeigen wollte, was er leisten konnte. Der Zwang, der hinter seinen Anstrengungen lag, vergrößerte jedoch seine Spannung, und die guten Gefühle, die er zunächst empfunden hatte, verschwanden wieder. Da diese Entwicklung mit seiner Vertragsauflösung zusammenfiel, versank er in tiefer Verzweiflung. Während der Krise wurden seine Illusionen freigelegt. Er sah ein, daß er noch nie sein Bestes gegeben hatte. »Wenn man nicht sein Bestes gibt«, sagte er, »kann man auch nicht versagen.« Er meinte damit, man könne dann immer eine Entschuldigung für sein Versagen finden. Die Illusion hinderte ihn daran, sich der Realität zu stellen.

Verzweiflung und Dissoziation

Der Verzicht auf Illusionen ist zwar ein Schritt zur Gesundheit, geht aber unweigerlich mit Verzweiflung einher. Diese Verzweiflung beruht auf der Angst vor dem Verlassenwerden. Sie ist nichtsdestoweniger irrational, weil sie wie die Angst vor dem Verlassenwerden darin wurzelt, daß Gefühle aus der frühen Kindheit bis ins Erwachsenenalter überdauert haben. Wenn die Illusion zerbricht und die Verzweiflung, die von ihr kaschiert wurde, ins Bewußtsein dringt, kann der Patient beides, seine Einbildungen und seine Verzagtheit, als eine Folge der grundlegenden kindlichen Verzweiflung verstehen.

Je größer die Verzweiflung eines Menschen ist, um so stärker und übertriebener werden seine Illusionen sein, und je stärker die Illusion ist, um so tiefer wird die Verzweiflung. Denn je stärker eine Illusion wird, um so mehr verlangt sie nach Realisierung und treibt damit in einen Konflikt mit der Wirklichkeit, der zu verzweifeltem Verhalten führt. Um die Illusion wahr zu machen, muß man seine gegenwärtigen guten Gefühle opfern – und ein Mensch, der in der Illusion lebt, ist von vornherein unfähig, Lustansprüche zu stellen. In seiner Verzweiflung ist er bereit, auf Lust zu verzichten und am Leben vorbeizuleben, weil er hofft, seine demnächst wahr werdende Illusion würde die Verzweiflung beenden. Die Psychologie der Verzweiflung erklärt, weshalb ein schizoider Mensch am Rande der Katastrophe lebt. Durch sein verzweifeltes und destruktives Verhalten fordert er sein Verhängnis heraus in der Hoffnung, sein Grauen möglichst klein zu halten, und durch seine Illusion leugnet er sein Verhängnis in der Hoffnung, seiner Verzweiflung aus dem Weg zu gehen.

Man kann den Zusammenhang dieser verschiedenen Elemente in der Persönlichkeit Pennys so beschreiben: Das wiederholte Leugnen ihres Kindheitsbedürfnisses nach körperlicher Nähe ließ ein Gefühl der Zurückweisung entstehen, das sich zur Verzweiflung entwickelte. Um zu überleben, verdrängte Penny die Sehnsucht nach erotischer Befriedigung, indem sie sich von ihrem Körper loslöste. Dieser Prozeß (Zurückweisung – Verzweiflung – Dissoziation) bewirkte eine Spaltung ihrer Persönlichkeit, die zum Entstehen einer Illusion und dem Gefühl der Verzagtheit führte. Man kann diesen Vorgang graphisch darstellen:

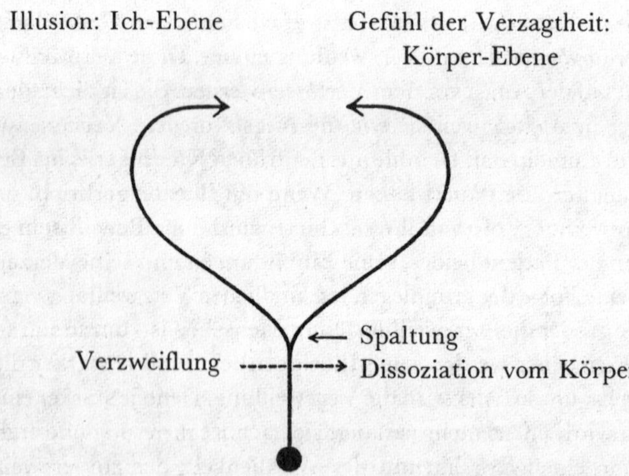

Abbildung 11: Die Wurzeln dieses Prozesses liegen im Erlebnis der Zurückweisung in der frühen und späteren Kindheit.

Das Pendeln zwischen Illusion und Verzagtheit dauert an, solange die Persönlichkeitsspaltung fortbesteht. Erst die Identifikation des Ichs mit dem Körper kann da Abhilfe schaffen. Die Identifikation vermindert die Verzagtheit und legt die Illusion bloß. Wenn die Illusion zerbricht, wird die ihr zugrunde liegende Verzweiflung sichtbar, und das wiederum macht den Weg frei zur Wiederherstellung der Kindheitssituation. An diesem Punkt können die traumatischen

Erfahrungen der frühen und späteren Kindheit abreagiert und entschärft werden.

Illusion und Vergangenheit bilden eine Schlinge, die das Leben des Menschen langsam abwürgt. Überraschenderweise bietet die Verzweiflung den einzigen Weg, der aus diesem Würgegriff der Unwirklichkeit hinausführt. Betrachten wir zum Beispiel einen Alkoholiker. Er trinkt nicht etwa, weil er verzweifelt ist. Sein Trinken ist ein Leugnen der Verzweiflung, ein Davonlaufen vor seinen Gefühlen, eine Flucht vor der Wirklichkeit. Wenn er seine Verzweiflung zugäbe, würde er letztlich Hilfe suchen. Wer einmal mit Alkoholikern zu tun hatte, weiß jedoch, wie schwierig es ist, sie dahin zu bringen, ihre Verzweiflung einzugestehen. Der Alkoholiker ist ein verzweifelter Mensch, der nicht imstande ist, seiner Verzweiflung ins Auge zu sehen, und nicht zugeben kann, daß Hoffnung möglich ist. Seine Illusionen halten ihn aufrecht. Seine größte Illusion besagt, er könnte aufhören zu trinken, wann immer er will. Nichts ist weiter von der Wahrheit entfernt, wie die Erfahrung gezeigt hat. Es entspricht nun einmal dem Wesen einer Sucht oder Abhängigkeit, daß man ihr hilflos ausgeliefert ist. Welch eine Willensüberschätzung, zu glauben, man könne ein Verhaltensmuster in den Griff bekommen und ändern, obwohl man es schon viele Male vergeblich versucht hat!

Was für die Alkoholabhängigkeit gilt, das gilt für jedes selbstzerstörerische Verhalten. Wenn man ein solches Verhalten in den Griff bekommen und ändern könnte, würde man gar nicht erst damit anfangen. Die Illusion des Willens ist das größte Hindernis für wirksame Hilfe. Einem Alkoholiker kann geholfen werden, wenn er seine Ohnmacht, sich selbst zu helfen, einsieht. Ein schizoider Mensch gesteht seine Notlage ein, indem er sich um therapeutische Hilfe bemüht.

Illusionen sind hartnäckig. Die Teilnahme an der Therapie ist zunächst nur eine Geste, hinter der das Ich seine Abwehrmechanismen gegen seine innere Verzweiflung und Hilflosigkeit mobilisiert. Jeder Patient kommt mit dem heimlichen Wunsch zum Therapeuten, der werde ihm ermöglichen, seine Illusionen wahr zu machen. Die aufkommenden Widerstände sind oft schwer zu überwinden, weil sie die Illusionen vor beiden, dem Patienten und dem Therapeuten, verbergen. Im Laufe der Behandlung weicht die Verzagtheit allmählich der Verzweiflung, weil der Patient aufhört, vor sich selbst davonzulaufen. In seiner Verzweiflung – während er einsieht, daß er seine Illusionen nie wahr machen kann – hat er dann das Gefühl, die Therapie sei gescheitert. Erst an diesem Punkt offenbart er seine Illusionen. Wenn er von der Verzweiflung übermannt wird, fühlt er sich matt und erschöpft wie ein Soldat nach der Schlacht. Aber Mattigkeit und Erschöpfung haben auch die Funktion, jede Verzweiflungstat zu unterbinden.

Die nun folgende Fallgeschichte zeigt, wie diese Probleme durchgearbeitet werden können. Meine Patientin Joan sagte in einem ihrer dunkelsten Momente: »Ich fühle mich so verzweifelt müde. Ich fühle mich so müde, daß ich in ein Loch kriechen und dort die nächsten zehn Jahre liegenbleiben könnte. Ich habe das Gefühl, daß ich nicht mehr mit dem Leben fertigwerden kann.« Tatsache ist, daß Joan nie imstande gewesen war, mit dem Leben fertigzuwerden. Seit sie erwachsen war, hatte sie versucht, »so stark zu sein, daß ich mit allem fertigwerden kann. Dann würde es kein Problem geben, das ich nicht lösen könnte. Ich könnte mein Leben gestalten. Ich könnte die Ereignisse beeinflussen, die mir widerfahren.«

Sie berichtete weiter:

> Ich malte mir immer aus, ich wäre eine durch nichts zu erschütternde Debütantin, ginge ins El Morocco und gäbe glänzende Feste, machte Karriere und wäre gleichzeitig eine perfekte Mutter. Ich würde glücklich verheiratet sein, weil ich die vollkommene Ehefrau wäre – aufopfernd, loyal, verständnisvoll. Meine Kinder würden meine selbstlose Liebe, meine Geduld und mein Verständnis erwidern.
> Irgendwie dachte ich bei all dem auch, ich würde zugleich eine Intellektuelle, eine Wissenschaftlerin oder Professorin sein.

Die rauhe Wirklichkeit, in der Joan lebte, widerlegte ihre Tagträume nicht etwa, sondern schrieb sie fest. Sie konnte die Realität nicht akzeptieren. Sie war in dem Maße naiv, in dem sie cool und erfahren zu sein glaubte. Einmal hätte ihre Naivität sie um ein Haar das Leben gekostet: Sie ließ sich auf einer menschenleeren Straße von einem unbekannten Mann begleiten und wurde von ihm überfallen. Später heiratete sie trotz verschiedener Warnungen einen Psychopathen, der sie beschimpfte und mißhandelte. Noch zwei Jahre nach der Scheidung von diesem Mann bildete sie sich ein, sie würde eines Tages glücklich verheiratet sein, weil sie die vollkommene Ehefrau sein könnte. Joan war eine einsame und verzweifelte Frau, die die Rolle des Clowns spielte, um der Erniedrigung zu entgehen, und sich an ihre Illusionen klammerte, um der Verzweiflung zu entgehen.

Joans Illusionen enthielten grundlegende Widersprüche, die während der Analyse zutage traten. Sie hatte ihr Ideal von der gelassenen Dame der Gesellschaft niemals in Frage gestellt, obgleich es in diametralem Widerspruch zu ihrem Ideal von vollkommener Mutterschaft stand. Schon ihre Mutter hatte versucht, diese gegensätzlichen Rollen miteinander zu vereinbaren, und war dabei gescheitert. Aber Joan hatte keine andere Wahl, weil sie nicht wußte, wie sie sonst funktionieren sollte. Ihre Illusionen wurzelten in der Unwirklichkeit ihrer Familienideologie – der einzigen Wirklichkeit, die das Kind kennt.

Die Illusion hat etwas Verzweifeltes und etwas Zwanghaftes. Joans Tagträume drückten das aus, was sie für ihre Bedürfnisse hielt, und nicht etwa ihre Sehnsüchte. Sie glaubte, sie müsse tüchtig, gelassen, intelligent, aufopfernd und verständnisvoll sein. Als sie ihre Illusionen objektiv betrachtete, sah sie, daß sie der Vorstellung von Weiblichkeit entsprachen, die ihr Vater gehabt hatte. Ihre Ich-Identifikation mit dieser Vorstellung wurde von ihrem verzweifelten Bedürfnis motiviert, seine Zustimmung und Liebe zu erringen. Sie würde ihm beweisen, daß sie ihrer Mutter überlegen war. Sie würde tüchtig sein, wo ihre Mutter sich als unzulänglich erwiesen hatte, sie würde aufopfernd sein, wo ihre Mutter gleichgültig war, sie würde erfolgreich sein, wo ihre Mutter versagte. Als ihre Illusionen zerbrachen, erkannte Joan, daß sie nicht besser war als ihre Mutter. Sie scheiterte als Mensch fast genauso, wie ihre Mutter gescheitert war, und sie scheiterte aus denselben Gründen. Sie hatte ihre Energie bei dem Versuch verschwendet, ein Ich-Ideal, das nichts mit ihren wahren Bedürfnissen zu tun hatte, in die Wirklichkeit umzusetzen.

Joan brauchte eine stärkere Identifikation mit ihrem Körper und ein stärkeres Selbst-Gefühl. Sie machte viele Atem- und Bewegungsübungen, um mehr Kontakt zu ihrem Körper zu bekommen. Ihr Zustand besserte sich so sehr, daß ihre Bekannten ihr verändertes Aussehen bemerkten. Aber ihre Beziehung zu ihrem Vater verschlechterte sich. Je besser es ihr ging und je mehr sie versuchte, sich als Mensch durchzusetzen, desto kritischer stand er ihr gegenüber. Die Intensität dieses Konflikts mit ihrem Vater ließ Joan erkennen, daß sie seine Zustimmung nur erlangen konnte, indem sie sich unterwarf, was sie nicht mehr tun wollte. Der Preis war zu hoch. Diese Einsicht zwang sie, ihre Illusion unter die Lupe zu nehmen.

Der zweite Faktor, der ihre Illusionen aushöhlte, war die Einsicht, daß ihr Kind Probleme hatte, die in ihren – Joans – Ängsten ihre Ursache hatten. Die Konfrontation mit der Wirklichkeit schwächte die stabilisierende Kraft der Illusionen, und Joan sank langsam in eine tiefe Verzweiflung.

Joan hatte die Angewohnheit, langsam den Kopf zu schütteln, wenn sie entmutigt war. Als ich sie fragte, was diese Geste bedeute, antwortete sie: »Es hat keinen Sinn. Es hat keinen Sinn. Ich werde immer einsam sein. Mich wird nie jemand lieben.« Dann brach sie in heftiges Schluchzen aus und rief laut, die Therapie habe diesen Zustand nicht geändert. »Ich bin mein Leben lang einsam gewesen«, bemerkte sie. Ihre Verzweiflung war in diesem Augenblick abgrundtief.

Trotz ihrer Verzweiflung führte das Zerbrechen der Illusionen dazu, daß Joan »menschlicher« wurde. In ihrer Verzweiflung konnte sie ihr Kind als unabhängige Persönlichkeit statt als bloße Projektion ihres eigenen Ich-Ideals sehen. Sie konnte seine Schwierigkeiten als einen Widerschein ihrer eigenen Ängste verstehen. Und sie konnte seinen Widerstand gegen sie als sinnvolles Verhalten akzeptieren. Während sie vorher erfolglos versucht hatte, mit einem schwierigen Kind fertigzuwerden, baute sie nun eine verständnisvolle Beziehung zu einem anderen Menschen auf. Außerdem konnte sie einen Mann nun als jemanden betrachten, mit dem man die Freuden und Leiden des Lebens teilt, und nicht mehr als jemanden, der die Pflicht hatte, ihre Träume zu erfüllen.

Der Konflikt zwischen Selbst-Behauptung und dem Bedürfnis nach Zustimmung führt zur Rebellion gegen die elterlichen Wertbegriffe. Die Rebellion hat allerdings nicht die Kraft, etwas an dem grundlegenden Gefühl der Unterwerfung zu ändern, und dient nur als eine Form des Protests. Daß sie nicht imstande ist, die Werte der Eltern zu ändern, sieht man an den Menschen, die sich als Kinder gegen die strenge elterliche Zucht auflehnten, ihre eigenen Kinder aber ebenso streng erziehen. Barbara, deren Fall wir im ersten Kapitel geschildert haben, erklärte selbst, daß sie ihre Kinder genauso behandelte, wie sie früher von ihrer Mutter behandelt worden war – trotz ihres bewußten Widerwillens gegen die Haltung ihrer Mutter. Viele Menschen vergessen als Eltern, wie sie sich als Kinder gefühlt haben. Sie vergessen, daß sie sich dagegen wehrten, Dinge essen zu müssen, die sie nicht mochten, daß sie nicht früh ins Bett gehen wollten, daß sie nicht oft genug spielen gehen durften, und sie schreiben ihren Kindern das gleiche vor, was ihnen früher vorgeschrieben wurde. Das Vergessen der Kindheitsrebellion läßt sich als eine Verdrängung ihrer Feindseligkeit gegenüber den eigenen Eltern erklären, was wiederum zu einer unbewußten Identifikation mit ihnen führt.

Die meisten Kinder wachsen mit der Illusion heran, ihr eigenes Leben würde anders aussehen als das ihrer Eltern. Jeder ist überzeugt, er werde es schaffen, glücklich zu werden, während die Eltern unglücklich waren. Die Notwendigkeit dieser Illusion liegt auf der Hand. Das Unglück in vielen Familien würde zur Verzweiflung führen, wenn diese Illusion nicht dagegen stünde. Aber die Illusion macht den Menschen blind für die Kräfte, die Scheitern und Unglück bewirken. Man muß dem Patienten dabei helfen, die Illusionen zu durchschauen, mit denen seine Eltern lebten – damit er schließlich seine eigene Illusion erkennt. Das ist ein wichtiger Teil des therapeutischen Prozesses.

Ein junger Mann beschrieb diese Einsicht so:

Als ich nach Hause kam, erkannte ich, was für einen weltfremden Einfluß meine Mutter auf mich hatte. Für sie ist die Armee keine

> reale Sache – sondern ein Alptraum. Sie findet sich einfach nicht mit den unangenehmen Dingen des Lebens ab – mit dem Altwerden, mit dem Sterben, meinen Mißerfolgen, unseren beschränkten Mitteln. Ich sehe, daß ich objektiver werden und mich mehr von der Unwirklichkeit distanzieren muß, die meine Eltern mir in ihrer Liebe aufzwangen.

Die grundlegende Unwirklichkeit, die einem Kind durch neurotische Elternliebe aufgezwungen wird, ist die Verleugnung des Körpers. Die Existenz des Körpers besteht aus dem Streben nach Lust durch Bewegung und physischen Kontakt. Für viele Eltern kommt dieser Wert erst nach intellektueller Leistung und Gehorsam, und sie übersehen die Bedeutung der körperlichen Lust. Als Folge verliert das Kind die Fähigkeit, in seinen Lustansprüchen selbst-behauptend und aggressiv zu sein. Für neurotische Eltern ist der Körper etwas Irrationales, Unberechenbares und voller versteckter Gefahren. Ihre Angst vor dem Körper wurzelt in ihrer Furcht vor der eigenen verdrängten Gewalttätigkeit und Sexualität, die sie auf die Außenwelt prozjizieren. Das Überleben scheint vorauszusetzen, daß das animalische Element im neugeborenen Organismus gezähmt wird. Das geschieht durch ständigen Druck auf das Kind, der sich in Befehlen wie »Benimm dich!«, »Sei brav!« oder »Sei still!« äußert. So wird das Kind gezwungen, sich von seinem Körper zu trennen und seine Gefühle zu unterdrücken. Die nun folgende Beobachtung einer Patientin zeigt die Folgen dieser elterlichen Erziehungsmaßnahmen:

> In meinem Körper gibt es nichts Aktives. Ich habe mich in meinem Körper immer untüchtig gefühlt. Meine Eltern hatten immer Angst, ich könnte fallen. Sie hatten immer Angst, ich könnte irgendwelche Sachen fallen lassen, und wenn sie schrien, ließ ich sie tatsächlich fallen. Ich habe meinem Körper nie vertraut, so daß ich meinen Intellekt entwickelte, um meine Gefühle der Leblosigkeit und Leere zu überdecken.

Dann fuhr sie fort: »Wenn man seinen Körper zurückweist, wird man ein unbehauster Geist, der einen Körper sucht, in den er hineinschlüpfen kann.« Ein Mensch, der nicht in seinem eigenen Körper lebt, muß durch den Körper eines anderen leben. Deshalb sind so viele Mütter zu sehr auf ihre Kinder fixiert und richten die Beziehung zu ihnen nach ihren eigenen Bedürfnissen aus.

Die Zurückweisung des Körpers erzeugt eine verbreitete schizoide Illusion: die Illusion von der Nicht-Aggressivität. Schizoide meinen oft, die Welt sollte ohne Feindseligkeit sein. Jedermann sollte nett sein. Eine solche Welt gibt es nicht und hat es nie gegeben. Ein Mensch, der auf dieser Basis zu funktionieren versucht, lebt in einer irrealen Welt – er ist weltfremd. Er schafft sich diese Illusion, um seinen eigenen Mangel an Aggressivität zu kompensieren. Ohne ein adäquates »Aktions-Selbst«, um Radós Ausdruck zu gebrauchen, meint der schizoide Mensch, er sei nicht imstande, für die Befriedigung seiner Bedürfnisse zu sorgen. Seine Persönlichkeit bleibt auf einer infantilen Stufe stehen, und dementsprechend führt diese Illusion zu der Überzeugung, andere müßten sich um einen kümmern, und man habe es nicht nötig, sich selbst anzustrengen.

Der Verzicht auf Aggression vermindert die Lustkapazität des Organismus. Beim Erwachsenen ist Lust ein aktiver Prozeß: die Erfüllung von Wünschen durch Handeln. Das soll nicht heißen, es gebe bei Erwachsenen keine passive Lust, aber passive Lust reicht nie aus, um ein gesundes emotionales Leben zu gewährleisten. Das Leben des Kleinkinds dagegen wird von passiver Lust beherrscht. Die Sehnsucht nach passiver Lust, die für so viele Menschen unserer Zivilisation bezeichnend ist, spiegelt ihre Fixierung auf frühkindliche Entwicklungsstufen wider. Die Illusion, eine solche Lust könne auch die Bedürfnisse des Erwachsenen befriedigen, verhindert die Aktivierung aggressiver Haltungen. Radós These vom Lustdefizit der schizoiden Persönlichkeit trifft also zu, aber dieses Defizit ist eine Folge von Aggressionsverzicht und Körper-Verleugnung.

In der Psychologie wird der Begriff »Aggression« völlig wertfrei verwendet, das heißt, er besagt lediglich, daß die Handlung oder die Geste auf etwas »hin« und nicht von etwas »weg« gerichtet ist. Aggressive Handlungen stellen Beziehungen zu Personen, Dingen oder Situationen her. Deshalb sind aggressive Handlungen ich-abgestimmt. Ihr Ziel oder Zweck ist die Befriedigung von Bedürfnissen. Der Aggression entgegengesetzt ist die Regression. Im Stadium der

Regression verzichtet man auf seine Bedürfnisse, wendet sich von der Welt ab und flüchtet sich in die Illusion, während Bedürfnisbefriedigung immer realitätszugewandt ist.

Die vorherrschenden Illusionen

Zwei Illusionen sind in unserer Kultur besonders weit verbreitet. Die eine Illusion hält Geld für allein seligmachend, die andere den Sex. Nach Meinung der Menschen, die diesen beiden Illusionen anhängen, sind sexuelle Anziehung und Geld Kräfte, mit denen man die Pforten des Himmels öffnen kann. Für viele Menschen sind Geld und Sex die obersten Gottheiten geworden.

Alle schizoiden Patienten, die ich gehabt habe, hegten die Illusion, Sex sei allmächtig. Jedes schizoide Mädchen hegt, obwohl es genau weiß, daß es keine umworbene »Liebesgöttin« ist, in ihrem tiefsten Inneren die Überzeugung, seine sexuelle Anziehungskraft sei unwiderstehlich. Einige handeln dementsprechend, bei anderen wird dieses Gefühl von Befürchtungen und Ängsten zurückgedrängt. Die Illusion von der Allmacht des Sex mißt geschlechtlichen Dingen eine übermäßige Bedeutung bei und führt dadurch zu einer Vernachlässigung der Gesamtpersönlichkeit. In meinem Buch *Love and Orgasm* habe ich darauf hingewiesen, daß Sex und Persönlichkeit die beiden Seiten ein und derselben Medaille sind. Der Versuch, die Sexualität aus ihrer Verankerung in der Gesamtpersönlichkeit zu reißen, führt zur Illusion der sexuellen »Erfahrenheit«.

Der sexuell »Erfahrene« benutzt Sex entweder als Mittel, um Beziehungen herzustellen, oder als Machtinstrument. Dadurch wird die Sexualität ihrer Gefühlsqualitäten beraubt und zur bloßen Ich-Stärkung des Betreffenden mißbraucht. Der Mann, der die Rolle des unwiderstehlichen Casanovas spielt, versucht damit, sein Ich-Ideal vom »großen Liebhaber« wahr zu machen. Die Frau, die sich als »unwiderstehlich« betrachtet, ist der Meinung, ihre sexuelle Anziehungskraft demonstriere die Überlegenheit ihrer Weiblichkeit.

Wie weit die Illusion von sexueller Anziehungskraft von der Wirklichkeit entfernt sein kann, zeigt die auf Seite 135 wiedergegebene Zeichnung. Die Patientin sagte dazu: »Sie sieht albern aus. Ihr Kör-

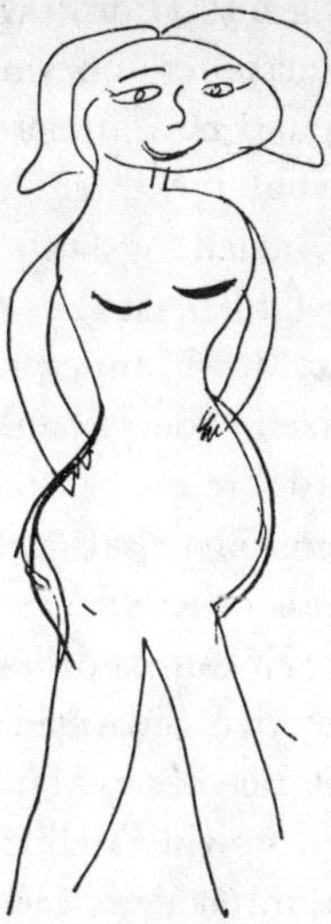

Abbildung 12

per wirkt gelangweilt. Sie hat ein aufgesetztes Lächeln. Es ist ein Ausdruck, den ich manchmal habe. Meine Figur ist wie ihre, sexy und feminin.«

Wie ist es möglich, daß ein Mensch eine Figur einerseits »albern«, andererseits aber »sexy und feminin« findet? Die Einstellung, bei der solche Gegensätze miteinander vereinbart werden können, wurzelt in der Ansicht, die Frau sei ein runder, weicher, leerer Körper mit großen Brüsten und breiten Hüften, geschaffen zur Befriedigung des Mannes. Der flachbusige, schmalhüftige, eckige weibliche Körper impliziert dagegen eine männliche Identifikation und läßt auf einen homosexuellen Zug schließen. Daß Sex ein Ausdruck von Gefühl ist und daß ein Körper ohne Gefühl asexuell ist, sind Wahrheiten, die der schizoide Mensch leugnet. Wer die Illusion hat, er sei »sexy«, nimmt die Hülle für den Inhalt und verwechselt sexuelle »Erfahrenheit« mit sexueller Reife.

Diese Illusion wurzelt in einer Fixierung auf die ödipale Stufe und ist eine Vergrößerung der inzestuösen Gefühle zwischen Eltern und Kind. Mädchen entwickeln sie, wenn sie sich bewußt werden, daß ihr Vater sich für sie als sexuelles Objekt interessiert. Aufgrund ihres

Verlangens nach Zuneigung und Hilfe reagieren sie entsprechend auf sein Interesse und spielen später unbewußt die Rolle des Sexualobjekts, um die Zuneigung und Hilfe anderer Männer zu erringen.

Die Frau, die sich als Sexualobjekt sieht, glaubt an die Unwiderstehlichkeit ihrer sexuellen Anziehungskraft. Sie mag sich von ihrem eigenen Körper abgestoßen fühlen, ist aber trotzdem überzeugt von seiner Macht, das Interesse des Mannes zu erregen. Wenn nicht einmal ihr Vater ihren Reizen widerstehen konnte, welcher Mann soll es dann können? Sie wird ihre Energie darauf richten, ihre sexuelle Anziehungskraft zu vergrößern, als habe ihre Gesamtpersönlichkeit keine andere Aufgabe. Sie wird mit ihrem Auftreten und Äußeren eine oberflächliche Erotik ausdrücken, die von ihren inneren Gefühlen Lügen gestraft wird. Sie wird Männer anziehen, deren Unreife der ihren entspricht. Bei diesen Männern wird sie erneut die Erfahrung machen, daß sie unwiderstehlich ist, aber gleichzeitig klagt sie bei ihrem Psychiater darüber, daß »die Männer nicht die Finger von mir lassen können«. Da das Sexuelle untrennbar zu ihrer Persönlichkeit gehört, ist sie sich ihres verführerischen Verhaltens nicht bewußt. Sie flirtet zu schnell, wackelt zu sehr mit den Hüften und kleidet sich zu aufreizend. Da ihre Illusion damit steht und fällt, wie die Männer auf sie reagieren, muß sie in ihrem verzweifelten Bedürfnis, die Illusion aufrechtzuerhalten, häufig den Partner wechseln.

Dieser sexuell »erfahrenen« Person gelingt es nicht, als Frau Erfüllung zu finden. Ihre sexuellen Aktivitäten führen nicht zur Befriedigung. Sie erlebt keinen beglückenden Orgasmus, und ihr Bild von der Weiblichkeit wird immer wieder von ihren sexuellen Enttäuschungen zerstört. Ihr Drang, Liebe durch Sex zu finden, steigert ihre Verzagtheit und schließt den Teufelskreis.

Der Konflikt des modernen Menschen wurzelt in den entgegengesetzten Werten, die sein Ich und sein Körper symbolisieren. Das Ich denkt in Leistung, der Körper in Lust. Das Ich arbeitet mit Bildern oder Vorstellungen, der Körper mit Gefühlen. Wenn Vorstellung und Gefühl übereinstimmen, ist das Ergebnis ein emotional gesundes Leben. Wenn das Gefühl aber zugunsten des Ich-Ideals in den Hintergrund tritt oder unterdrückt wird, ist das Ergebnis ein Leben der Illusion und Verzweiflung. Die Illusion widerspricht der Realität des körperlichen Zustands, die Verzweiflung weicht den Bedürfnissen des Körpers aus.

Hinter jeder Illusion versteckt sich die Sehnsucht nach Freiheit und Liebe. Der verzweifelte Mensch strebt durch die Illusion von Macht nach Freiheit und Liebe. Er meint, Macht sei der Schlüssel zu Freiheit und Liebe. Um die Illusion der Macht zu überwinden, muß die Realität von Freiheit und Liebe *körperlich* erfahren werden. Das erreicht man durch Konzentration auf die physischen Spannungen des Körpers. Wenn ein Mensch die Starrheit in seinem Körper fühlt, wird er sich bewußt, daß er trotz seiner Auflehnung und seines Widerstandes nicht frei ist. Wenn er fühlt, daß sein Körper erstarrt ist, wird er sich bewußt, daß er gefesselt ist, wie seine äußere Situation auch aussehen mag. Wenn er merkt, daß seine Atmungstätigkeit gehemmt und seine Beweglichkeit eingeschränkt ist, begreift er, daß er nicht imstande ist zu lieben.

Die emotionale Bedeutung von Muskelverspannungen wird oft nicht verstanden. Die ungelösten emotionalen Konflikte der Kindheit äußern sich durch chronische Muskelverspannungen des Körpers, die den Menschen unterjochen, indem sie seine Beweglichkeit und seine Gefühlskapazität reduzieren. Diese Spannungen, die den Körper fest im Griff haben – ihn formen, spalten und verzerren –, müssen gelöst werden, bevor man innere Freiheit erlangen kann. Und es ist illusorisch zu glauben, man könne sich ohne diese innere Freiheit in seinem Denken, Fühlen und Handeln – und in der Liebe – ungehindert entfalten.

8 Dämonen und Monster

Der verzweifelte Mensch ist sich im allgemeinen nicht darüber klar, daß eine dämonische Kraft in ihm wohnt. Er rationalisiert sein Verhalten, oder er entschuldigt es mit seiner Hilflosigkeit und Verzweiflung. Er hat sich mit seinem Dämon identifiziert und kann ihn nicht objektiv sehen; die dämonische Kraft gehört zu seiner Charakterstruktur, die um jeden Preis vom Ich verteidigt wird. Da es in jeder schizoiden Persönlichkeit eine dämonische Komponente gibt, muß man, um die Spaltung der Persönlichkeit zu beheben, herausbekommen, wie der Dämon auftritt.

Das Dämonische ist die Verneinung der Illusion. Die dämonische Kraft arbeitet darauf hin, die Illusion zu zerstören und den Menschen in Verzweiflung zu stürzen. Ihre Waffen sind Zynismus und Zweifel. Der Dämon kleidet sich in das Gewand der Rationalität, um sein irrationales Wesen zu verbergen. Wenn die Illusion zerbricht, wie der Dämon es prophezeit hat, sagt er: Zeig ihnen, daß es dir nichts ausmacht! Sein Rat ist Selbstzerstörung – da nichts wirklich wichtig ist und sich niemand wirklich etwas aus einem macht. Er verhöhnt das Ich und schwächt dessen Stabilität. Er sagt sinngemäß zum Ich: Du hast also gedacht, du könntest ohne mich leben! Du hast gedacht, deine Illusionen könnten dir Halt geben!

Die Stimme des Dämons ist die Stimme des zurückgewiesenen Körpers, der sich am Ich rächt, das ihn geleugnet hat. Das Ich, das sich ganz auf die Illusion verlassen hat, ist hilflos, wenn diese zerbricht. Der Körper, der gezwungen gewesen war, der Illusion zu dienen, reagiert destruktiv, wenn dic lenkende Kraft nicht mehr da ist. Er überwältigt das hilflose Ich und übernimmt zeitweilig die Kontrolle über seine Fähigkeiten. Er explodiert wie eine feindselige und negative Macht und zerstört alles, was die Illusion schaffen sollte.

Ein Kind wird ohne Illusion und ohne das Wissen um Gut und

Böse geboren. Es wird geboren als animalischer Organismus, dessen Verhalten sich auf die Befriedigung seiner physischen Bedürfnisse und seines Verlangens nach Lust richtet. Die Begriffe Gut und Böse erhalten erst dann eine Bedeutung, wenn man ihm beibringt, dem Zauber der körperlichen Lust zu widerstehen und seine Aggressivität einzudämmen. Das gute Kind gehorcht und unterwirft sich, das böse Kind lehnt sich auf und will sich durchsetzen. Wenn die elterliche Autorität überwältigend ist, wird das Kind seine animalischen Instinkte zurückweisen, um zu überleben. Es wird sie tief in seinem Bauch vergraben und durch Muskelkontraktion einkapseln. Seine Bauchdecke wird dann flach und hart, seine Gesäßbacken verkrampfen, sein Beckenboden zieht sich hoch, und sein Zwerchfell wird starr. Isoliert und eingekapselt verwandeln sich die Instinkte der Sexualität und Aggression langsam in Perversität und Haß. Ausgeschlossen von der Teilnahme am Leben des Bewußtseins, schaffen sich die zurückgewiesenen körperlichen Leidenschaften ihre eigene Hölle. Bei diesem Prozeß wird gewissermaßen ein Teufel, ein Luzifer geboren.

Es gibt eine interessante Parallele zwischen der Vorstellung, Luzifer sitze im Bauch der Erde, und meinem Konzept vom menschlichen Teufel in der Bauchhöhle. Die Flammen der Hölle sind dann mit dem Feuer der sexuellen Leidenschaft zu vergleichen, das in jenem Teil des Körpers brennt. Fleischliche Lust ist die größte Versuchung, mit der der Teufel das Ich in den Abgrund der Hölle zu locken versucht. Angesichts dieser Katastrophe kämpft das Ich darum, um jeden Preis die Kontrolle über seinen Körper zu behalten. Das mit dem Ich verbundene Bewußtsein richtet sich gegen das Unbewußte oder den Körper als Sitz der dunklen Mächte. Aber die Versuchung kann nicht eliminiert, der Teufel kann nicht überwunden werden, solange der Körper lebt. Bei diesem endlosen Kampf werden die Illusionen des Ichs ständig von den Aktivitäten der verdrängten Gefühle untergraben.

Die Wechselwirkung zwischen Illusion und dämonischer Kraft läßt sich zum Beispiel bei einer Frau beobachten, die glaubt, eine vollkommene Mutter zu sein, und deren Erziehungsmethoden nichtsdestoweniger oft darauf hinauslaufen, ihr Kind zu zerstören und die Illusion ad absurdum zu führen. Das geschieht nicht etwa bewußt. Im Gegenteil, ihr bewußtes Verlangen besteht darin, vollkommen zu sein und ein vollkommenes Kind zu haben; aber kein Kind ist vollkommen, und die menschlichen Fehler und Mißerfolge des Kindes frustrieren sie. Nach der Maxime, Mutter weiß es am besten, verweigert sie dem Kind die Chance, durch Selbst-Regulierung seine eigene Persönlichkeit zu entwickeln. Sein Widerstand gegen ihre Herrschaft wird als Aufsässigkeit interpretiert und auf die natürliche Perversität des Kindes zurückgeführt. Sie ärgert sich immer mehr über sein ständiges Versagen, positiv auf ihre Anweisungen zu reagieren, und nimmt eine zornige und feindselige Haltung ihm gegenüber ein. Es ist verblüffend, wie selbstgerecht eine solche Mutter sein kann.

Der Konflikt zwischen Kind und Eltern kann nur ein für beide Seiten negatives Ergebnis haben. Das Kind kann gegen die Eltern nicht gewinnen, weil es auf sie angewiesen ist, um zu überleben und heranzuwachsen. Die Eltern können aber auch nicht gegen das Kind gewinnen, denn es wird sich innerlich weiter auflehnen, obwohl es sich äußerlich unterwerfen mag. Die Auflehnung wiederholt sich in der Pubertät, wenn die Woge der sexuellen Gefühle in dem jungen Menschen das Verlangen nach Unabhängigkeit weckt. Der alte Kampf lebt erneut auf, aber dieses Mal tritt die Feindseligkeit auf beiden Seiten offener zutage. Wenn in dieser Situation endlich ein Waffenstillstand erreicht wird, hat der junge Mensch seine Identität und die guten Gefühle seines Körpers eingebüßt. Er verzweifelt und entwickelt eine schizoide Persönlichkeit. Die Eltern haben die Liebe ihres Kindes verloren, ein Prozeß, den sie nicht begreifen können.

Der dämonische Aspekt der Mutter, die so mit ihrem Kind umgeht, zeigt sich darin, wie zwanghaft und unablässig sie ihre Ziele verfolgt. Der Konflikt zwischen Mutter und Kind verliert bald die oberflächliche Rechtfertigung, all das geschehe zum Besten des Kindes, und wird zu einer Konfrontation zweier Willen. Die Konfrontation eskaliert nicht selten zu einem regelrechten Krieg; es kommt zu Gewalt oder zur Androhung von Gewalt. Ich habe in meiner Praxis Mütter erlebt, die ihre Kinder mit einem solchen Ausdruck von Wut und Feindseligkeit anfuhren, daß ich unwillkürlich zusammenzuckte. Die Mutter scheint fest entschlossen zu sein, das Kind entweder nach ihrem Bilde zu formen oder es zu zerstören. Dieses Bild, das die Mutter auf ihr Kind projiziert, befriedigt das Ich der Mutter auf Kosten des kindlichen Glücks. Da es eine Projektion ihres eigenen Ich-Ideals ist, arbeitet die Mutter offenbar darauf hin, ihrem Kind nicht mehr Freiheit oder Freude zu gönnen, als sie selbst früher gehabt hat. All das läuft natürlich auf einer unbewußten Stufe ab, während die Mutter bewußt immer noch ihre Illusion von vollkommener Mutterschaft aufrechterhält. Die Kraft, die eine Mutter gegen ihr bewußtes Wollen in diese Richtung treibt, ist dämonisch.

Im Gegensatz zum normalen Handeln ist das dämonische Handeln nicht ich-abgestimmt; es geschieht vielmehr gegen den Willen des Ichs, gegen den Wunsch des Ichs und ist deshalb kein offener Ausdruck von Gefühl. Bei dämonischer Wut zieht man zum Beispiel die Brauen nach unten und kneift die Augen ein bißchen zusammen, als wolle man die destruktive Kraft bändigen oder leugnen; das Ergebnis ist trotzdem ein Ausdruck unverhohlener Feindseligkeit, dessen sich der Betreffende gar nicht bewußt ist. Das dämonische Handeln ist mit einem Leugnungsmechanismus verbunden: Das Ich lehnt die Tat im selben Augenblick ab, in dem der Körper sie ausführt. Ein Mensch, der sich nur mit seinem Ich identifiziert, ist sich der Unaufrichtigkeit nicht bewußt. Dieses Verhalten wurzelt in einem starken Schuldgefühl, das zu einer Kluft zwischen dem bewußten Wollen und den Regungen des Körpers führt.

Die Mutter, die sich gegen ihr Kind wendet, handelt in Wahrheit selbstzerstörerisch. Die Projektion ihrer Vorstellungen auf das Kind offenbart ihre unbewußte Identifikation mit dem Kind. Ihre Feindseligkeit gegen das Kind ist also ein Widerschein ihres Hasses auf sich selbst. Indem sie die Individualität des Kindes zurückweist, weist sie unbewußt ihre eigene Individualität zurück. Das Kind ist ein Fortsatz ihres eigenen Körpers, der nun ein Eigenleben führt. Das Kind von ihrer Zuneigung und Wärme abzuschneiden, ist ein symbolisches Abschneiden ihres eigenen Körpers oder ihrer Hand. Das Kind ist aber nicht nur ein Fortsatz ihres Körpers, es ist auch ein Ausdruck ihrer Sexualität. Alle ihre verdrängten Schuldgefühle hinsichtlich der Sexualität und alle ihre negativen Empfindungen im Zusammenhang mit ihrem Körper richten sich nun auf das Kind, das durch eine von der Mutter als pervers verstandene feindselige Haltung auf diese Projektion reagieren wird.

Wenn kleine Kinder wie Dämonen handeln, dann nur, weil ihre natürlichen Eigenschaften von den Eltern zu negativen Kräften verzerrt wurden, die sie leugnen müssen. Allzuoft wird die gesunde Forderung des Kindes nach erotischem Kontakt mit den Eltern als eine Taktik betrachtet, die Eltern zu quälen und Aufmerksamkeit zu erregen. Sein natürliches Interesse an der Sexualität wird von manchen Eltern als abnorm oder pervers betrachtet. Sein überwältigendes Verlangen, frei zu sein und Spaß zu haben, gilt gemeinhin als unverantwortlich. Wenn es nicht das ißt, was die Mutter ihm vorsetzt, sagt man, es sei störrisch. Alles was ein Kind sagt und tut, wird vom Lustprinzip geleitet. Es tut das, was ihm ein gutes Gefühl schenkt, und vermeidet alles, was schmerzhaft ist. Aber das ist unerträglich für Eltern, die ihren eigenen Körper verleugnet haben. Viele Eltern sind der Meinung, ein Kind müsse ständig gelenkt werden, man müsse ihm beibringen, zu gehorchen, es müsse die Wertbegriffe der Erwachsenen übernehmen und es müsse seinem Körper entsagen, das heißt, seine natürlichen Instinkte leugnen. Deshalb ist es nur verständlich, daß manche Kinder »kleine Teufel« werden und abnorm oder pervers handeln, wenn sie die Hoffnung verloren haben, die Eltern würden verständnisvoll auf den offenen Ausdruck ihrer Gefühle reagieren.

Die Mutter, die ihr Kind wie einen Gegenstand oder Besitz betrachtet, handelt dämonisch. Eine solche Einstellung leugnet, daß das Kind irgendwelche Gefühle hat, und erwächst daraus, daß die Mutter ihre eigenen Gefühle leugnet. Statt das Fühlen als Verhaltensdeterminante zu betrachten, manipuliert eine solche Frau andere Menschen, um ihr Ich-Ideal in die Realität umzusetzen. Sie wird auch ihren Mann wie einen Gegenstand behandeln, ihre sexuellen Beziehungen zu ihm werden einer Pflichtübung entsprechen und kein Ausdruck von Liebe sein. Mit diesem Verhalten äußert eine Frau ihre Verachtung für den Mann, die ihr Ich selbstverständlich leugnet. Ihre verdrängten Gefühle der Feindseligkeit und Sexualität werden zu einer dämonischen Kraft, die sie zwingt, destruktiv zu handeln. Genau wie sie ihren Ehepartner unbewußt als Mann zurückweist, wird sie ihr Kind als Menschen zurückweisen.

Die Vorstellung, eine verdrängte und als fremd empfundene Sexualität sei der störende Faktor in der Persönlichkeit, ist der Psychiatrie nicht neu. Wilhelm Reich betont, es sei schon 1919 bekannt gewesen, daß Genitalempfindungen und »Orgasmusangst« bei schizophrenen Wahnzuständen die Rolle des Verfolgers spielen. Der Unterschied zwischen Illusion und Wahn ist graduell und entspricht dem Unterschied zwischen der schizoiden Störung und dem schizophrenen Leiden. Bei der schizoiden Persönlichkeit führt die Genitalerregung zur Illusion von Emanzipation, Erfahrenheit und sexueller Anziehungskraft. Beim schizophrenen Wahn führt die isolierte Genitalerregung zu paranoiden Vorstellungen mit einer homosexuellen Komponente.

Das andere dämonische Element in der Persönlichkeit aller schizoiden Menschen ist eine unterdrückte Wut, die sich gelegentlich als überwältigender und destruktiver Impuls bemerkbar macht. Sie unterscheidet sich vom Zorn, der ich-abgestimmt und ich-gerichtet ist. Wut ist wie ein vulkanischer Ausbruch, bei dem alles ringsum zerstört wird. Der schizoide Mensch fühlt sich ständig von der Möglichkeit einer Eruption dieser explosiven Kraft bedroht. Sein Abwehrmechanismus gegen seine innere Wut sind die Starre und Unbeweglichkeit, die zugleich als Abwehrmechanismus gegen das Grauen dienen. Schon die Tatsache, daß dieser Mechanismus in beiden Fällen eingesetzt wird, läßt erkennen, daß Grauen und Wut eng miteinander verbunden sind. Das schizoide Grauen ist die Furcht vor den mörderischen und destruktiven Impulsen der eigenen Persönlichkeit. Die schizoide Wut ist die Reaktion auf das Grauen.

Grauen und Wut entstehen durch elterliche Zurückweisung. Das Kind reagiert mit Zorn auf das Leugnen seiner Rechte als einzigartiges, unverletzliches und unabhängiges Wesen. Wenn ein Kind aber seinen Zorn ausdrückt, löst es bei den Eltern oft eine feindselige Reaktion aus, die seine Furcht vergrößert und seinen Zorn in irrationale Wut verwandelt. Leider werden solche Verhaltensweisen und Reaktionen oft chronisch, und dann fühlt sich das Kind immer mehr entfremdet, immer mehr verängstigt. Für das Kind führt nur ein Weg aus dem Konflikt hinaus: Unterdrückung seiner Wut und äußerliche Unterwerfung unter die Eltern. Seine Persönlichkeit wird je nach der Schärfe des Konflikts die typischen Merkmale der schizoiden Struktur aufweisen: Grauen, Wut, Verzweiflung, Illusion und schließlich ein perverses oder abweichendes Verhalten, in dem seine negativen Gefühle ein Ventil finden.

Im Erwachsenenalter findet die unterdrückte Wut ihren Ausdruck in selbstzerstörerischen Handlungen, die der Betreffende gegen sich selbst oder gegen die eigenen Kinder richtet. Er mag sie auch gegen den Ehepartner richten, mit dem er sich identifiziert, aber nur selten gegen Außenstehende. Der schizoide Mensch agiert seine Wut bei denen aus, die von ihm abhängig sind, und kehrt damit die ursprüngliche Situation um, in der er als das hilflose, abhängige Kind die Wut seiner Mutter erlebte. In Träumen kann der ursprüngliche Gegenstand der Wut allerdings sichtbar werden. So sagte eine Patientin bei der Durcharbeitung eines Traums über ihren Vater: »Ich komme einfach mit dem Blutigen in mir nicht zurecht. Ich war so wütend, daß ich mir vorkam wie eine Katze. Ich hätte ihn in Stücke kratzen, seinen Penis durch einen Fleischwolf drehen und in einen blutigen Brei verwandeln können.«

Die Tatsache, daß der schizoide Mensch diese unterdrückte Wut als explosive Kraft in sich birgt, schränkt ihn natürlich in seinen Reaktionen ein. Radó meint dazu: »Das Fehlen von oder der relative Mangel an ›abgestuften‹ Reaktionen läßt ihn fortwährend zwischen übermäßiger Wut, blindem Gehorsam und blindem Trotz hin und her pendeln.« Der springende Punkt ist natürlich, daß eine Bombe keine »abgestuften« Reaktionen erlaubt. Entweder sie explodiert, oder sie explodiert nicht; es gibt keine Möglichkeit, sie stufenweise freizusetzen. Die unterdrückte Wut mit ihren mörderischen Impulsen ist auch für die schizoide Einstellung »alles oder nichts« verantwortlich. Jede Entscheidung ist eine Angelegenheit auf Leben und Tod, weil die Frage, ob man handeln soll oder nicht, im Grunde das Problem jener vergrabenen Gewalttätigkeit berührt. Wenn man dem Fühlen die Tür öffnet, und sei es nur einen Spalt, riskiert man, den inneren Sturm zu entfachen.

Bei der schizoiden Persönlichkeit ist die dämonische Kraft weitgehend verborgen und wird auf höchst subtile Weise »ausagiert«. Das Zerstörerische dieser Charakterstruktur liegt in ihrer Unaufrichtigkeit. Eine Beziehung zu einem schizoiden Menschen ist immer enttäuschend, weil er trotz seiner augenscheinlichen Kooperationsbereitschaft seine Gefühle leugnet. Sein Lächeln und seine oberflächliche Sanftheit haben zur Folge, daß bei einem etwaigen Konflikt im anderen Schuldgefühle aufkommen. Obgleich man die negativen, destruktiven Impulse hinter der »Engelsmaske« spürt, fühlt man sich machtlos, sie bloßzulegen. Am Ende wird man selbst offen feindselig, ohne diese negative Reaktion in jedem Fall rechtfertigen zu können. Dann zieht sich der schizoide Mensch, ohne sich über seine Rolle als Urheber des Streits klar zu sein, aus Selbstschutz zurück.

Das »Ausagieren« ist eine gezieltere Taktik: Man leugnet den eigenen Vertrauensmangel und projiziert ihn auf den anderen. Unter dem Schutzschild von Beschuldigungen (»Ich liebe dich, aber du liebst mich nicht!«, »Ich gebe, und du nimmst immer nur!«) werden Forderungen gestellt, die der Partner kaum erfüllen kann. Dann schiebt der Schizoide, anscheinend mit gutem Grund, dem anderen die Verantwortung für all sein Unglück zu. Ein Verhalten kann als »Ausagieren« bezeichnet werden, wenn es rationalisiert und einem anderen Menschen oder einer äußeren Kraft als »Verursacher« zugeschrieben wird.

Ein Mensch, der mit seinem Körper in Kontakt ist, weiß um seine eigene Feindseligkeit und projiziert sie nicht auf andere. Er weiß um seinen eigenen Mangel an sexuellem Fühlen und wirft dem Partner nicht vor, er mache ihn impotent. Wenn der Körper aber zurückgewiesen und geleugnet wird, geht diese realitätsgerechte Haltung verloren. Die verdrängten Gefühle werden zu einer dämonischen Kraft, die alle Hoffnungen und Sehnsüchte negiert.

Die »Sündenbock«-Taktik bildet den Kern des sogenannten paranoiden Verhaltens. Der Paranoide projiziert die eigenen negativen Gefühle, besonders die eigene verdrängte Sexualität und Feindseligkeit, auf jemand anders. Wenn diese Taktik auf Widerstand trifft, reagiert er mit einer irrationalen Wut, ohne jedes Gefühl der Verantwortung für sein Handeln.

Leider ist das Dämonische die Stimme der körperlichen Erfahrungen. Es stellt jede aufrichtige Absicht in Frage und klammert sich zugleich störrisch an eine Kindheits-Taktik, die damals das Überleben gewährleistete. Es weist jedes Gefühl als sinnlose Sentimentalität zurück und gibt damit den emotionalen Enttäuschungen der Kindheit Ausdruck. Wenn man diese Tatsachen nicht anerkennt, kann man die dämonische Kraft in der schizoiden Persönlichkeit nicht besiegen.

Das »Monströse« hat eine andere Bedeutung und eine andere Funktion. Als monströs würde ich einen menschlichen Körper bezeichnen, dem es an menschlichen Gefühlen mangelt. Eine meiner schizoiden Patientinnen beschrieb die von ihr gezeichnete Gestalt (s. Abb. 13) zum Beispiel als »ghulenhafte Erscheinung«. Dann fuhr sie fort:

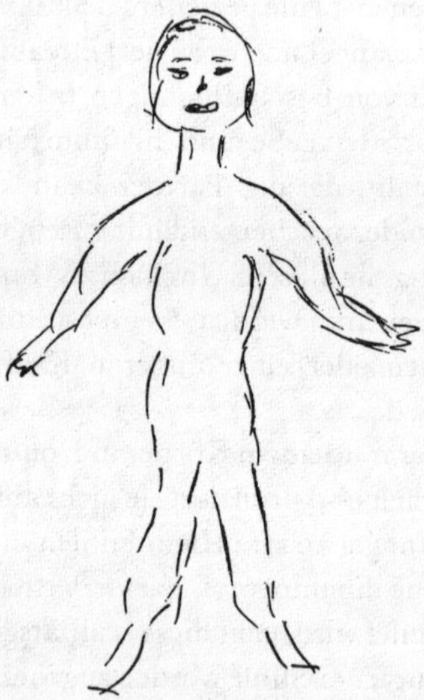

Abbildung 13

Sie sieht nicht lebendig aus. Sie ist fremdartig, und doch scheint sie davonzulaufen. Sie hat einen leeren, starren Blick, wie ich ihn manchmal bekomme. Sie sieht aus wie ein Monster. Es ist ein sehr irrer Ausdruck. Manchmal sehe ich mich zufällig in einem Spiegel und bin entsetzt. Ich bekomme dieses ghulenhafte Aussehen, wenn ich zum Beispiel nicht weiß, wer ich bin oder was ich tun sollte. Ich weiß nicht, was ich will.

Beim Essen fühle ich mich besser. Aber dann ist mein Körper häßlich, grotesk, unförmig. Wenn ich dünn bin, wird mein Körper schmachtend und hübsch. Dann mag ich ihn. Beim Essen werde ich passiv und gleichgültig. Alles, was ich tue, ist Essen,

Schlafen und Ins-Badezimmer-Gehen. Wenn ich nicht esse, werde ich verkrampft. Dann kann ich nicht schlafen und meinen Darm nicht entleeren. Ich werde hektisch. Es gibt für mich nur diese beiden Extreme und nichts dazwischen.

Die Spaltung in der Persönlichkeit dieser Patientin kommt in ihren Bemerkungen ganz deutlich zum Ausdruck: Sie fühlt sich zwar besser, wenn sie ißt, aber ihr Äußeres stößt sie dann ab. Es widerspricht ihrem Ich-Ideal von einer schmachtenden und hübschen Frau, die freilich nur eine Puppe ist und weder schlafen noch zur Toilette gehen kann. Sie definierte einen Ghul als einen »Organismus, der sich von anderen Menschen nährt«, aber auch einen »Organismus, der nur ißt, schläft und Stuhlgang hat« – wie ein Kleinkind. Ein Baby, das gestillt wird, nährt sich natürlich von der Mutter. War es möglich, daß meine Patientin infolge ihrer frühkindlichen Erfahrungen an der Mutterbrust das Gefühl hatte, ein Ghul zu sein?

Sie war die Zwillingstochter einer kleinen Frau, die bei der Geburt erst achtzehn Jahre alt gewesen war. Sie berichtete, ihre Mutter habe ihr gesagt, ihre Milch sei schon sehr früh sauer geworden, und »wir konnten nicht genug zu essen bekommen«. Meine Patientin konnte sich zwar nicht an ihre frühkindlichen Erfahrungen an der Mutterbrust erinnern, aber man darf annehmen, daß sie damals eine schwierige Zeit durchmachte. Sie war das kräftigere der beiden Mädchen und wurde von ihrer Mutter zugunsten der schwächeren Schwester beiseite geschoben. Womöglich betrachtete die Mutter sie bei ihrem Kampf um die Brust als eine Art Monster, weil sie nicht einsah, daß ihre Mutter nur das Beste wollte.

Es läßt sich leicht der Konflikt vorstellen, der aus einer solchen Erfahrung erwachsen kann: Wenn sie ihrem Appetit nachgab, fühlte sie sich wie ein Tier, ein Säugling, ein Monster. Wenn sie nichts aß, wies sie das Verlangen ihres Körpers zurück und suchte auf einer anderen Stufe nach Befriedigung. Die andere Stufe ist die Ich-Stufe. Meine Patientin stellte fest, daß sie in ihrem Beruf als Schauspielerin eine vorübergehende Befriedigung finden konnte. Als Schauspielerin lebte sie von ihrem eigenen Einkommen, fand ihr Image aufregend und aß, wie sie es ausdrückte, von sich selbst. Wie lange kann ein Mensch von sich selbst essen? Meine Patientin entdeckte, daß ihre schauspielerische Leistung nach einigen aufregenden Vorstellungen an Intensität verlor. Sie schien eine Alternative zu brauchen. Sie fand heraus, daß sie sich jedesmal besser fühlte, wenn sie ein Verhältnis hatte. Aber wenn der Reiz des Neuen verflogen war, kehrte wie bei der Schauspielerei das alte Gefühl des Unbefriedigtseins, der Ghulhaftigkeit zurück und quälte sie. Innerhalb kurzer Zeit wurde jede Beziehung mit einem Mann zu einem sadomasochistischen Ausagieren von Feindseligkeit und Bitterkeit. Für meine Patientin war Sex eine Wiederholung des alten Konflikts auf einer neuen Bühne. Er war eine Form von Nahrung, und ihr Bedürfnis nach dieser Nahrung gab ihr das Gefühl, von einem anderen Menschen zu leben. Am Ende haßte sie sich für dieses Gefühl und verachtete den Mann, weil er ihrem Bedürfnis nachgab.

Meine Patientin wurde ein Ghul, sobald sie sich gegen ihren Körper und seine animalischen Instinkte wandte. Ihre Schwierigkeiten begannen, sobald sie Schuldgefühle wegen dieser Instinkte bekam. Wenn es als unmoralisch empfunden wird, zu essen, zu schlafen und den Darm zu entleeren, kommt es zu einer schrecklichen Verwirrung der menschlichen Gefühle. Eine kreative Tätigkeit ist da kein Ausweg, denn auch sie kann nur dann befriedigend und sinnvoll sein, wenn sie das Leben des Körpers, dem sie ihre Inspiration verdankt, bereichert und unterstützt.

Diese Patientin hatte also das Gefühl, etwas Monströses zu sein. Um dieses Gefühl zu überwinden, mußte ich sie dahin bringen, sich mit ihrem Körper zu identifizieren, ihre physischen Regungen zu akzeptieren und in körperlichen Begriffen zu denken. Ihre Atemtätigkeit war infolge der frühen Hemmung des Saugreflexes stark eingeschränkt. Ihr erster Versuch, tief zu atmen, löste eine Panikreaktion aus. Sie konnte eine Weile keine Luft kriegen und bekam schreckliche Angst. Dann fing sie an zu weinen, und die Panik ließ nach. Sie mußte ihren Körper durch aggressive Bewegungen mobilisieren. Sie tat es, indem sie die Couch, auf der sie lag, mit Tritten und Fausthieben bearbeitete. Gleichzeitig analysierten wir ihre Schuldgefühle und Ängste. Das Ergebnis war sehr positiv. Eines Tages erzählte sie:

Ich fühle mich plötzlich so, wie ich mich noch nie gefühlt habe.

Ich fühle *mich*. Ich fühle mein Gesicht, meine Füße, meinen Körper. Ich weiß, wer ich bin. Ich weiß jetzt, wie ich aussehe, ich habe nicht mehr solche Angst. Ich empfinde keine Panik mehr. Ich habe keine Schuldgefühle mehr. Ich bin jetzt sehr direkt und aufrichtig, und ich stelle fest, daß es sich auszahlt. Wenn ich tief atme, spüre ich eine Welle von gutem Gefühl.

Das Monströse in menschlichen Wesen kann viele Formen annehmen: Gespenster, Zombies, Statuen und Ghule. Ich behandelte einmal eine junge Frau in den Zwanzigern, die mich aufgesucht hatte, weil sie unter starken Panikreaktionen aufgrund von Atemschwierigkeiten litt. Als ich sie das erste Mal sah, war ihr Gesicht auf einer Seite verzerrt, ihr Körper starr vor Angst, und ihre Augen blickten groß und furchtsam. Als sie wieder normal atmen konnte, ließ die Panik nach. Sie erzählte mir folgendes:

Mit sechzehn Jahren ging es mir am schlechtesten. Ich weiß noch, daß ich damals beschloß, nichts und niemanden mehr zu brauchen. Ich hörte auf, zu anderen eine Beziehung herzustellen, und ich lebte in einer Atmosphäre der Unwirklichkeit. Wenn ich ein Stück Holz anfaßte, konnte ich einfach nicht fühlen, daß es Holz war. Wenn ich über die Straße ging, bildete ich mir ein, die Autos könnten mich nicht berühren. Ich war ein Geist.
Mit siebzehn, achtzehn hatte ich mein erstes Verhältnis. Es war sehr befriedigend. Ich hatte vaginale Orgasmen, aber ich beendete die Beziehung, weil ich mir zu schuldig vorkam. Als das Verhältnis zu Ende war, entwickelte ich eine Störung, die die Ärzte »nervöse Erschöpfung« nennen. Danach blieb ich jahrelang ohne Sex. Mit zweiundzwanzig zog ich aus meiner Heimatstadt fort. In den nächsten paar Jahren trieb ich es auf Teufel komm raus mit Männern. Ich hatte keinerlei sexuelle Gefühle dabei, aber Sex mußte einfach sein. Mein Körper veränderte sich, er wurde verkrampft und hart. Alle Knochen standen vor. Meine Hüften wurden schmaler. Ich nahm ab und wurde dünn, weil ich aufhörte, so gierig zu essen.
Ich glaube, daß ich meine sexuellen Gefühle aufgab, als ich von zu Hause fortging. Meine unbewußte Rechtfertigung für das pro-

miskuitive sexuelle Verhalten lautete: Solange ich keinen Spaß daran habe, ist es in Ordnung.

Dieser Fall zeigt den engen Zusammenhang zwischen sexuellem Fühlen und Körper-Wahrnehmung. Die Verdrängung des sexuellen Gefühls zerstört oder schwächt zumindest die Identifikation des Ichs mit dem Körper. Ein Mensch, der sein sexuelles Gefühl verliert, verzweifelt. Meine Patientin sucht bei dem verzweifelten Versuch, wieder zu sich selbst zu finden, Zuflucht in zwanghafter sexueller Aktivität ohne Gefühl. Wie ihr Bericht jedoch zeigt, vermag sexuelle Aktivität ohne Lust den Kontakt zwischen dem Ich und dem Körper nicht aufrechtzuerhalten. Zwanghafter und mechanischer Sex verwandelt den Körper in einen roboterhaft handelnden Mechanismus – das heißt, er entmenschlicht ihn.

Eine andere Äußerung des Monströsen im Menschen ist der statuarische Körper, also der Körper, der in einer Pose erstarrt ist. Das Monströse eines solchen Körpers liegt in dem Widerspruch zwischen seiner augenscheinlichen Leblosigkeit und der Tatsache, daß in ihm ein menschliches Wesen wohnt. Bei der Analyse dieser Persönlichkeitsstruktur ergibt sich jedesmal, daß das menschliche Wesen in der Statue ein kleines, verlorenes Kind ist. Das Statuarische ist sein Abwehrmechanismus gegen Leid und Enttäuschung, die es zu erfahren glaubt, sobald es seine kindliche Sehnsucht nach Liebe und Verständnis ausdrückt. Außerdem ist es sein verzweifelter Versuch, Zustimmung zu finden, indem es seine Gefühle opfert. Die Statue sagt stumm: Ich bin das geworden, was du gewollt hast; jetzt wirst du stolz auf mich sein und mich lieben! Diese Illusion läßt sich aber nicht mit der Realität des Lebens vereinbaren. Wer kann eine Statue wirklich lieben? Die Frustration und Enttäuschung, die der Mensch in dieser Pose erlebt, vergrößern seine Verzweiflung und führen zu der Illusion, die Pose müsse noch perfekter werden. Sie steigern auch die innere Angst davor, daß die Pose einmal versagt und daß dann die ihr zugrunde liegende Verzweiflung durchbricht und die Persönlichkeit vernichtet.

Dann und wann begegnet man einem Menschen, der tatsächlich wie ein Monster aussieht. Bei einem klinischen Seminar in meiner Praxis wurde ein junger Mann vorgeführt, dessen Äußeres unwillkürlich an Bilder von Frankensteins Ungeheuer erinnerte. Er hatte den gleichen steifen, mechanischen Gang, die gleichen eckigen Schultern, die gleichen tiefliegenden, leblosen Augen und den gleichen Gesichtsausdruck wie das Monster in den Frankenstein-Filmen. Die Ähnlichkeit war einfach verblüffend.

Überraschenderweise stellte sich jedoch heraus, daß der junge Mann das genaue Gegenteil von dem war, was man nach seinem Äußeren vermutete. Er war sensibel, intelligent und künstlerisch begabt. Eine Tiefenanalyse seiner Persönlichkeit zeigte, daß sein Äußeres so etwas wie eine Maskierung darstellte, die eine übergroße Sensibilität verbergen und schützen sollte. Unter seinem Äußeren war der Patient ein empfindsames und ängstliches Kind; er hatte sein ungewöhnliches Erscheinungsbild auf irgendeine Weise entwickelt, um sich vor der gefühllosen Welt zu schützen.

Das Monströse in menschlicher Gestalt ist der aufgegebene Körper, der – natürlich unbewußt – eine solche Form annimmt, um sich dafür zu rächen, daß sein Besitzer ihn leugnet. Die verschiedenen Ausdrücke, die ein Körper zeigen kann, werden von den Erfahrungen festgelegt, die er durchgemacht hat. Ein Mensch, dessen Körper marionettenhaft funktioniert, ist seit seiner frühen Kindheit zu diesem Verhalten konditioniert worden.

Das Monster hat im Gegensatz zum Dämon ein Herz aus Gold. Es ist, als wären alle negativen Gefühle in das Äußere geflossen, so daß das Innere rein und unberührt blieb. Alle meine Patienten, deren Äußeres als monströs bezeichnet werden konnte, hatten die Persönlichkeit eines unschuldigen Kindes. Das Dämonische setzt dagegen die Maske von Sanftheit und Güte auf. Wie das Kind sich hinter dem Monster versteckt, so versteckt der Teufel sich hinter einer engelhaften Fassade. In beiden Fällen haben wir es jedoch mit einer Spaltung der Persönlichkeit zu tun. Der normale Mensch ist weder Engel noch Teufel, weder Monster noch ängstliches Kind, weder Dr. Jekyll noch Mr. Hyde. Zu diesen Trennungen kommt es erst dann, wenn die Einheit der Persönlichkeit gespalten wird, so daß die Gegensätze Gut und Böse, zivilisierter Geist und animalischer Körper entstehen.

John Steinbeck hat das Phänomen des Monströsen in seinem Roman *Von Mäusen und Menschen* auf faszinierende Weise analysiert:

Lennie ist ein Riese mit den Gefühlen eines Kindes. Diese Diskrepanz seiner Persönlichkeit kostet ihn am Ende das Leben. Das Kind kann die Kraft des Riesen nicht kontrollieren, und der Riese kann die Gefühle des Kindes nicht ausdrücken. Als Lennie versucht, ein Kaninchen in der Hand zu halten, packt er zu fest zu und drückt es tot. Dann versucht er eines Tages, die goldenen Haare eines Mädchens zu streicheln. Es erschrickt über sein Aussehen so sehr, daß es schreit. Bei dem Versuch, es zu beruhigen, tötet er es unabsichtlich. Deshalb muß Lennie sterben.

Die Tragödie des Monsters liegt darin, daß sein Äußeres seine Sehnsucht besiegt. Sein Abwehrmechanismus isoliert es und kann zu seinem Untergang führen. Mich hat immer wieder die Tatsache beeindruckt, daß sich die klassischen Monster im Kino häufig als die wahren Helden erweisen. Der bucklige Glöckner von Notre-Dame ist ein besonders gutes Beispiel dafür. Das Herz des Monsters erbebt, wenn jemand auf sein stummes Flehen um Liebe und Verständnis reagiert und nicht vor seinem Äußeren zurückschrickt. Dann kann die unglaubliche Kraft des Monsters eine Macht zum Guten werden.

9 Die Physiologie der Panik

Die Maschine des Lebens verbraucht Energie. Viele klinische Anhaltspunkte stützen die Theorie, daß es schizoiden Menschen schwerfällt, eine ausreichende Energiezufuhr zu mobilisieren und aufrechtzuerhalten. Die psychomotorische Aktivität – verrichtete Arbeit, emotionale Reaktionsleistung und sexuelle Aktivität – ist ein gutes Meßinstrument für die Energieproduktion eines Menschen. Diese Energie-Indikatoren sind bei schizoiden Menschen gewöhnlich niedrig. Die Tatsache, daß schizoide Menschen auf Streß-Situationen wie Heirat, Berufswechsel usw. nicht angemessen reagieren können, läßt außerdem darauf schließen, daß sie es nicht schaffen, die zusätzliche Energie zu mobilisieren, die die größere psychische Belastung solcher Situationen erfordert. Die Häufigkeit, mit der psychische oder physische Erschöpfungszustände, Schlaflosigkeit oder völlig unbefriedigende sexuelle Aktivitäten zu einem psychotischen Schub führen, läßt erkennen, daß die Fähigkeit des schizoiden Ichs, den Kontakt zur Wirklichkeit aufrechtzuerhalten, von den unzureichenden Energiereserven seines Körpers untergraben wird.

Die Energie des Lebens wird aus Oxydationsvorgängen gewonnen, deren letzter Schritt in der Verbindung von Elektronen mit Sauerstoff besteht – entweder durch einen Prozeß, der oxydative Phosphorylisierung heißt, oder durch langsamere, aber direktere Übertragungsmechanismen. Welche Bedeutung der Sauerstoff für die Energieerzeugung des lebenden Organismus hat, liegt auf der Hand. Deshalb dürfte es sehr bezeichnend sein, daß die klinische Erfahrung den unmittelbaren Zusammenhang zwischen der schizoiden Störung und verminderter Atmungstätigkeit nachgewiesen hat.

Der schizoide Patient atmet nicht normal. Sein Atem geht flach, und er bekommt nicht genug Luft. Psychologen und andere Wissenschaftler, die mit Schizophrenen arbeiteten, sind bei entsprechenden Untersuchungen zu ganz ähnlichen Ergebnissen gekommen. R. G. Hoskins zum Beispiel beschreibt die Bedeutung des flachen Atmens so: ». . . die Folgen unzureichender Sauerstoffassimilierung gehören ganz bestimmt zur allgemeinen Ordnung der Schizophrenie-Symptome. Diese schließen ein: Einschränkung des Aufmerksamkeitsfeldes; subjektive Wiederholungstendenzen (›Perseveration‹); Apathie; Affektarmut, verbunden mit albernem Lachen; schlechtes Urteilsvermögen; Mißachtung von Gefahr; Verlust der Selbstkontrolle; Angst; Erregtheit ohne sichtbaren Anlaß; unkontrollierbare emotionale Ausbrüche; schleichender Verlust der Entschlußkraft und mangelnde Bereitschaft, Verantwortung zu tragen; Assoziationsschwäche; allmähliches Versagen der gesunden Urteilskraft und des Gefühls für die Angemessenheit der Dinge.«

Schizoide Patienten klagen über viele der Symptome, die in Hoskins' Liste erscheinen, aber sie sind sich natürlich nicht darüber klar, daß zwischen ihrer psychologischen Störung und ihren physiologischen Funktionen irgendein Zusammenhang besteht. Der Schizoide ist sich nicht einmal bewußt, daß er seine Atmung drosselt. Indem er seine Ansprüche an das Leben zurückschraubte, hat er seinen Körper an eine niedrige Stufe des Energiestoffwechsels gewöhnt. Die unzureichende Sauerstoffaufnahme wird im allgemeinen nicht einmal als Handikap gesehen. Hin und wieder kommt einem Patienten diese Hemmung aber spontan zu Bewußtsein, und er erklärt: »Ich merke, daß ich nicht atme.« Damit meint er, daß er nicht richtig durchatmet. Solche Beobachtungen werden häufiger, wenn man die Aufmerksamkeit des Patienten einmal auf seine Atemtätigkeit gerichtet hat.

Überraschenderweise äußern viele Patienten einen ausgesprochenen Widerwillen dagegen, tief zu atmen. Eine Frau, die ich behandelte, machte in diesem Zusammenhang eine Bemerkung, die meiner Ansicht nach auf viele schizoide Menschen zutrifft. Sie sagte:

Ich reagiere sehr empfindlich auf Gerüche, besonders auf Körpergerüche. Ich kann Parfüm bei anderen Menschen nicht ausstehen, und ich benutze auch keines. Deshalb atme ich nicht. Ich habe Angst, daß ich beim Atmen die Ausdünstungen und Gerüche anderer Leute inhaliere, daß sie in mich hineinkommen.

Der neurotische Mensch drückt oft die entgegengesetzte Angst aus. Er hält den Atem an, weil er befürchtet, sein »Geruch« könnte hinausgelangen, das heißt, er möchte andere Menschen nicht damit beleidigen. Diese Angst vor üblem Mundgeruch findet man bei vielen neurotischen Patienten, die keineswegs aus dem Mund riechen. Aber diese Angst vor Körpergerüchen und üblem Mundgeruch drückt das Gefühl aus, die Ausdünstungen des Körpers seien abstoßend und »schmutzig«.

Schizoide Menschen nennen häufig noch einen anderen Grund für ihren Widerwillen, tief durchzuatmen. Viele sagen, das Geräusch der durch die Kehle strömenden Luft sei widerwärtig. Atemgeräusche wurden von Patienten oft als »abstoßend«, »tierisch« und »unzivilisiert« bezeichnet. Viele assoziieren solche Geräusche unbewußt mit dem schweren Atmen beim Geschlechtsverkehr. Hörbares Atmen hat zur Folge, daß man sich seines Körpers bewußt wird, was der Schizoide ja gerade vermeiden will. Außerdem lenkt es die Aufmerksamkeit auf die physische Präsenz, die er peinlich findet. Eine Überlebenstechnik, die von vielen verzweifelten Menschen eingesetzt wird, besteht darin, unauffällig zu sein; sie hat keinen Erfolg, wenn man laut atmet. Ein weiteres schizoides Abwehrmanöver ist das Sich-tot-Stellen, das letztlich ebenfalls zu einer eingeschränkten Atemtätigkeit führt.

Der Hauptgrund für die reduzierte Atmung ist jedoch das Bedürfnis, unangenehme Körperempfindungen zu verhindern. Dieses Bedürfnis wird den Patienten erst bewußt, wenn im Verlauf der Therapie solche Empfindungen aufkommen. Das gilt besonders für Gefühle in der unteren Körperhälfte. Flaches Atmen verhindert, daß im Bauch, wo der Schizoide seine verdrängte Sexualität eingesperrt hat, irgendwelche Gefühle entstehen. Jeder Versuch, den Patienten zu lockern, trifft auf Widerstand. Er wendet zum Beispiel ein, das sei eine »schlechte Haltung« oder sehe »zu salopp« aus. Der erste Einwand ist leicht zu widerlegen, denn jede chronische Muskelverspannung belastet den Körper unnötig und verhindert gerade eine »gute« Haltung. Der zweite Einwand bedeutet, daß es »zu sexy« aussieht. Eine natürliche Haltung mit entspannter Bauchmuskulatur widerspricht außerdem der gegenwärtigen Mode, die schmale Hüften und flache Bäuche verlangt (und nichts weiter ist als eine Ablehnung der Becken-Sexualität zugunsten einer Mund-Brust-Erotik).

Zuerst kommt es dem Patienten unnatürlich vor, die Bauchregion zu entspannen, damit er tief, das heißt, bis zum Unterleib durchatmen kann. Er klagt dann über unangenehme Empfindungen, die sich in drei Gruppen einteilen lassen: Gefühle der Angst, Gefühle der Trauer und Gefühle der Leere. Ein Patient sagte mir: »Ich habe dann in meinem Bauch eine Todesangst. Ich habe dann den Wunsch zu weinen.« Tiefes Atmen, das auch den Unterleib erfaßt, setzt in der Tat oft ein angestautes Weinen frei, das jahrelang nicht »rauskommen« durfte. Patienten, die dann endlich geweint haben, berichten anschließend immer, daß es ihnen viel besser gehe. Das Gefühl der Leere, das dabei oft entsteht, schildert eine meiner Patientinnen in folgendem Brief:

> Ich hatte in letzter Zeit eine Menge Schwierigkeiten beim Atmen. Ich nahm zwei Stunden bei dem Gesangslehrer, von dem ich Ihnen erzählt hatte. Wunderbar. Ich glaube, ich habe etwas über mein Atemproblem dazugelernt. Erstarrtes Zwerchfell? Ich atme mit der Brust, und dabei habe ich das Gefühl zu ersticken. Er läßt mich beim Atmen den Unterbauch entspannen, damit ich mich von dort aus mit Luft fülle, und danach muß ich es umgekehrt machen. Ist das richtig? Wenn ja, habe ich mein Zwerchfell nie benutzt. Ich habe es dann immer wieder versucht. Es ist unangenehm (ich komme mir hohl vor), aber es scheint manchmal das Gefühl des Erstickens zu lindern.

Bei manchen Patienten ist das Gefühl der Leere im Bauch so beängstigend, daß sie vor dem Versuch zurückschrecken, tief – unter Einbeziehung des Unterleibs – zu atmen. Sie erklären, sie hätten in der Magengrube das Gefühl, der »Boden fällt heraus«. Das erstarrte

Zwerchfell ist wie die Tür zu einer Falle, bei deren Öffnen sie in einen Abgrund stürzen könnten. Ich erkläre diesen Patienten dann immer, das Leere-Gefühl beruhe auf der Verdrängung von sexuellem Gefühl (Becken-Gefühl), und wenn sie sich beim Atmen »lösten«, würden sie dieses Gefühl wiedererlangen. Wenn man solche Menschen beobachtet, hat man unwillkürlich den Eindruck, sie hingen zwei Meter über dem Boden an einem Sims und hätten Angst loszulassen, weil sie den Grund unter ihren Füßen nicht sehen können. Im ersten Augenblick des Fallens spüren sie dann die gleiche Panik wie ein Mensch, der dreißig Meter tief fällt. Wenn sie sich beim Atmen lösen und auf den Boden – im Körper der untere Beckenbereich – auftreffen, staunen sie über die aufkommenden Gefühle der Lust und Sicherheit. Dann werden sie sich bewußt, daß ihre Panik in ihrer Angst vor Sexualität und Unabhängigkeit wurzelte.

Das Atmungsproblem des schizoiden Menschen geht vor allem auf die Unfähigkeit zurück, die Lungen zu dehnen und genug Luft aufzunehmen. Wie schon erwähnt, ist seine Brust gewöhnlich schmal und verkrampft. Sie verharrt im allgemeinen in der Ausatmungslage, das heißt, sie ist relativ flach. Der Neurotiker dagegen leidet unter der Unfähigkeit, die eingeatmete Luft völlig wieder auszuatmen. Seine Brust ist gewöhnlich erweitert und zu sehr gedehnt und neigt dazu, in der Einatmungslage zu verbleiben. Dieser Unterschied spiegelt, allgemein gesagt, zwei unterschiedliche Persönlichkeitsmuster wider. Der Schizoide hat Angst, sich zu öffnen und die Welt aufzunehmen, während der Neurotiker sich davor fürchtet, sich gehenzulassen und seine Gefühle auszudrücken. Diese Unterscheidung zwischen dem schizoiden und dem neurotischen Atmen gilt freilich nicht für alle Fälle, und auch der oben erwähnte Unterschied zwischen den beiden Persönlichkeitstypen kann sich verwischen. Schizoide Neigungen wie die Trennung vom Körper und die Einschränkung der Atmungstätigkeit gibt es auch bei manchen neurotischen Menschen, und viele Schizoide weisen neurotische Symptome auf. In unserem Zusammenhang geht es aber weniger um klinische Unterscheidungen als um die Dynamik der schizoiden Trennung vom Körper.

Wenn der schizoide Patient tiefer atmet, beginnt sein Körper meist zu zittern, und es kommt zu Muskelkontraktionen. In seinen Armen und Beinen machen sich ein Kribbeln oder Jucken bemerkbar. Er fängt an zu schwitzen. Wenn ihn die neuen Regungen seines Körpers erschrecken, wird er manchmal ängstlich. Diese Angst hängt offenbar mit seiner Furcht zusammen, die Kontrolle zu verlieren oder »auseinanderzufallen«. Wenn die Angst zu groß wird, kann er in Panik geraten. Dann hört er auf zu atmen, um die Empfindungen zu verhindern, und erstarrt. Infolgedessen bekommt er keine Luft mehr, was natürlich jeden Menschen in Panik versetzen würde. Panik ist die unmittelbare Folge der Unfähigkeit, angesichts einer überwältigenden Angst zu atmen. Die Atemhemmung prädisponiert den Schizoiden dafür, jedesmal in Panik zu geraten, wenn in seinem Körper Gefühle aufsteigen. Deshalb sitzt er gleichsam in einer Falle. Wenn er bei der Therapie psychologisch auf die neue Erfahrung vorbereitet wird, kann das Ergebnis des tiefen Atmens wie eine Offenbarung all dessen sein, was das Leben zu schenken vermag. Auf diese Erfahrung reagierte ein Patient von mir so:

> Gott, ich konnte sogar fühlen, wie meine Haut zu Leben erwachte. Und meine Augen – erstaunlich, phantastisch! Ich habe das Gefühl, daß ich sie öffnen kann. Alles sieht heller aus. Und meine Beine sind locker! Sonst sind sie meist wie Steine oder wie die Saiten einer Geige.

Als ich ihn das nächste Mal sah, setzte er seinen Bericht fort:

> Nach der letzten Sitzung fühlte ich mich so lebendig in meinem Körper. Ich vibrierte überall. Ich brauchte ein oder zwei Stunden, bis ich gehen konnte. Es war, als lernte ich noch einmal laufen – auf entspannten Beinen. Ich hatte das Gefühl, ich sei geheilt. Das Dumme ist nur, daß es nicht länger als vierundzwanzig Stunden vorgehalten hat.

Das Atmungsproblem des schizoiden Patienten wird am deutlichsten sichtbar, wenn er aktiv ist – zum Beispiel, wenn er auf der Couch liegt und rhythmisch mit den Beinen tritt. Dann atmet er schwer und scheint nicht genug Sauerstoff in die Lungen zu bekommen, um diese Bewegung fortzusetzen. Er ermüdet schnell und klagt über Schwere in den Beinen und Schmerzen im Unterleib. Er macht die obere Hälfte seines Körpers ganz steif und trennt sie von der Tätigkeit seiner Beine. Seine Atmung hat nicht den gleichen Rhythmus wie seine Beine. Sein Atemmuster wird überwiegend kostal – das heißt, er atmet fast nur noch mit den Rippen –, sein Unterleib bleibt flach oder verkrampft sich noch mehr. Dieses Manöver hat zur Folge, daß in Zwerchfell und Bauchdecke Spannungen entstehen, die die vollständige Ausdehnung der Lungen in dem Augenblick verhindern, in dem mehr Sauerstoff benötigt wird. Der Patient muß daher lernen, seinen ganzen Körper mit der Bewegung »gehen« zu lassen.

Manche schizoide Patienten können aufgrund einer kompensatorischen Überentwicklung ihrer Brust länger mit den Beinen treten. Bei ihnen sind die Rippen nach außen gedrückt, und die Lunge kann deshalb mehr Luft fassen, ohne daß sie das Zwerchfell mobilisieren müssen. Es kommt dann zu einer sogenannten »Hühnerbrust«, weil das Brustbein wegen der chronischen Kontraktion des Zwerchfells und des geraden Bauchmuskels eingedellt bleibt. Dieser Zustand erlaubt eine überdurchschnittliche seitliche Ausdehnung der Lungen.

Die meisten Neurotiker werden in einer solchen Situation den sogenannten »zweiten Atem« entwickeln, der ihnen ermöglicht, die Anstrengung fortzusetzen. Dem schizoiden Patienten gelingt das normalerweise nicht, denn gerade der wichtigste Atemmuskel, das Zwerchfell, wird stark durch emotionale Belastungen beeinflußt.

Unmittelbar vor dem Einatmen dehnen sich Brust und Unterleib: Zuerst zieht sich das Zwerchfell zusammen und rutscht etwas nach unten, wobei es die Eingeweide ebenfalls nach unten und zugleich ein kleines Stück nach vorn schiebt. Die verlagerten Eingeweide finden in der neuen Stellung genug Platz, weil sich die Bauchhöhle nach vorn und hinten erweitert. Infolge der fortgesetzten Kontraktion des Zwerchfells um seine Mittelsehne werden dann die unteren Rippen etwas angehoben, wodurch sich der untere Teil der Brust erweitert. Das bewirkt wiederum eine Ausdehnung der Lungen nach unten und außen, weil sie in diesen beiden Richtungen den größten Spielraum haben. Dieser Vorgang heißt Zwerchfellatmung. Bei der Zwerchfellatmung nimmt man relativ mühelos relativ viel

Luft auf, und die meisten Menschen atmen darum so.

Bei fortgesetzter Muskeltätigkeit braucht man mehr Sauerstoff, um der Belastung standzuhalten. Dann treten zusätzliche Muskeln in Aktion: die Muskeln zwischen den Rippen, die kleinen Muskeln, die die Rippen mit Brustbein und Wirbelsäule verbinden, und die Scaleni oder Rippenhalter, die die beiden ersten Rippen zusammenhalten. Sie werden zusammen mit dem Zwerchfell mobilisiert und führen eine Erweiterung des oberen Brustraums herbei, schaffen also zusätzlichen Platz für die Ausdehnung der Lungenflügel. Dabei kommt es darauf an, daß das Zwerchfell weiterhin kontrahiert ist und die unteren Rippen fixiert, damit die oberen Rippen sich nach außen bewegen können. Der Ausdehnung der oberen Lungenpartien sind jedoch Grenzen gesetzt, weil sie am Hilus, der Eintrittsstelle der Blutgefäße und Bronchien, festsitzen und weil die beiden ersten Rippen sich nicht bewegen können. Dieser Vorgang heißt kostale Atmung (»Rippenatmung«) und dient normalerweise dazu, die Zwerchfellatmung zu ergänzen, wenn der Körper stark beansprucht wird und zusätzlichen Sauerstoff braucht. Wenn man nur kostal atmete, würde man nicht genug Sauerstoff bekommen. Im Gegensatz zur Zwerchfellatmung nimmt man bei der kostalen Atmung mit relativ viel Mühe relativ wenig Luft auf.

Der »zweite Atem« des Neurotikers beruht darauf, daß er den Zusatzmechanismus des kostalen Atmens mobilisieren kann, um seine Zwerchfellatmung zu ergänzen und zu vertiefen. Wenn die beiden Atemtechniken integriert sind, kann sich das Zwerchfell vollständig spannen und entspannen, und die Atmung wird so tief und ruhig, wie man sie bei Kleinkindern, Tieren und gesunden Erwachsenen beobachtet. Der Schlüssel zu dieser Atmung liegt in der Lösung aller Spannungen im Zwerchfell, die dem ganzen Körper gestattet, an den Atembewegungen teilzunehmen. Der Bewegungsablauf dieses völligen Durchatmens gleicht dem einer Welle – er beginnt beim Einatmen im Unterleib, wo die Amplitude am größten ist, und setzt sich dann nach oben fort, um beim Ausatmen umgekehrt, von der Brust zum Unterleib, zu verlaufen.

Der schizoide Mensch kann die Spannung in seinem Zwerchfell und seinen Bauchmuskeln nicht lockern. Sie hat die Aufgabe, seinen Unterleib »leer« oder »tot« zu halten; sie verhindert, daß Gefühle des Schmerzes, der Sehnsucht und der Sexualität ins Bewußtsein dringen. Die schizoide Atmung ist infolgedessen überwiegend kostal, es sei denn, der Betreffende atmet so flach, daß der Beobachter den Unterschied zwischen kostaler Atmung und Zwerchfellatmung kaum erkennen kann. Wenn der Schizoide mit der unteren Hälfte seines Körpers aktiv wird, zum Beispiel beim Geschlechtsakt oder beim Treten, nimmt seine Zwerchfellspannung zu. Deshalb muß er sich fast ausschließlich auf die Zusatztechnik des kostalen Atmens verlassen, wenn sein Sauerstoffbedarf größer wird.

Bei manchen Patienten wird dieses Phänomen so ausgeprägt, daß sie eine Atemtechnik benutzen, die ich als »paradox« bezeichnet habe. Beim paradoxen Atmen ist der Bewegungsablauf des Einatmens eher nach oben als nach außen gerichtet. Die Erweiterung der Brust wird durch ein Heben der Schultern unterstützt, wobei das Zwerchfell nach oben gezogen und das Bauchfell kontrahiert wird, also eine Verkleinerung der Bauchhöhle zur Folge hat. Manchmal beobachtet man, daß der Bauch beim Einatmen eingezogen und beim Ausatmen vorgestreckt wird. So atmet ein Mensch nur unter Streß. Das Paradoxe an dieser Atemtechnik liegt darin, daß man trotz des größeren Sauerstoffbedarfs, den die Streß-Situation erfordert, weniger Sauerstoff bekommt als im entspannten Zustand.

Die Unfähigkeit schizoider Menschen, zusätzliche Energie zu mobilisieren, um Streß-Situationen zu meistern, hängt also unmittelbar mit ihrer unzulänglichen Atmung zusammen. Sie atmen regelmäßig kostal, das heißt, sie benutzen eine Zusatz- oder Notfalltechnik, um ihren normalen Sauerstoffbedarf zu decken – ein ähnliches Phänomen wie der Einsatz des »Willens« bei alltäglichen Aktivitäten, die normalerweise vom Gefühl der Lust motiviert werden. Da der Schizoide schon im Alltag nur funktionieren kann, indem er seine Reserven anzapft, befindet er sich in einem ständigen physiologischen Alarmzustand, aus dem er nicht befreit werden kann, solange er eine Atemtechnik benutzt, die Notsituationen vorbehalten sein sollte. Selbst in den Fällen, in denen eine kompensatorische Überentwicklung des Brustkorbs größere Anstrengungen zuläßt, ist immer ein grundlegendes Gefühl der Panik vorhanden.

Die emotionale Bedeutung des schizoiden Atmens ist bei der paradoxen Atmung am deutlichsten zu erkennen. Nur wenn man

Angst hat, atmet man aufwärts, indem man Brust und Schultern hebt, den Bauch einzieht und die Atmung auf die obere Körperhälfte beschränkt. Vielleicht hält man auch die Luft an, oder der Atem geht schnell und flach. Wenn die Angst vorbei ist, seufzt man erleichtert, läßt die Brust nach unten sacken und streckt den Bauch vor. Wenn ein Mensch beim Atmen ständig die Brust hebt, die Schultern hochzieht und den Unterleib verkrampft, ist das ein deutliches Zeichen für verdrängte, unbewußte Angst. Die schizoide Technik des kostalen Atmens ist die physiologische Erscheinungsform dieser verdrängten Angst. Der Abwehrmechanismus gegen Angst und Grauen besteht in einer eingeschränkten Atmung: Wer wenig atmet, fühlt wenig.

Schizoide haben noch ein anderes Atemproblem. Es beruht auf Spannungen in Hals, Kehle und Mund, die so groß sind, daß viele Patienten klagen, sie hätten das Gefühl zu ersticken, wenn sie versuchten, tief zu atmen. Ihre Kehle verschließt sich, wenn sie »mehr Luft bekommen« wollen. Wenn man einen solchen Patienten auffordert, seine Kehle zu öffnen, um die Luft durchzulassen, bekommt er Angst. Er fühlt sich verwundbar, als habe er der Welt sein Innerstes geöffnet. Wenn die Angst im Laufe der Therapie beseitigt wird, so daß er die Kehle beim Atmen locker lassen kann, empfindet er das als angenehm, ja, lustvoll, ein Gefühl, das durch seinen ganzen Körper bis in seine Genitalien strömt. Das Erstickungsgefühl ist also darauf zurückzuführen, daß er unbewußt die Kehle zuschnürt, um bedrohliche Empfindungen »abzuwürgen«.

Die Spannungen in der Kehle des schizoiden Menschen hängen mit seiner Unfähigkeit zusammen, die starken Saugbewegungen eines gesunden Babys auszuführen. Wenn der Mund des normalen Kleinkinds greift und saugt, sind alle Kopf- und Halsmuskeln daran beteiligt. Wenn der Schizoide mit dem Mund nach der Welt greift, beschränkt sich diese Bewegung gewöhnlich auf seine Lippen und schließt Wangen, Kopf und Hals nicht mit ein. Wenn er in der Therapie die Fähigkeit erlangt, seinen ganzen Kopf bei dieser Geste zu mobilisieren, wird seine Atmung spontan tiefer, das heißt, das Zwerchfell beteiligt sich stärker daran. Der enge Zusammenhang zwischen Atmen und Saugen wird deutlich, wenn man sich vor Augen führt, daß die erste aggressive Bewegung des Säuglings darin besteht, Luft in seine Lungen zu »saugen«. Als sein nächster großer Schritt folgt dann, Milch in seinen Magen zu »saugen«. Das Saugen ist die Primärtechnik, mit der das Baby seinen Energiebedarf deckt. Jede Störung der Saugfunktion wird unmittelbare Folgen für die Atmung haben.

Margaret Ribble hat in ihrem Buch *The Rights of Infants* darauf hingewiesen, daß die unzulängliche Atmung vieler Säuglinge auf gehemmte Saugbewegungen zurückzuführen ist. Wenn man diese Bewegung fördert, kann das Kind automatisch leichter atmen. Babys, die von der Mutter gestillt werden, atmen normalerweise besser als Babys, die die Flasche bekommen, weil das Saugen an der Brust ein aktiverer Prozeß ist als das Saugen an einem Gummischnuller. Fast alle Patienten, die ich hatte, berichten über irgendeine Störung dieser lebenswichtigen Funktion in ihrer frühen Kindheit. Ihre diesbezüglichen Enttäuschungen und Frustrationen führten dazu, daß sie ihre Saugimpulse zurückdrängten und leugneten. Sie würgten das Verlangen nach oraler erotischer Befriedigung schon sehr früh in ihrem Leben ab, um zu überleben – aber es fehlte ihnen etwas. Diese infantilen Gefühle und Impulse werden wieder wach, wenn der Patient versucht, tiefer zu atmen. Und er reagiert, wie er es als Baby tat: Er würgt sie ab.

Atemübungen sind bei der Behandlung der schizoiden Störung kaum von Nutzen. Wenn der Patient mechanisch atmet, werden keine Gefühle hervorgerufen, und die positive Wirkung endet im selben Moment wie die Übung. Ein Patient wird erst dann spontan tief atmen, wenn seine Spannungen gelockert und seine Gefühle freigesetzt sind. Diese Gefühle sind Traurigkeit, Grauen und Feindseligkeit. Das Freisetzen findet statt, wenn die Trauer durch Weinen, das Grauen durch den Schreckensschrei und die Feindseligkeit durch Wutausbrüche geäußert wird. Alle diese Äußerungen, Weinen, Schreien und Wut, erfordern einen stimmlichen Ausdruck, der durch die Atemhemmung erschwert wird. Der schizoide Patient steckt dann wieder einmal in einem seiner Teufelskreise: Die Atemhemmung verhindert das Freisetzen von Gefühlen, und das Unterdrücken von Gefühlen bewirkt Atemhemmungen. Der Teufelskreis kann nur durchbrochen werden, wenn der Patient sich der Atemhemmung bewußt wird, das heißt, wenn er die Spannungen spürt, die ihn beim Atmen behindern, und wenn er bewußt versucht, sie zu lockern. Außerdem wird er aufgefordert, beim Atmen gutturale Laute von sich zu geben. Auf diese Weise kann man gewöhnlich ein Gefühl hervorrufen, das sich spontan in Weinen verwandelt, sobald der Patient völlig entspannt ist.

Beim ersten Weinen empfindet er häufig keine Traurigkeit. Während er tiefer atmet und seinen Unterleib am Atmungsvorgang beteiligt, beginnt er, leise zu weinen. Dieses Weinen ist eine automatische Reaktion auf die bisherige Spannung, wie beim Baby, das eine Enttäuschung mit Weinen beantwortet, ohne sich über die emotionale Bedeutung dieser »Antwort« klar zu sein.

Weinen ist ursprünglich eine konvulsive Reaktion auf Spannungen, bei der die Atmungsmuskeln mobilisiert werden, um die Spannungen zu lockern. Bei diesem Prozeß wird ein Ton erzeugt. Das beste Beispiel für diese ursprüngliche Reaktion ist der erste Schrei des Babys, nachdem sich die Spannung der Geburt gelöst hat. Er setzt die Atmung in Gang, genau wie beim Patienten in der Therapie. Bei allen Formen der Spannung gefriert der Organismus; durch das Weinen taut er auf.

Die Ausbildung des Ichs und die Entwicklung der motorischen Koordinierung führen dazu, daß der Mensch mit Zorn auf Gefühle der Frustration reagieren kann. Zorn zielt darauf ab, die Frustration zu beseitigen, während Weinen lediglich dazu dient, die Spannung zu lösen. Wenn die Frustration anhält, weil der Zorn blockiert oder wirkungslos ist, versucht man mit Hilfe des Weinens die Spannung zu lösen. Selbst Erwachsene weinen manchmal, wenn ihre Frustration allen Bemühungen zum Trotz, sie durch Zorn zu überwinden, andauert. Das Fortbestehen einer Frustration führt zu einem Gefühl des Verlusts und der Trauer, das schließlich mit dem Weinen assoziiert wird. An diesem Punkt bekommt das Weinen eine emotionale Bedeutung. Der Patient, der mit einem Gefühl der Trauer weint, ist in Kontakt mit seinen Gefühlen.

Ganz ähnlich kann Schreien von seiner bewußten Assoziation mit dem Grauen losgelöst sein. Das widerfuhr einem jungen Mann bei der Therapie. Sein Atmen war tiefer geworden, und auf meine Anweisung hin ließ er, während er auf der Couch lag, die Kinnlade nach unten fallen und öffnete die Augen, so weit es ging. Sein Gesicht zeigte daraufhin einen Ausdruck der Furcht, aber er war sich dessen nicht bewußt. Ohne irgendwelche Angst zu fühlen, stieß er jedoch einen lauten Schrei aus. Das Schreien hörte auf, als er die Augen etwas zumachte, setzte aber unwillkürlich wieder ein, als er sie erneut aufriß. Dieser Patient wurde sich im Laufe der Behandlung darüber klar, daß eine sonst nur latent vorhandene Furcht sich äußerte, sobald er die Augen ganz weit öffnete. Er spürte, daß es irgend etwas gab, vor dessen Anblick er sich fürchtete, irgendein Bild auf seiner Netzhaut, das noch zu verschwommen war, um es genau zu erkennen, das ihm aber nichtsdestoweniger Angst machte. Eines Tages wurde das Bild jedoch deutlich. Er sah die Augen seiner Mutter, die ihn haßerfüllt musterten, und er schrie wieder – diesmal aber vor Grauen. Wie er mir anschließend erzählte, hatte er den Eindruck, der Anblick hänge mit einem Erlebnis zusammen, das er mit ungefähr neun Monaten gehabt hatte: Er lag im Kinderwagen und schrie nach seiner Mutter. Als sie endlich kam, drückte sie ihren Zorn über die Störung mit dem haßerfüllten Blick aus, den er sah. Nachdem er sich dieser verdrängten Erinnerung bewußt geworden war, verschwand die Furcht aus seinen Augen.

Die Trennung zwischen Ausdruck und Wahrnehmung eines Gefühls läßt darauf schließen, daß ein Mechanismus des Leugnens abläuft. Ohne ein Gefühl der Trauer zu weinen, ohne ein Gefühl der Angst zu schreien und ohne ein Gefühl des Zorns zu toben, sind Zeichen dafür, daß sich das Ich nicht mit dem Körper identifiziert.

Energiestoffwechsel

Die Erzeugung von Körperwärme ist eine Funktion, die eng mit der Gesamtpersönlichkeit zusammenhängt. Diese Beziehung wird schon am Sprachgebrauch deutlich: Menschen werden als »warmherzig« oder »kalt« bezeichnet. Ein warmherziger Mensch hat Gefühle, ein kalter Mensch hat keine Gefühle. Mit dem Begriff »Wärme« kann auch das Menschliche schlechthin charakterisiert werden – wenn wir zum Beispiel von menschlicher Wärme im Gegensatz zur Kälte der Maschine sprechen. Allgemein gesagt, zeigt die schizoide Persönlichkeit der Welt »die kalte Schulter«, und ihr Fühlen beschränkt sich auf ein Minimum.

Bestimmte Emotionen steigern die Körperwärme, während andere sie sinken lassen. Uns wird heiß vor Wut, und wenn wir uns fürchten, bekommen wir eine Gänsehaut, das heißt, uns wird kalt vor Angst. Der Körper schmilzt vor Liebe und gefriert vor Entsetzen. Wir wissen alle aus persönlicher Erfahrung, daß diese Metaphern nicht nur bloße Redensarten sind, sondern ziemlich korrekte Beschreibungen der Vorgänge in unserem Körper. Wenn ein Mensch – zum Beispiel im Zorn oder bei der Liebe – sich aufregt, ändert sich sein Stoffwechsel: Er atmet tiefer, bewegt sich schneller, produziert mehr Energie. Infolge des beschleunigten Stoffwechsels steigt die Körpertemperatur. Gefühle wie Furcht, Verzweiflung, Grauen haben – selbst dann, wenn sie verdrängt werden – eine gegenteilige Wirkung. Die Kälte des schizoiden Menschen geht unmittelbar auf die Furcht oder das Grauen in seiner Persönlichkeit zurück.

Es gibt objektive Anhaltspunkte dafür, daß die Haut schizophrener Menschen eine niedrigere Temperatur aufweist als die Haut gesunder Menschen. F. M. Shattock stellte fest, daß ein erheblicher Prozentsatz von Psychotikern zyanotische Gliedmaßen hatte (blaue und kalte Hände und Füße bei Zimmertemperatur). Ein anderer Wissenschaftler, D. I. Abramson, beobachtete übermäßige Gefäßverengungen in den kleinen Arterien schizophrener Patienten, die der Kälte ausgesetzt wurden – und er registrierte eine Besserung dieses Zustands nach der Behandlung.

Es gibt auch Indizien dafür, daß Schizophrene zu einem niedrigeren Grundumsatz als normal neigen. R. G. Hoskins, der diese Funktion bei schizophrenen Menschen eingehend untersucht hat, erklärt: »Alles in allem waren und sind wir davon überzeugt, daß eines der bezeichnendsten Stoffwechselmerkmale der Psychose die ungenügende Sauerstoffaufnahme ist.«

Die Kälte des Schizophrenen und Schizoiden beruht auf einem gestörten Energiestoffwechsel. Seine niedrigere Hauttemperatur, seine übermäßige Gefäßverengung und sein verminderter Grundumsatz sind Indizien für infantile Reaktionen auf den Streß des Lebens. In seiner Reaktion auf Kälte gleicht er einem sehr kleinen Kind, das die zusätzliche Energie, die der Streß erfordert, nicht mobilisieren kann. Er hat die gleichen Bedürfnisse wie ein Baby: Er möchte gehalten, beschützt, gewärmt werden. Der Schizophrene (und, in geringerem Ausmaß, auch der Schizoide) ist, anders gesagt, nicht vollständig auf eine unabhängige Existenz vorbereitet. Sein Widerwille zu atmen und sein flaches Atmen drücken eine Tendenz aus, auf eine frühkindliche Stufe der Entwicklung zu regredieren.

Der Schizoide klammert sich an die Illusion, er könne nur dann überleben, wenn er eine Mutterfigur fände, die seine Bedürfnisse nach Wärme, Schutz und Sicherheit befriedigt. Das Durchschneiden der symbolischen Nabelschnur, die ihn mit diesem Mutterbild verbindet, ist gleichbedeutend damit, daß man ihn in eine Welt stößt, die er als kalt, feindselig und unsicher betrachtet. Diese infantile Abhängigkeit erschreckt viele Eltern, wenn sie ihnen bei ihren vermeintlich erwachsenen Kindern auffällt. Ich höre immer wieder die elterliche Klage: »Er tut so, als ob die Welt ihm einen Lebensunterhalt schuldet.«

Die logische Folge dieses Phänomens besteht darin, daß Unabhängigkeit im schizoiden Menschen ein Gefühl der Panik wachruft. Er muß auf seinen eigenen Füßen stehen, und das empfindet er als ein Alarmsignal, das Notmaßnahmen erfordert. Diese Maßnahmen sind: 1. kostales Atmen; 2. eine Neigung zu närobischem (sauerstofffreiem) Stoffwechsel; 3. eine Herabsetzung der Motilität oder Beweglichkeit.

1. Über die kostale Atmung haben wir bereits im ersten Teil dieses Kapitels gesprochen. Zusammenfassend kann man sagen: Der Schizoide ersetzt die Zwerchfellatmung durch kostales Atmen und bekommt deshalb nicht genug Sauerstoff.

2. Unter Streß kann dieser Sauerstoffmangel zu anärobischem Stoffwechsel (der Freisetzung gespeicherter Energie ohne Sauerstoffzufuhr) führen. Diese Stoffwechselform ist eine wenig wirksame Methode der Energieproduktion und wurde von J. S. Gottlieb und seinen Mitarbeitern als »die Alarmreaktion« bezeichnet, »da sie offenbar in Notlagen als energieproduzierende Reaktion ausgelöst wird«. Die genannten Forscher fanden auch heraus, daß diese Art des Stoffwechsels typisch für chronisch Schizophrene ist.

3. Die reduzierte Motilität ist eine Notmaßnahme, um Energie zu konservieren. Normalerweise wird die Motilität im Wachzustand

herabgesetzt, um die Sensibilität zu steigern und genügend Energie zum »Kämpfen oder Fliehen« mobilisieren zu können.

Beim schizoiden Zustand werden diese Notmechanismen jedoch häufig zu »normalen« Reaktionsmustern, weil der Schizoide seinen Alltag als ständigen Kampf ums Überleben betrachtet. Deshalb hat er im Falle einer echten Krise keine Reserven, auf die er zurückgreifen könnte. Hoskins zog nach seiner Untersuchung über die biologischen Vorgänge bei Schizophrenen das Fazit: »Es scheint fast so, daß die gewaltige Anstrengung, die zur organischen Anpassung nötig ist, dem Patienten nicht genug Energie für die Anpassung im sozialen Bereich übrigläßt.«

Im dritten Kapitel habe ich darauf hingewiesen, daß schizoide Menschen all ihre Energie einsetzen, um sich »zusammenzuhalten«. Ihr Muskelsystem ist erstarrt, damit die Integrität ihres Organismus gewahrt bleibt. Sie sind auf ihren Willen angewiesen, um sich ein gewisses Selbst-Gefühl zu erhalten, während normalerweise der Wille ein Zusatzmechanismus ist, der Notsituationen vorbehalten bleibt.

Motilität

Man erkennt die besondere Physiologie des schizoiden Verhaltens auch bei einer Analyse der Körperbewegungen. Der Begriff »Motilität« oder Beweglichkeit bezeichnet die Fähigkeit lebender Organismen, sich spontan zu bewegen. Die Beweglichkeit eines lebenden Organismus ist Ausdruck des gesamten Lebensprozesses. Wenn dieser Prozeß – wie bei der schizoiden Persönlichkeit – gestört ist, werden bestimmte Verzerrungen der Motilität sichtbar.

Der Schizoide zeigt entweder eine herabgesetzte Motilität oder eine rastlose Hyperaktivität. Die reduzierte Motilität – sparsame Gestik, maskenhafter Gesichtsausdruck, mangelnde Spontaneität – ist typisch für Schizoide, die gewöhnlich »auf Distanz« und in sich zurückgezogen leben. Sie setzen ihre Arme und Hände – zum Beispiel beim Reden – kaum als Kommunikationsmittel ein. Dieser Mangel an expressiven Körperbewegungen ist einer der Gründe dafür, daß man oft das Gefühl hat, der Schizoide sei nicht ganz »da«.

Die verminderte Motilität des Schizoiden läßt sich auch als partieller Schockzustand interpretieren. Paul Federn hat die Depersonalisation oder völlige Trennung vom Körper mit einem solchen Schockzustand verglichen. Alles, was wir bisher über die Physiologie des schizoiden Menschen gesagt haben, stützt diesen Vergleich: niedriger Grundumsatz, flaches Atmen usw. Die physische Starre des schizoiden Körpers ist ein Versuch, den Schock abzuwehren und ein gewisses Maß an Integrität und Funktionsfähigkeit zu wahren.

Der schizoide Schock läßt sich am besten als eine Reaktion auf Zurückweisung und Preisgabe interpretieren. Er ist eine Antwort auf ein frühkindliches Erlebnis und wurzelt in der Fixierung auf jenes Entwicklungsstadium. Der Schizoide ist – wie alt er auch sein mag – zugleich ein sprachloses Kind und ein weiser alter Mensch, der die Erfahrung des Kämpfens, des Leidens und der Todesnähe kennt. Die Todesangst des Schizoiden werden wir im nächsten Kapitel behandeln. Im Augenblick geht es uns um den Zusammenhang zwischen dem Schockzustand, dem unbewußten Zustand der Panik und dem bewußten Gefühl der Verzweiflung.

Der Schockzustand ist dafür verantwortlich, daß die Körperbewegungen eines schizoiden Menschen oft etwas Automatenhaftes haben. Wenn er sich bewegt, sieht er häufig aus wie ein Roboter. Einem meiner Patienten fiel das selbst auf. Er sagte: »Als ich die Straße entlangging, erblickte ich plötzlich mein Spiegelbild in einem Schaufenster, und ich sah aus wie ein hölzerner Soldat« – wie ein »geschockter« Soldat, der ungeachtet der Panik in seinem Inneren in den sicheren Tod marschiert.

Hyperaktivität beobachtet man häufig bei Schizoiden mit paranoiden Tendenzen, die ihre Gefühle impulsiv »ausreagieren«. Ihre Bewegungen sind fahrig, unangemessen und hektisch. Sie werden oft begleitet von emotionalen Ausbrüchen, deren Heftigkeit in keinem Verhältnis zum Inhalt des Gesagten steht. Solche Bewegungen sind Ausdruck der Unfähigkeit eines solchen Menschen, seine innere Erregung zu zügeln und zu kontrollieren. Die folgende Beschreibung einer Patientin ist ein gutes Beispiel für rastlose Hyperaktivität:

Ich hatte das Gefühl, ich spielte irgendein Spiel. Es war sehr schnell und sehr intensiv und machte alle Leute in meiner Umgebung nervös. Sie hielten mir meine ungezügelte Energie vor. Aber ich mußte einfach weitermachen. Ich mußte weiterreden, und meine Vorstellungen wurden ganz abstrus. Ich redete hektisch und schnell, anscheinend auf hohem intellektuellem Niveau. Jetzt ist mir klar, daß ich es tat, damit nichts an mein Inneres herankam.

Diese Frau beeindruckte mich während der ersten Sitzungen mit ihrer augenscheinlichen Wärme. Sie schien mit viel Gefühl zu sprechen. Ihre Hände waren warm und feucht; ihre Haut fühlte sich warm an. Ich merkte aber bald, daß dieses Phänomen nur oberflächlich war. Die Körperwärme beruhte auf ihrer Hyperbeweglichkeit, die wiederum eine Reaktion auf ein tiefes Frustrationsgefühl war. Sie berichtete, daß sie beinahe verrückt wurde, wenn es ihr nicht gelang, einen Orgasmus zu erreichen:

Danach schrie und rief ich. Dann brach ich zusammen und schluchzte zwei oder drei Stunden lang, aber anschließend fühlte ich mich entspannt und wieder friedlich. Oder ich machte einen sehr langen Spaziergang oder lief mehrere Hügel hinauf. Ich ritt sehr viel. Ich nahm das schnellste Pferd und trieb es wie wild an. Ich kümmerte mich nicht darum, ob das Pferd mich abwerfen würde. Ich hatte das Gefühl, ich müßte etwas überwinden, etwas müßte hinausflutschen oder gelöst werden, und deshalb ritt ich bis zur Erschöpfung.

Als sie mehr Einblick in ihre Persönlichkeit gewann, bemühte sie sich, ihre Aggression zu kontrollieren und zu steuern, ihre Wut zu zügeln und mit dem »Ausagieren« Schluß zu machen. Das blieb nicht ohne Einfluß auf ihren Körper. Ihre Hände wurden kalt; selbst ihr Gesicht nahm eine andere Färbung an. Sie bemerkte:

Mein Gesicht war früher viel wärmer. Ich erinnere mich nicht, daß ich jemals blaß war. Die Leute pflegten sonst immer Bemerkungen über meine rosigen Wangen zu machen. Ich habe festgestellt, daß meine Hände dünner geworden sind. Ich habe jetzt mehr Gefühl in ihnen. Ich habe seit einiger Zeit Angst davor, alle diese Dinge über mich herauszufinden. Früher habe ich gedacht, ich sei einfach ein emotionaler Mensch.

Ihre Beobachtungen stützen die These, daß der Paranoiker seine innere Kälte mit Hyperbeweglichkeit maskiert. Das würde auch erklären, weshalb objektive Messungen von physiologischen Funktionen schizophrener Menschen oft ein widersprüchliches Bild ergeben, und weist auf einen unmittelbaren Zusammenhang zwischen Motilität und Körpertemperatur hin.

Die Hyperaktivität des paranoiden Menschen ist ein »Davonlaufen« vor dem eigenen Körper und seinen Gefühlen. Der Paranoiker ist dauernd auf der Flucht oder dauernd kampfbereit. Seine ausgeprägte Neigung davonzulaufen (oder aus dem Häuschen zu geraten) äußert sich in bestimmten Körperhaltungen. Seine hochgezogenen Schultern, die ihn vom Boden fortzuziehen scheinen, erinnern irgendwie an einen ängstlich davonflatternden Vogel. Am wichtigsten ist freilich sein mangelnder Kontakt mit dem Boden. Seine Impulsivität und sein verantwortungsloses Handeln weisen darauf hin, daß er nicht »mit beiden Beinen auf der Erde steht« oder nicht gut »geerdet« ist.

Der schizoide Mensch fühlt sich in vielerlei Hinsicht physisch und emotional nicht darauf vorbereitet, auf eigenen Füßen zu stehen – eine unreife Frucht, die zu früh vom Baum gelöst wurde. Er wird danach trachten, zur Quelle seiner Kraft, der Mutter, zurückzukehren. In seiner Sehnsucht, in die Arme genommen und festgehalten zu werden, wird er unbewußt dazu neigen, nach oben zu greifen, um sie zu erreichen. Seine Flucht ist nach oben gerichtet, fort vom Boden, fort von der Selbständigkeit. Man kann diesen Konflikt graphisch darstellen.

Der Weg nach oben ist durch ein unbewußtes Gefühl der Verzweiflung blockiert. Da der Schizoide das Kleinkind in seiner Persönlichkeit verdrängt hat, leugnet er die Sehnsucht, zur Mutter zurückzukehren. Die unerfüllte Sehnsucht verwandelt sich in Verzweiflung und schafft die Illusion, eines Tages, im erwachsenen Leben, werde

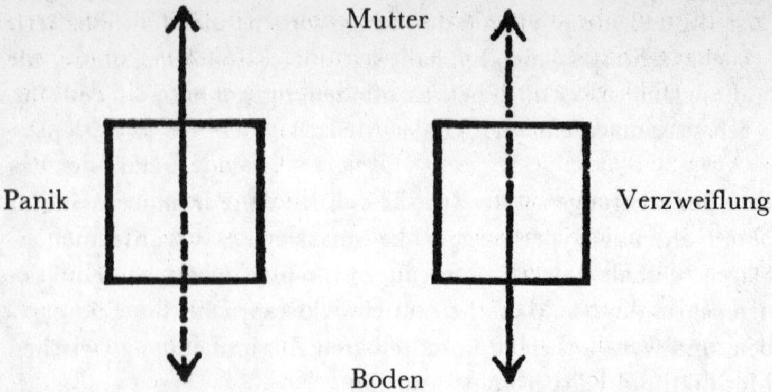

Abbildung 14: Der schizoide »Schwebezustand«

die Wiedervereinigung mit einer liebenden Mutter stattfinden. Diese Illusion verwandelt sein Mutter-Bild in die Vorstellung eines Sexualpartners. Gleichzeitig verhöhnen dämonische Kräfte die Illusion und zwingen ihn, der Notwendigkeit der Selbständigkeit ins Auge zu sehen.

Der Weg nach unten, zu einer unabhängigen Existenz, ist durch ein unbewußtes Gefühl der Panik versperrt. Er glaubt einfach nicht, daß seine Beine ihn tragen werden. Er verläßt sich lieber auf Notmechanismen. Er hat Angst vor dem Fallen, weil er in seiner Verzweiflung überzeugt ist, daß ihn keine liebevollen Arme aufheben würden. Unfähig, nach oben zu greifen, und unfähig, sich nach unten sinken zu lassen (sich zu lockern), findet der schizoide Mensch keine Ruhe und keinen Frieden. Er schwebt ständig in der Furcht, daß er es nicht schafft und niemand ihm helfen wird.

Der Schizoide lebt in einem Reich zwischen Realität und Illusion, Infantilität und Reife, Leben und Tod. Er weist seine Vergangenheit zurück, ist sich seiner Zukunft aber nicht sicher. Er hat keine Gegenwart, keinen Boden unter den Füßen. Da er Gefahren von innen fühlt und Gefahren von außen fürchtet, ist er vor Angst erstarrt bzw. ständig auf dem Sprung zur Flucht. In beiden Fällen ist er nie weit von einem Gefühl der Panik entfernt – und er weiß nie genau, welcher Knopf sie auslösen kann.

Aber so wie bestimmte Muskelreaktionen ein Gefühl der Panik hervorrufen können, kann das Lockern der Muskelverspannungen dieses Gefühl wieder beseitigen. Die Spannungen, die die Atmung behindern, sind in dieser Hinsicht am wichtigsten. Sobald man leicht atmen kann, verschwindet das grundlegende Gefühl der Panik. Entsprechend ändern sich die von einem unbewußten Gefühl der Verzweiflung herbeigeführten physiologischen Reaktionen, wenn ein Mensch seiner Verzweiflung ins Auge sehen kann. Sobald er sich von seinen Illusionen löst, wird er in Verzweiflung stürzen, aber er wird sich zu seiner Überraschung auf festem Boden wiederfinden, allein, doch nicht hilflos. Bei diesem Prozeß weicht die Panik, die sein »Schwebezustand« ihm aufzwang. Ganz allein wird er seine Identität mit seinem Körper entdecken, und wenn er dann fest »auf dem Boden der Tatsachen steht«, kann er lernen, als selbständiger erwachsener Mensch zu leben.

10 Essen und Schlafen

Zwang und Illusion

Zu jedem Psychiater kommen hin und wieder Patienten in die Praxis, die ständig mit ihrem Gewicht zu kämpfen haben oder die einfach nicht einschlafen können. Zwanghaftes Essen und die Unfähigkeit einzuschlafen sind Symptome einer inneren Verzweiflung, die unmittelbar darauf zurückgeht, daß man sich nicht oder nur ungenügend akzeptiert. Die Verzweiflung hört also nicht auf, wenn man eine Schlankheitskur anfängt – sie nimmt nur eine andere Form an. Man macht die Kur ebenso zwanghaft, wie man vorher gegessen hat, aber an der Verzweiflung ändert sich nichts.

Leute, die zwanghaft essen, nähren die Illusion, ihre nächste Abmagerungskur sei die letzte. Dann würden sie wieder ihre jugendliche Figur haben und bis ans Ende ihrer Tage behalten. Hinter der Schlankheits-Illusion versteckt sich nämlich die Illusion von ewiger Jugend. Welche Illusion hat aber der Schlaflose? Ohne sich darüber klar zu sein, bildet er sich ein, wenn er wach bliebe, könnte ihm nichts passieren. Er klammert sich an sein Bewußtsein, als wäre es sein Leben. Und es passiert tatsächlich nichts: Er schläft nicht ein. Es gibt jedoch noch eine »moderne« Schlaf-Illusion – die Illusion von der Schlaftablette. Man bildet sich ein, man könne einfach nicht einschlafen, ohne eine solche Tablette genommen zu haben. Daß diese Abhängigkeit eine Illusion ist, läßt sich in vielen Fällen ganz leicht demonstrieren. Man ersetze die Schlaftablette durch ein wirkungsloses Placebo (ein Scheinmedikament), und der Patient wird genauso einschlafen, als hätte er die »richtige« Tablette genommen. Ich habe das bei verschiedenen Patienten ausprobiert, die angeblich auf Schlaftabletten angewiesen waren, und es funktionierte. Man kann die Schlaftablette als einen Ersatz für den Teddybär oder die Puppe betrachten, die der Patient umklammerte, wenn er als Kind einschlief. Diese Gegenstände waren wiederum ein Ersatz für die Mutter, die er gern nahe bei sich gehabt hätte.

So birgt jede Illusion ein Körnchen Wahrheit, aber hinter jeder Illusion lauert auch ein Teufel, der sich in das Gewand der Vernunft kleidet und den Menschen dazu verführen will, seinen unmittelbaren Begierden nachzugeben. »Los«, sagt er, »iß die Schokolade. Ein kleines Stück Schokolade kann doch nicht schaden.« Oder er rät: »Nimm heute abend eine Tablette. Dann wirst du besser schlafen, und morgen wirst du keine mehr brauchen.« Diese Logik ist schwer zu widerlegen. Ein kleines Stück Schokolade schadet tatsächlich nicht. Eine einzige Schlaftablette ist ungefährlich. Der Betreffende glaubt, die Tablette helfe ihm wirklich, besser zu schlafen. Der Teufel behauptet, für den Körper zu sprechen, und genau das verführt den Menschen, denn sein grundlegendster Instinkt besteht darin, die Wünsche des Körpers zu erfüllen. Die Stimme des Teufels entspringt jedoch verdrängten Gefühlen – aber das unerfüllte infantile Verlangen nach der Brust kann nun mal nicht mit Essen oder Schlaftabletten befriedigt werden. Die Illusion von oraler Befriedigung, die durch übermäßiges Essen wahr zu werden scheint, läßt das Essen zu etwas Zwanghaftem werden und führt schließlich zu einer ausgesprochenen Freßsucht.

Es gibt natürlich einen Zusammenhang zwischen Freßsucht und sexueller Frustration. Mit Frustration meine ich das Ausbleiben einer befriedigenden sexuellen Entspannung im Orgasmus. Dieser Mangel an sexueller Erfüllung führt oft zu übermäßigem Essen. Natürlich wird nicht jeder sexuell frustrierte Mensch freßsüchtig, aber das Gegenteil trifft immer zu, daß heißt, jeder Mensch, der von einer zwanghaften Eßgier beherrscht wird, ist sexuell unerfüllt. Ein sexuell befriedigter Mensch ist gewöhnlich frei von diesem neurotischen Drang. Ein Mensch, der mit seinem Körper in Kontakt ist, spürt dessen wahre Bedürfnisse und erfüllt sie auf vernünftige Weise.

Essen und Sexualität

Essen wirkt auf viele Menschen wie ein Sedativum. Es dämpft vorübergehend ihre Rastlosigkeit und lindert ihre Angst. Eltern geben ihren Kindern oft Süßigkeiten, um sie zu beruhigen bzw. ruhig zu halten. Da Essen in all diesen Fällen nichts mit Hunger und dessen

Befriedigung zu tun hat, kann es für das Kind eine ganz andere Bedeutung bekommen.

Eine Patientin von mir kämpfte über fünfzehn Jahre gegen ihre Freßsucht an, ohne sie besiegen zu können. Da ihr Gewicht für sie als Schauspielerin ein berufliches Handikap war, dachte sie viel über das Problem nach. Die Vorstellungen, die sie mit »essen« assoziierte, zeigen deutlich, wie tief die Zwanghaftigkeit ihres Eßverhaltens in ihrer Persönlichkeit verwurzelt war:

1. Es bedeutet, daß ich für mich selbst sorge. Ich habe mich immer irgendwie als Waisenkind betrachtet.
2. Essen ist eine Bejahung der Primärfunktion im Leben.
3. Essen ist mein einziges Vergnügen. Ich finde keine Freude und keinen Sinn im Leben, außer wenn ich esse.
4. Ich fürchte mich davor, Hunger zu haben. Ich fürchte mich davor, zu sterben, wenn ich Hunger habe.
5. Essen ist meine Antwort auf ein Gefühl des Verlustes – meiner Mutter und meiner Arbeit.
6. Ich sehe ein, daß Essen eine Negation meiner Sexualität ist.

Im Leben der meisten Kinder wird Essen schon früh mit Liebe und das heißt mit der Mutter als wichtigste Nahrungs- und Liebesspenderin assoziiert. Wenn das Kind ißt, drückt es Liebe aus; wenn es nicht ißt, lehnt es sich auf. Kinder erkennen häufig, daß sie sich an der Mutter rächen können, indem sie nicht essen. Meine Patientin hatte als Kind oft erlebt, daß ihre persönlichen Vorlieben und Abneigungen auf dem Gebiet des Essens entweder ignoriert oder als negative Reaktionen gewertet wurden. Ihre Auflehnung wurde jedoch im Keim erstickt. Sie mußte sich unterwerfen, um zu überleben. In ihrem Inneren assoziierte sie Essen weiterhin mit »Liebe« und »Mutter«. Das Zurückweisen von Essen bedeutete für sie, daß sie ihre Sehnsucht nach der Mutter leugnete und als Mensch auf eigenen Füßen stand.

Diese Frau hatte sich nie aktiv ums »Erwachsenwerden« bemüht. Sie sagte sogar, schon der Gedanke daran erfülle sie mit Panik – der Panik des schizoiden Menschen angesichts der Notwendigkeit, eine unabhängige Existenz zu führen. In ihrer Unfähigkeit, Wurzeln zu schlagen, und ihrer Angst, abgeschnitten zu werden, mußte sie ihre Verzweiflung durch übermäßiges Essen ausagieren.

Die Gedanken, die sie über die Bedeutung des Essens äußerte, waren Verzerrungen ihrer wahren Gefühle. Ihr zwanghaftes Essen war ein selbstzerstörerischer Akt, kein »Für-sich-selbst-Sorgen«. Jedesmal, wenn sie mehr als nötig aß, kam sie sich schuldig vor und war ganz verzweifelt. Dieses Essen war kein wahres Vergnügen. Es schenkte ihr nur dann ein gutes Gefühl, wenn es »die Spannung linderte«. Sie hatte ihr Leben lang nie Hunger gelitten – wenigstens keinen Hunger nach Nahrung. In einem tieferen Sinn litt sie allerdings Hunger – nach Liebe, nach Lust, nach dem Leben. Sie hätte ihren Appetit mit Freuden gezügelt, wenn sie geglaubt hätte, jene anderen Bedürfnisse befriedigen zu können. Ihr Essen war ein Ausdruck ihrer Verzweiflung.

Eines Tages sagte sie zu mir:

> Ich bin paranoid. Ich frage mich, ob die Leute mir feindselig gesonnen sind, ob ich sie töten werde oder sie mich. Ich habe aber Angst davor, diese Gefühle auszudrücken oder mich mit ihnen zu identifizieren. Ich trage den Kopf hoch, damit niemand merkt, daß ich paranoid bin. Ich habe Angst, daß man mich vergiftet, mir ein Messer in den Leib rennt. Ich weiß genau, daß die Leute über mich reden.
>
> Wenn ich dick wäre, würde mich niemand beachten, und mein Mann wäre nicht eifersüchtig und böse auf mich. Sein Zorn lähmt mich.

Ihre paranoiden Vorstellungen beruhten auf ihrer Angst vor der Sexualität. Um diese Vorstellungen zu verstehen, muß man sie im Kontext der ödipalen Situation interpretieren, bei der das Kind die Spitze des sexuellen Dreiecks Mutter-Vater-Kind bildet. Zwischen der Patientin und ihrem Vater hatte eine bestimmte sexuelle Anziehungskraft bestanden. Der Vater pflegte das kleine Kind zu zwingen, vor Gästen nackt herumzulaufen, um zu demonstrieren, daß es sich nicht seines Körpers schämte. Es ist also nicht überraschend, daß sie mir gegenüber erklärte: »Ich weiß genau, daß die Leute über mich reden.« Er pflegte jeden Abend ihren Schlüpfer zu untersuchen, um zu sehen, ob sie »sauber« war. Ihre Angst, man könnte ihr ein Messer in den Leib stoßen, offenbarte ihre Furcht vor einem sexuellen »Überfall« des Vaters. Das sexuelle Interesse, das der Vater an ihr nahm, hatte etwas Feindseliges und Sadistisches, das ihr furchtbare Angst machte.

Die Angst vor dem Vergiftetwerden kann dagegen als Furcht vor der Feindseligkeit der Mutter – wegen der Gefühle zwischen Vater und Tochter – gedeutet werden. Das Kind sieht die Mutter als eine eifersüchtige und zurückgewiesene Frau, die ihre Rivalin vernichten möchte. Die Patientin projizierte dieses Mutter-Bild auf ihren Ehemann. Das erklärt freilich nicht die Panik, die sie empfand, wenn sie ihren Mann auf der Bühne sah. Die Spannung, die sie dabei in ihrem Unterleib spürte, beruhte auf einem sexuellen Gefühl für ihn, das entstand, wenn sie ihn als Mann und nicht als Mutterfigur betrachtete. Die Unterdrückung dieses Gefühls rief die Spannung hervor.

Die Patientin wurde dick, um ihre Sexualität zu verleugnen und den damit verbundenen Gefahren aus dem Weg zu gehen. Indem sie den Kopf hoch trug, wollte sie zeigen, daß sie über so vulgäre Dinge wie Sex und die Aufmerksamkeit der Männer erhaben war. Die Sexualität läßt sich aber nicht so leicht leugnen. Mit so mancher Bewegung und Geste versuchte sie zu flirten und zu verführen, ohne sich dessen bewußt zu sein. Infolgedessen litt sie fortwährend unter der panikartigen Furcht, ihre sexuellen Gefühle würden zum falschen Zeitpunkt durchbrechen.

Paranoides Verhalten und übermäßiges Essen

Zwanghaftes Essen ist eine Form von paranoidem Verhalten. Der zwanghafte Esser agiert seine Frustrations-, Zorn- und Schuldgefühle aus, indem er »frißt«. Das übermäßige Essen dient dazu, sein Gefühl der Frustration zu vermindern, seinen Zorn auszudrücken und seine Schuldgefühle auf ein Ziel zu richten. Essen und Verschlingen sind infantile Methoden, Aggression auszudrücken. Die verdrängte Wut auf die Mutter findet auf diese Weise ein unbewußtes Ventil.

Die Frustration, die der Freßsucht zugrunde liegt, wurzelt darin, daß die Mutter das Bedürfnis des Babys nach oraler erotischer Befriedigung geleugnet hat. Die Wut entsteht, weil die »verführerische« Mutter die im Kind geweckten Erwartungen nicht erfüllen kann und will. Diese Mischung von Verlangen nach und Wut auf das geliebte Objekt führt zu einem überwältigenden Gefühl der Schuld, das so unerträglich ist, daß es in andere projiziert oder aufs Essen übertragen werden muß. Wenn die Übertragung vollzogen ist, steckt der Betreffende in einem Teufelskreis. Sein Schuldgefühl steigert seine Frustration und vergrößert seine Wut, was ihn dazu veranlaßt, noch mehr zu essen und sich noch schuldiger zu fühlen. Ohne ein Freisetzen dieses Schuldgefühls ist Freßsucht häufig nicht zu überwinden.

Im Unbewußten ist Essen ein Symbol der Mutterbrust, der wichtigsten Nahrungsquelle. Wenn das Verhältnis zur Mutter jedoch aufgrund ihres verführenden und zugleich zurückweisenden Verhaltens unerträgliche Schuldgefühle hervorruft, verlagert das Individuum seine Sehnsucht nach oraler Befriedigung auf den Vater. Dessen Penis wird zu einer Ersatz-Brustwarze und ebenfalls mit Nahrung identifiziert. Zwanghaftes Essen ist deshalb eine symbolische Einverleibung des Penis und, bei einem Mann, ein Hinweis auf latente homosexuelle Neigungen. Die Homosexualität wird durch übermäßiges Essen sublimiert. Am Ende verwandelt sich sexuelle Befriedigung in die verbotene Frucht, und die starken erotischen Gefühle der Kindheit werden verdrängt.

Folgender Fall eines Freßsüchtigen, der von einem meiner Kollegen behandelt wurde, veranschaulicht die Zusammenhänge zwischen verdrängten sexuellen Gefühlen, paranoidem Verhalten und übermäßigem Essen.

Der Patient, den ich Aldo nennen möchte, war ein junger Mann griechischer Herkunft, dessen Eltern in die USA kamen, als er zwei Jahre alt war. Aldo, bei Beginn der Behandlung fünfundzwanzig, 1,65 Meter groß und 97 Kilo schwer, war von Beruf Kellner, was sein Gewichtsproblem noch gravierender machte, denn er mußte um seine Stellung fürchten. Seine Pfunde behinderten ihn zwar bei der Arbeit, aber er wirkte trotzdem erstaunlich leichtfüßig. Das Fett saß bei ihm vor allem am Rumpf, an den Oberschenkeln und Oberarmen. Sein Gesicht, seine Hände und Füße waren klein, und sein

Hals war sogar überraschend mager. Auch seine Brust war schmal und dünn. Das Fett konzentrierte sich in der Taillen- und Hüftgegend, was die Partien – auch wegen seines nach hinten gezogenen Beckens – ausgesprochen weiblich wirken ließ. Er war sowohl dick als auch dünn, sowohl männlich als auch weiblich – kein Wunder, daß er mit seiner Identität Schwierigkeiten hatte, verzweifelt und einsam zu Hause saß. Er brachte es nicht über sich, ein Mädchen anzusprechen, und schämte sich bei sportlicher Betätigung. Sein übermäßiges Essen hatte zu intensiven Schuldgefühlen geführt, aber er war nicht imstande, seinen Appetit zu zügeln. Wenn er eine Abmagerungskur machte, nahm er ab, aber sobald sein Wille erlahmte, fing er wieder an, zuviel zu essen.

Kurz bevor Aldo zur Therapie kam, hatte er ein Erlebnis gehabt, das ihm bewußt machte, wie nötig er Hilfe brauchte. Ein halbes Jahr vorher war sein Vater gestorben. Anschließend hatte Aldo eine Abmagerungskur angefangen, die sein Gewicht erheblich reduzierte. Dann, auf einer Oster-Party, traten seine paranoiden Tendenzen deutlich zutage. Er hatte getrunken, fühlte sich »high« – und plötzlich bildete er sich ein, er könne Ereignisse voraussagen und sogar nach seinem Willen lenken. Ich fahre mit seinen eigenen Worten fort:

> Ich sah eine junge Frau in der Ecke des Zimmers. Eine Stimme sagte mir: »Sie gehört dir.« Also ging ich zu ihr und sagte: »Komm mit. Du gehörst mir.« Als sie nicht wollte, nahm ich ihren Arm und versuchte, sie mit fortzuziehen. Sie rief ihren Mann, der alles tat, um mich aufzuhalten.
>
> Das ergab für mich keinen Sinn. Sie gehörte mir und mußte mit mir kommen. Ich hielt ihren Arm weiter fest, während ich ihren Mann abwehrte. Dann schlug mich einer der anderen Männer und boxte mich nieder. Alle sahen mich feindselig an.
>
> Ich geriet in Panik. Ich hatte das Gefühl, meine Welt breche zusammen. Ich dachte, wenn ich mein Leben nicht in meine eigenen Hände nehmen würde, wäre ich verloren. Ich packte einen der Männer und schleuderte ihn mit übermenschlicher Kraft quer durchs Zimmer. Da sprangen alle anderen auf mich los und überwältigten mich. Sie hielten mich fest, bis ich mich beruhigt

hatte. Schließlich fuhren mich einige von ihnen nach Haus. Als ich am nächsten Morgen aufwachte, wußte ich, daß ich mich um Hilfe bemühen mußte.

Aldo nahm an, wenn er verstehen könnte, was jene Episode herbeigeführt hatte, würde er auch seine anderen psychischen Probleme – vor allem das des übermäßigen Essens – besser verstehen. Die Erfahrung seiner Kraft war für ihn eine Offenbarung. Er hatte sich immer für unterwürfig gehalten, voll Respekt vor Autoritäten und unfähig, sich durchzusetzen. Seine Unterwürfigkeit hatte offensichtlich eine verdrängte Gewalttätigkeit kaschiert und seine Aggressivität im täglichen Leben unterdrückt. Im Laufe der Therapie stellte sich heraus, daß der Tod seines Vaters und sein Gewichtsverlust zu seinem paranoiden Schub beigetragen hatten.

Während der Behandlung erinnerte Aldo sich an einen Vorfall aus seiner Kindheit, der den Zusammenhang zwischen seiner Gewalttätigkeit und seiner Sexualität deutlich macht. Er wurde sich dabei der inzestuösen Beziehung bewußt, die sich in seinen ersten Lebensjahren zwischen ihm und seiner Mutter entwickelt hatte: »Sie behandelte mich wie ihren Freund.« Dann fügte er hinzu: »Ich habe das starke Gefühl, daß ich meine Mutter und meinen Vater als Junge einmal zusammen im Bett ertappte und daß ich aus dem Fenster sprang, um sie zu trennen – um meinen Vater aus dem Bett zu treiben.«

Ob das wirklich geschah oder ob er es sich nur einbildete, spielt hier keine Rolle; wichtig ist die Intensität der ödipalen Situation. Aldo betrachtete seinen Vater als seinen Feind, aber gleichzeitig identifizierte er sich mit ihm. Er hatte das Gefühl, sowohl er als auch sein Vater würden von seiner Mutter herabgesetzt – sie war die beherrschende Figur im Haus. Er merkte, daß sie ihn ständig mit seinem Vater verglich und durchblicken ließ, der Vater sei ein Mann, der Sohn dagegen ein Nichts. Freilich war auch der Vater nicht imstande, die Mutter glücklich zu machen. Beide Männer waren Gegenstand ihrer Verachtung und ihres Spotts.

Aldos Beziehung zu seiner Mutter war vielschichtig. Sie ermutigte ihn in eben dem Maße zum Essen, indem sie seine Männlichkeit negierte. Sie dachte ständig an seine Nahrungsaufnahme und

Verdauung. Der Erfolg eines Tages wurde daran gemessen, wieviel er gegessen hatte und ob er regelmäßig aufs Töpfchen gegangen war. Wenn er auch nur einen Tag lang verstopft blieb, machte sie ihm einen Einlauf. Seine Mutter tat seinem Körper praktisch »an beiden Enden« Gewalt an, und sie zwang ihn, sich ihr zu unterwerfen. Gleichzeitig behandelte sie ihn aber auch wie ihren »Freund«.

Bewußt fürchtete Aldo sich vor seinem Vater und identifizierte sich mit ihm. Unbewußt haßte er seine Mutter und identifizierte sich mit ihr. Beide Elternteile benutzten ihn, um dem anderen eins auszuwischen; für beide war er die Verkörperung des anderen. Verständlicherweise gelang es Aldo unter diesen Umständen nicht, eine stabile Identität zu entwickeln.

Dick sein, hieß weiblich, unterwürfig und hilflos sein. Es implizierte mangelnde Willenskraft, Verwundbarkeit durch sexuelle Übergriffe und ein Gefühl der Verzweiflung. Einmal sagte er: »Die Angst davor, hilflos zu sein, einen Penis in den Mund geschoben zu bekommen oder vergewaltigt zu werden – das sind die Dinge, die mich verfolgen. Das Schlimmste, was meine Mutter tun könnte, wäre, ihre Brüste vor meinen Augen zu entblößen. Es ist ekelhaft.«

Dünn sein, hieß männlich sein, sich durchsetzen können und in der Gewalt haben. Um jedoch dünn zu werden, bedurfte es einer außerordentlichen Willensanstrengung (die ihn auch überaggressiv reagieren ließ und ihm das Gefühl gab, allmächtig zu sein). Aldo sagte: »Ich würde all meine Willenskraft dazu brauchen, aber im Augenblick habe ich diesen Willen nicht. Ich fühle mich überwältigt. Ich kann nicht die Zähne zusammenbeißen und zum Essen ›nein‹ sagen. Wenn es ums Überleben ginge, könnte ich sicher alles. Aber ich kann es nicht, nur um mich besser zu fühlen.«

Die genannten Alternativen – allein durch Willenskraft zu leben oder zu resignieren – waren beide unmöglich. Wenn der Wille allmächtig und zum obersten Wert wird, droht Schizophrenie. Schon seinem paranoiden Schub war ein Allmachtsgefühl vorausgegangen. Und sich mit seinem Gesicht und seinem Schicksal abfinden wollte er im Grunde auch nicht.

Aldo fehlte außerdem jede bewußte Lustmotivation. Er meinte: »Ich verdiene keine Lust, weil ich böse bin. In mir ist zuviel Haß.« Ein Mensch, der sich keine Lust zugesteht, weist schließlich auch seinen Körper zurück. Der daraus resultierende Mangel an lustvoller physischer Betätigung bewirkt eine infantile Abhängigkeit von Nahrung als einzigem Mittel körperlicher Befriedigung. Dieses regressive Verhalten ist nie frei von Schuldgefühl. Aldo aß und litt. Das Problem des Freßsüchtigen besteht darin, daß er glaubt, kein Recht auf Lust zu haben. Wenn der Mensch sich wieder das Recht zugesteht und die Fähigkeit erlangt, Freude und Lust zu empfinden, kann er seine Eßgewohnheiten besser steuern. Vom Lustprinzip bestimmtes Essen ist eine Freude und kein Zwang.

Aldos Körper war für ihn eine Quelle der Erniedrigung geworden, und er trennte sich deshalb von ihm. Er lebte, wie er es ausdrückte, »im Kopf«. Auf der erwähnten Oster-Party empfand er dieses Kopf-Leben ganz konkret: »Alles wirbelte durch meinen Kopf. Ich fühlte, wie er anschwoll. Ich hatte das Gefühl, er würde gleich explodieren.« Der Paranoiker spielt dann – im Gegensatz zum sich abtötenden Schizoiden – unter diesen Umständen »verrückt«. Wenn all seine Energie in seinen Kopf strömt, wird sein Ich zu stark aufgeladen, sein Wille erhält eine übermenschliche Macht, und sein Körper wird fähig zu Handlungen, die ihm normalerweise nicht möglich sind. Dann scheint der Paranoiker von einer Stärke und Kraft erfüllt zu sein, die nicht nur übermenschlich, sondern monströs-unmenschlich sind – wie bei Aldo, der plötzlich die Kraft besaß, einen Mann quer durchs Zimmer zu schleudern.

Die Zeichnungen Aldos erlauben weitere Einblicke in seine Persönlichkeit.

Abbildung 15 ist das Bild eines Monsters. Das Gesicht und der Korperbau des Mannes haben etwas Unmenschliches. Die Masse des Rumpfes ist über der Taille konzentriert, während Aldo vor allem unterhalb der Taille Fett angesetzt hatte. Außerdem ist der untere Teil der Gestalt, vor allem die Beine und Füße, nur skizziert, was darauf hindeutet, daß Aldo keine klare Vorstellung von diesen Partien besaß. In einem gewissen Sinn zeigt die Figur, wie Aldo seinen eigenen Körper in seinem Unbewußten sah und empfand: Die obere Hälfte ist übertrieben, um die Ohnmacht der unteren Hälfte zu kompensieren. Seine Unfähigkeit, die Hände zu zeichnen, zeigt seinen ungenügenden Kontakt zu diesen Körperteilen.

Abbildung 16, die Zeichnung einer weiblichen Gestalt, ist weni-

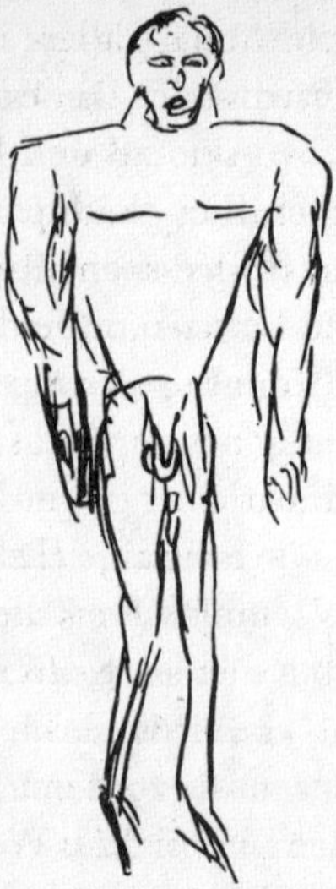

Abbildung 15

Abbildung 16

ger skizzenhaft – als hätte Aldo vom weiblichen Körper eine bessere Vorstellung gehabt als vom männlichen. Das Gesicht der Frau trägt einen lauernden, feindseligen Ausdruck. Mit dem auf das Genital deutenden Finger scheint sie zu sagen: »Sieh mal, was ich da habe!« Was sie hat, sieht aus wie ein phallisches Organ.

Mit dieser Gestalt kommen wir zu der Vorstellung von der phallischen Frau oder der Mutter mit Penis. Viele Jungen stellen ihre Mutter mit einem phallischen Organ dar, weil sie mit der Anatomie der Frau nicht vertraut sind *und* weil ihre Mutter ihnen gegenüber männlich handelt. Die phallische Mutter zwingt ihren Sohn zu einer unterwürfigen Haltung, agiert an ihm die Verachtung aus, die sie für ihre eigene Sexualität empfindet, und kastriert ihn gleichsam, indem sie seinen Körper als Objekt behandelt. Als Aldo die beiden Zeichnungen machte, bemerkte er: »Kastration ist mein Gewaltauslöser. Ich könnte wild werden.«

Das männliche Monster, das Aldo zeichnete, verkörperte den Wutaspekt seiner Persönlichkeit, der hinter der Fassade des rundlichen Körpers versteckt und verdrängt war. An der Oberfläche war Aldo ein unterwürfiger kleiner Junge. Er sagte einmal: »Solange ich nach den Prinzipien meiner Mutter handle, werde ich diesen fetten Hintern haben. Das bedeutet, ich muß meiner Mutter gefallen, um zu überleben.« Um der Mutter zu gefallen, unterwirft sich das Kind oft ihrer Forderung, das zu essen, was sie ihm vorsetzt.

Im weiteren Verlauf der Behandlung zeigte sich, daß Aldos paranoider Schub auf der Party von seinem unbewußten Versuch ausgelöst worden war, sich aus seiner »Sklaverei« zu befreien, indem er seine Rachegefühle an der Frau ausagierte. Er näherte sich der jungen Frau mit dem »Verlangen, Sex mit ihr zu machen, und aus einem sadistischen Bedürfnis heraus, meine Macht über sie zu testen«. Wäre sie unterwürfig gewesen, hätte er sie schlüpfrige Handlungen vornehmen lassen. Er wollte sie in ein »Stück Dreck« verwandeln und damit die Rolle spielen lassen, die er in seiner Beziehung zur Mutter gespielt hatte. Er wollte seine Männlichkeit durchsetzen, zwangsläufig auf unangemessene, abnorme Weise, denn das Ausagieren verdrängter sexueller Gefühle nimmt immer die Form des Perversen an.

Aldos Schwierigkeit bestand darin, daß die Lösungsalternativen, die sein Problem bot, unannehmbar waren: Er konnte sich weder mit seinem Körper und dessen erniedrigenden Phänomenen identifizieren noch den Körper leugnen und sich in paranoides Denken flüchten. Das erste war unerträglich; das zweite würde zu einer Katastrophe führen. Das unangenehme Gefühl in seinem Körper und dessen reizloses Aussehen ließen ihn seinen persönlichen Wert in geistigen Fähigkeiten suchen. Seiner Ansicht nach konnte die »Nichtswürdigkeit« seines Körpers durch die Allmacht des Geistes, die Vulgarität seines Körpers durch den Adel des Geistes und die Verseuchung seines Körpers durch die Reinheit des Geistes kompensiert werden. Kraft seines Willens wurde sein zurückgewiesener und verachteter Körper zu einem bloßen Werkzeug.

Es gibt zwei Arten, auf Situationen zu reagieren, bei denen der Körper als unannehmbar empfunden wird. Die eine besteht darin, den Körper »abzutöten«, sich in ein Schneckenhaus zurückzuziehen und seine Aktivitäten einzuschränken, die zweite, sich »nach oben« zurückzuziehen, sich durch eine Überidentifikation mit dem Ich und dem Willen über den Körper zu erheben – das ist der paranoide Mechanismus. Er führt zu Größenwahn (Megalomanie), Beziehungswahn (»Die Leute reden ständig über mich«) und Verfolgungswahn (»Alle sind mir feindlich gesonnen«).

Beide Tendenzen – »wild« zu werden oder sich »abzutöten« – sind bei allen schizoiden Persönlichkeiten mehr oder weniger ausgeprägt vorhanden. Der Erwachsene wird in seinen menschlichen Beziehungen so »ausagieren« oder manipulieren, wie seine Eltern sich in seiner Kindheit an ihm »ausagierten«. Wenn er sich als Kind zurückgewiesen oder verlassen fühlte, wird er als Erwachsener dazu neigen, sich zurückzuziehen und starr zu werden. Das Ausagieren kann auch übermäßiges Essen einschließen, wenn die Nahrungsaufnahme einer der Bereiche war, wo die Mutter das Kind manipulierte.

Aldo ging zwei Jahre lang einmal wöchentlich zu seinem Therapeuten. Die Behandlung zielte darauf ab, seine Identifikation mit seinem Körper wiederherzustellen. Er wurde ermutigt, sich stärker durchzusetzen und aggressiver zu sein: Er mußte mit den Beinen treten und auf die Couch einschlagen. Die Lösung der Zwerchfellspannung machte den Weg frei für die Lockerung der Spannung in seinem Magen. Infolge seiner Eßgier litt er fortwährend an Sodbrennen und Verdauungsschwierigkeiten. Wenn er versuchte, tief zu atmen, wurde ihm übel. Die Übelkeit zwang ihn, sich zu übergeben, was er zuerst als schwierig und abstoßend empfand. Er lernte jedoch, es ohne größere Widerstände zu tun, und es linderte sein Sodbrennen erheblich. Nichts konnte ihn jedoch davon abhalten, sofort nach der Sitzung erneut zu essen. Aldo beschrieb die Wirkung der Therapie so:

> Eine Stunde in der Woche wird man akzeptiert, verstanden und als der Mensch geschätzt, der man ist. Abgesehen von diesen tiefen Gefühlen, die für mich sehr wichtig sind, ist noch etwas mit meinem Körper passiert. Er sieht zwar nach wie vor genauso aus, aber die verschiedenen Übungen haben Gefühle in ihm hervorgerufen, die ich vorher nie gespürt habe. Jetzt fühle ich dauernd etwas in meinem Körper, intensive Gefühle, entspannte Gefühle, Brennen und Schmerzen. Ich bin imstande, meinen Tränen freien Lauf zu lassen – und doch die Kontrolle nicht zu verlieren. Ich glaube fest, daß mein Körper mir nicht wieder entgleitet. Ich

kann meine Beine, meine Füße und meinen Rücken fühlen. Ich bin mir eines Zusammenhangs zwischen meinen körperlichen Regungen und meinem Verhalten bewußt. Es ist, als sei etwas völlig Neues mit mir geschehen. Ich lebe immer noch im Kopf, aber ich kann nicht mehr von meinem Körper loskommen.

Während der Sitzung schlug sein Arzt Tauziehen mit einem zusammengerollten Badetuch als Übung vor. Sie versuchten es zweimal. Aufgrund seines Gewichtsvorteils konnte Aldo den Arzt in seine Ecke ziehen, aber nur mit großer Mühe. Anschließend atmete er schwer. Er sagte, er wundere sich, daß er gewonnen habe. Es war ihm vorher noch nie gelungen, bei einer Auseinandersetzung zu gewinnen. Er kam dem Sieg jedesmal nahe, aber wenn der Erfolg sicher zu sein schien, gab er auf und ließ den anderen gewinnen. Diese Erfolgsangst wurde als Furcht davor interpretiert, seinen Vater zu besiegen und seine Mutter in Besitz zu nehmen.

Der »Fall Aldo« zeigt den engen Zusammenhang zwischen mangelndem Durchsetzungsvermögen und übermäßigem Essen. Wenn »erwachsene Formen« der Aggressionen nicht verfügbar sind, greift der paranoide Mensch auf das Essen als primitivste Form der Selbst-Behauptung zurück, obwohl sich dieser »Ausweg« als selbstzerstörerisch erweist.

Aldo verlor während der Therapie nicht an Gewicht, aber im Jahr danach gelang es ihm, mit Abmagerungskuren und Gymnastik 22 Kilo abzunehmen. Er sagte, es habe keiner großen Willensanstrengung bedurft, denn er habe sich mit seinem Körper identifizieren und dessen Bedürfnisse bejahen können. Mein Kollege traf Aldo vier Jahre später noch einmal. Er hatte nicht wieder zugenommen und litt nicht mehr an Eßgier.

Ich möchte mit dieser Fallgeschichte nicht etwa den Eindruck erwecken, alle dicken Leute seien paranoid. Übermäßiges Essen ist jedoch eine häufige Methode, die Frustration auszuagieren, die in der Unfähigkeit eines Menschen wurzelt, seiner Entwicklungsphase entsprechende sinnvolle Befriedigung zu finden.

Das Gegenteil vom zwanghaften Esser ist der Mensch, der vom Schlankheitswahn besessen ist. Es ist heute modern, schlank zu sein. Der Schlankheitswahn ist eine Manifestation des Wunsches, jung zu wirken, und ein Ausdruck unserer Furcht vor dem Altern. Altwerden wird als Fluch und Unglück betrachtet. Da das Altern ein natürlicher Prozeß unseres Körpers ist, schwebt über jedem verzweifelten Menschen, der sich an die Jugend zu klammern versucht, ein Gefühl des unvermeidlichen Verhängnisses. Die Verzweiflung unserer Kultur läßt sich an der Tatsache messen, daß Jugend ihr höchster Wert geworden ist.

Leute, die abnehmen wollen, möchten schlank aussehen und sich »leicht« fühlen. Niemand ist gern schwer oder fühlt sich gern niedergedrückt. Ein Mensch, der seinen Körper als Last oder Bürde empfindet, denkt als erstes daran, eine Abmagerungskur zu machen. Wenn man das Gewicht des Körpers reduziert, bringt man seine Masse in ein besseres Verhältnis zur verfügbaren Energie. Das eigentliche Problem ist nämlich nicht das überschüssige Kilo, sondern der Mangel an Energie. Er ist verantwortlich für die Gefühle der Müdigkeit, Depression und Passivität, an denen so viele Menschen leiden. Das ist auch das Problem der schizoiden Persönlichkeit.

Im psychologischen Bereich spiegelt sich die Diskrepanz zwischen Masse und Energie in dem Gefühl wider, ein jugendlicher Geist sei gefangen in einem fremden und alten Körper. Der Körper fühlt sich schwer und aufgebläht an und bildet einen Widerspruch zu dem inneren Gefühl des Jungseins. Im emotionalen Bereich ist der betreffende Mensch wie ein Kind, das seinen reifen Körper als Bürde empfindet. Was ist natürlicher, als diese Bürde durch eine Schlankheitskur zu verringern? Aber so einfach funktioniert das nicht. Die biologischen Bedürfnisse gehen dahin, den Körper durch lusterzeugende physische Betätigung und richtiges Atmen zu mobilisieren. Man muß sich, psychologisch gesehen, mit seinem Körper identifizieren und emotional reif werden.

Die Befriedigung, die Hungerkuren vielen Menschen verschaffen, läßt sich auch durch die Identifikation Nahrung = Mutter erklären. Die Zurückweisung von Nahrung ist eine Zurückweisung der Mutter. Eine Abmagerungskur bietet also die Chance, die vermeintliche Feindseligkeit gegen die Mutter auf symbolische Weise auszuagieren: Mutter = Nahrung = Körper.

Schon die Redewendungen »in Schlaf fallen« und »in Schlaf sinken« weisen darauf hin, daß der Prozeß des Einschlafens ein Hinabgleiten von einer Stufe auf die andere beinhaltet. Die beiden Stufen sind natürlich das Bewußtsein und das Unbewußte. Man fragt sich unwillkürlich, warum die Verben »fallen« und »sinken«, die eine nach unten gerichtete, räumliche Verlagerung bezeichnen, mit dem Prozeß des Einschlafens verbunden wurden.

Die griechische Philosophie teilte den Körper in zwei Zonen. Der Teil über dem Zwerchfell wurde dem Bewußtsein und dem Tag assoziiert; der Teil darunter gehörte dem Unbewußten und der Nacht. Der Aufstieg der Sonne über den Horizont, der das Licht des Tages bringt, würde einem nach oben gerichteten Gefühlsstrom vom Unterleib in Brust und Kopf entsprechen. Dieser nach oben gerichtete Gefühlsstrom würde dann das Bewußtsein wecken. Beim Einschlafen verläuft der Prozeß genau umgekehrt. Der Sonnenuntergang entspricht dem Hinabgleiten des Gefühls von der oberen Körperhälfte in die Partien unter dem Zwerchfell. Dieses Konzept erklärt vielleicht die Redewendungen »in Schlummer sinken« und »in Schlaf fallen«. Das Erwachen wird oft als Aufsteigen – oder Emportauchen – aus der Tiefe empfunden; und der Übergang von Schläfrigkeit – gekennzeichnet durch »müde Augen« und einen »schweren Kopf«, den man kaum noch oben halten kann – zu Schlaf als »Absinken« vom Kopf in den Körper. Das Gähnen, oft als Ausdruck von Sauerstoffmangel interpretiert, ist zugleich ein Versuch, die normale Spannung der Kinnbacken zu lockern, damit sich der ganze Körper leichter entspannen kann. Im ersten Stadium des Übergangs wird man sich seines Körpers bewußt. Man fühlt seine Schwere, das heißt, seine Stofflichkeit und Masse. Man fühlt seine Beine und Füße, und oft fühlt man auch bestimmte Schmerzen intensiver. Man atmet tiefer und gleichmäßiger, fast wie ein Säugling oder ein Tier.

Im zweiten Stadium kommt es zu einem langsamen – manchmal auch ziemlich raschen – Verlust des Körper-Bewußtseins. Wenn der Schlaf nun nicht schnell eintritt, wird man sich vielleicht der inneren Organe, vor allem des Herzens, bewußt und spürt in verschiedenen

Körperteilen den Puls. Diese Empfindungen können sehr lebhaft werden, während Gefühl und Aufmerksamkeit von der Oberfläche des Körpers in sein Inneres zurückweichen. An irgendeinem Punkt dieses Prozesses erlischt dann das Licht des Bewußtseins, und man nimmt nichts mehr wahr.

Die Angst, die den Schlaf fernhält, macht sich oft in diesem zweiten Stadium bemerkbar. Sie scheint einerseits mit dem allmählichen Erlöschen des Bewußtseins und dem Gefühl des »Absinkens«, andererseits aber auch mit der verschärften Wahrnehmung der inneren Organe zusammenzuhängen. Das Gefühl des Sinkens und das Sich-bewußt-Werden von Herzschlag oder Puls sind für viele Menschen offenbar Gefahrensignale, die die Konzentration aller Schläfrigkeit zum Trotz reaktivieren. Man konzentriert sich nun auf diese Körper-Gefühle, die dann in der Stille der Nacht geradezu wie ein innerer Aufruhr empfunden werden. Man kann nicht einschlafen, bis der Aufruhr sich gelegt hat.

Natürlich hat nicht jeder Schlaflose in seinen unruhigen Nächten diese Wahrnehmungen oder Empfindungen. Um die Angst zu vermeiden, die er bei anderen Gelegenheiten erlebt hat, kämpft er unbewußt dagegen an, sich in seinen Körper sinken zu lassen. Er klammert sich, ohne sich darüber klar zu sein, an das Bewußtsein – und seine Angst verwandelt sich paradoxerweise in die Furcht, nicht in Schlaf fallen zu können. Da jede Angst ein Gefahrensignal ist, wird auch diese Angst seine körperliche Spannung und seine Bewußtheit im wahrsten Sinne des Wortes so lange wie möglich »wachhalten«.

Die Entwicklung des Bewußtseins schafft, wie Erich Neumann betont hat, die Kategorien Tag und Nacht, Licht und Dunkel, Geist und Körper. Das aus dem Bewußtsein hervorgehende Ich verbindet sich mit dem Tag, dem Licht und dem Bewußtsein, während die entgegengesetzten Konzepte Nacht, Dunkel und Unbewußtes zu Attributen des Körpers werden. Wenn das Ich sich vom Körper trennt, macht es seine Identifikation mit dem Körper rückgängig und erhebt sich zum Repräsentanten des Selbst. Der Körper mit seinen Attributen Nacht und Dunkel wird das Nicht-Selbst, der Tod. Das Hinabgleiten in das Unbewußte des Schlafs kommt einem symbolischen Abstieg in den Mutterschoß gleich. Das allmähliche

Erlöschen des Bewußtseins weckt die Furcht vor dem Tod und regt die Beschäftigung mit dem Tod an, die den Kern des schizoiden Problems bildet.

Eine meiner Patientinnen erzählte mir einmal einen Traum, in dem sie »lebhaft die Realität des Todes empfand – was es bedeutet, in die Grube gesenkt zu werden und dort liegenzubleiben, bis man sich zersetzt.« Dann fuhr sie fort:

> Ich begriff, daß mir das alles eines Tages widerfahren wird, wie es allen Menschen widerfährt. Als Mädchen konnte ich oft nicht einschlafen, weil ich Angst davor hatte, im Schlaf zu sterben und in einem Sarg zu erwachen. Ich würde in einer Falle sitzen; ohne Ausweg. In dem Traum bekam ich solche Angst, daß ich dachte, ich würde den Verstand verlieren. Dann wachte ich auf.

Träume vom Tod oder Sterben sind nichts Ungewöhnliches. Jeder Mensch trägt in sich das Bewußtsein um sein unvermeidliches Ende. In den Menschen, die einen starken Instinkt oder ein intensives Lebensgefühl besitzen, ruft das Wissen um den Tod jedoch keine Angst hervor. Wo die Impulsbildung – wie beim Schizoiden – aber geschwächt ist, wird die aus dem unterdrückten Fühlen erwachsene Angst mit der Todesvorstellung verbunden. Das ist ganz natürlich, weil der Tod den Verlust allen Gefühls darstellt. Der schizoide Mensch kompensiert seine Todesfurcht durch eine Überbetonung des Bewußtseins und des Ichs. Ich-Bewußtsein oder Egoismus wird zu einem Ersatz für Körper-Gefühl.

Es gibt für den oben geschilderten Traum noch eine andere Interpretation, die seine offensichtliche Bedeutung ergänzt: Schlaf ist eine symbolische Rückkehr in den Mutterschoß, eine Regression in das Urstadium des Unbewußten, das auch die Vorstellung vom Tod mit einschließt, so daß Grab und Mutterschoß verwandte Bilder sind. Die Patientin hatte geträumt, in einem Sarg zu erwachen, und dieses Bild läßt sich demzufolge als eine embryonale Erfahrung im Mutterschoß deuten: Das Ungeborene wurde von einem Gebärmutterkrampf überrascht, bei dem es nicht mehr genug Sauerstoff bekam und keinen Ausweg mehr sah. Wie ich bereits erwähnte, ist Sauerstoffmangel auch die physiologische Grundlage der Panik, die sich der Erwachsene als »in der Falle sitzen – ohne einen Ausweg« vorstellt. Alle Organismen reagieren mit Panik auf das Gefühl, in einer Falle zu sitzen, und alle Panikreaktionen führen zu Atembeschwerden. Dieser Zusammenhang erklärt, warum der Schizoide, der sich infolge seiner Unfähigkeit, tief zu atmen, ständig am Rand der Panik bewegt, so oft davon träumt, in einer Falle zu sitzen, und warum er die Falle mit dem Mutterschoß und den Mutterschoß mit dem Grab assoziiert.

Im Zwischenreich ist der Mensch in der Schwebe zwischen Leben und Tod. Das ist der typische schizoide Zustand, weder »hier« noch »dort«, weder Kind noch Erwachsener, nicht in der Realität verwurzelt und sich dennoch verzweifelt an das Bewußtsein klammernd. Für den schizoiden Menschen ist der Tag ein Kampf ums Überleben, doch die Nacht ruft das unbewußte Grauen hervor. Dieses erschien oft als Alptraum, wenn der Zensor, der die psychische Gesundheit hütet, in seiner Aufmerksamkeit nachläßt und die dunklen Kräfte des Körpers die Herrschaft übernehmen. Manchmal haben Patienten Angst vor dem Einschlafen, weil ihre Träume so furchterregend sind. Aber noch furchterregender als der Alptraum – das bildgewordene Grauen – ist der Abstieg in das Unbewußte und Unbekannte.

Die Furcht vor dem Unbekannten beruht auf der Furcht des Ichs vor dem Körper und dessen geheimnisvollen Prozessen. Das Tier mit seinem relativ unterentwickelten Ich kennt praktisch keine Furcht vor dem Unbekannten und keine Angst vor dem Einschlafen. Das Tier lebt das Leben des Körpers, ohne etwas vom Tod zu ahnen. Das menschliche Wesen, das unter seiner Selbst-Bewußtheit und dem Wissen um den Tod leidet, setzt den tierischen Zustand unbewußt mit dem Paradies gleich. Es sehnt sich danach, in diesen gesegneten Zustand zurückzukehren, und sei es nur im Schlaf, aber seine Furcht vor dem Körper und seine Panik vor dem Verlust der Ich-Kontrolle versperren ihm den Weg. Je mehr sich ein Mensch von seinem Körper entfremdet hat, um so größer ist seine Sehnsucht nach dem süßen Vergessen im tiefen Schlummer, doch um so mehr fürchtet er sich auch vor dem Übergang vom Wachen zum Schlafen.

Jede Tätigkeit, die den Kontakt eines Menschen zu seinem Körper intensiviert, fördert die Verlagerung der Kontrolle vom Ich auf den Körper. Eine befriedigende sexuelle Erfahrung ist selbstverständlich das natürlichste und wirksamste Schlafmittel. Und der Schlaf, der auf befriedigenden Sex folgt, ist im allgemeinen tief und belebend, denn lustvoller Sex intensiviert den Kontakt des Menschen mit seinem Körper und verlagert seine Gefühle in die untere Körperhälfte. Befriedigende Masturbation hat dasselbe Ergebnis, vor allem bei jungen Menschen. Im Säuglingsalter erfüllt das Stillen eine ähnliche Funktion, denn es lullt den Geist mit lustvollen Körper-Gefühlen ein. Das saugende Baby sinkt, den Mund an der Brust, im Schutz der ihm nahen Mutter, leicht in Schlaf.

Der Erwachsene bezieht die Gefühle der Sicherheit und Wärme, die der Säugling aus seiner Nähe zur Mutter gewinnt, durch angenehmen oder lustvollen Kontakt mit dem eigenen Körper. Da körperliche Tätigkeiten diesen Kontakt verbessern, helfen sie auch oft beim Einschlafen. Ich habe viele Patienten dazu gedrängt, vor dem Schlafengehen einfache gymnastische Übungen zu machen, um ihre Abhängigkeit von Schlaftabletten zu überwinden. Bei solchen Übungen kommt es darauf an, tiefer und regelmäßiger zu atmen, wodurch der Körper entspannt und von lustvollen Empfindungen erfüllt wird. In sehr vielen Fällen genügt schon das Atmen allein, während man im Bett liegt. Menschen, die sich nur begrenzt mit ihrem Körper identifizieren und beim Einsetzen körperlicher Empfindungen in Panik geraten können, sind diese Atemübungen aber nicht zu empfehlen. Für sie ist ein Programm mit leichten Gymnastikübungen vorzuziehen. Bei verzweifelten Menschen genügen diese einfachen therapeutischen Methoden natürlich nicht.

Die Angst vor dem Fallen – sei es vor dem Fall aus großen Höhen oder vor dem In-Schlaf-Fallen – hat eine nahe Verwandte: die Angst, sich zu verlieben. Der gemeinsame Faktor ist in allen drei Fällen ein Gefühl der Furcht, man könne die vollständige Kontrolle über den Körper einbüßen. Bei der Analyse stellt sich oft heraus, daß Patienten, die unter einer dieser Ängste leiden, auch für die beiden anderen anfällig sind. Bei der Liebe tritt das Ich seine Macht an den geliebten Menschen ab, und im Schlaf kapituliert das Ich vor dem Körper. Der gesunde Erwachsene begrüßt beide Erfahrungen, weil sie lustvolle Gefühle hervorrufen. Die Angst vor der Liebe beruht genau wie die Angst vor dem Schlaf auf der Furcht, die beim schizoiden Menschen mit der Kapitulation des Ichs oder mit dem Hinabgleiten des »Selbst« einhergeht. Bei der Liebe gleitet das »Selbst« vom Kopf ins Herz hinab.

Kleine Kinder lieben diese Gefühlsströme im Körper, die der Erwachsene oft als »sinkende Empfindungen« erlebt, und führen sie absichtlich herbei: beim Schaukeln, beim Schlittenfahren und anderen Vergnügungen. Das gesunde Kind liebt es, in die Luft geworfen und von den aufnahmebereiten Armen des Vaters oder der Mutter aufgefangen zu werden.

11 Ursache und Wirkungen

Wenn man einen Patienten auf ein bestimmtes körperliches Merkmal hinweist, entgegnet er oft: »Das liegt bei uns in der Familie.« Und: »Meine Mutter und meine Großmutter haben die gleichen kurzen Beine und dicken Oberschenkel. Es muß erblich sein.« Zweifellos gibt es Erbfaktoren, die Bau und Größe eines menschlichen Körpers bis zu einem gewissen Grad bestimmen, Kinder haben sehr oft Ähnlichkeit mit ihren Eltern. Diese Ähnlichkeit kann aber auch, wenigstens teilweise, auf einer Identifikation mit dem Vater oder der Mutter beruhen. Manchmal ist der Sohn das genaue Abbild seines Vaters, oder die Tochter gleicht aufs Haar der Mutter. Und oft stellt man dann fest, daß die »Ebenbilder« auch Denk- und Verhaltensweisen miteinander gemeinsam haben, und das läßt sich beim gegenwärtigen Stand der Forschung *nicht* mit Vererbung erklären.

Es ist schwer abzuschätzen, in welchem Ausmaß der Körperbau von erblichen Faktoren bestimmt wird, denn der Bau des Körpers ist nicht festgelegt und unveränderlich. Der Körper unterliegt im Laufe seiner Entwicklung zahllosen äußeren Einflüssen, die auf ihn einwirken und seine spezifischen Merkmale, seinen Ausdruck und seine Motilität ändern. Genau wie die Beschaffenheit des Bodens, die Menge des gefallenen Regens und die Sonnenscheindauer das Wachstum eines Baumes bestimmen, so wird sich die Art der Fürsorge, die einem Menschen als Kind zuteil wird, auf seine spätere Entwicklung insgesamt auswirken. Die Erfahrungen, die das Kind in den ersten Lebensjahren macht, in denen es vollständig von seinen Eltern abhängt, werden seine Reaktionen als Erwachsener notwendigerweise beeinflussen.

Diese Beeinflussung oder Konditionierung führt zu bestimmten neuromuskularen Reaktionen auf gegebene Reize. Das Kind lernt zu agieren und zu reagieren, indem es lernt, seine Muskeln zu kontrollieren und zu koordinieren. Mit der Zeit wird diese Kontrolle automatisch ausgeübt. Eine konditionierte Reaktion wird zu einer unbewußten Reaktion und entwickelt sich zu charakterspezifischen Verhaltensweisen. Charakter im Sinne eines festgelegten Verhaltensmusters wird deshalb von Art und Anzahl der Kontrollen bestimmt, denen die Muskeltätigkeit unterliegt. Die Muskeln, die diesen unbewußten Kontrollen unterworfen sind, sind chronisch gespannt und zu keiner Wahrnehmung mehr fähig. Wilhelm Reich hat die Funktion dieser spastischen Muskeln und ihre Wirkung auf die Persönlichkeit als »Panzer« beschrieben. Die Muskelpanzerung ist ein Abwehrmechanismus gegen die äußere Umgebung, aber sie dient auch dazu, gefährliche Impulse zu unterdrücken. Demnach ist der Charakter funktionell identisch mit dem Muskelpanzer, was Reich mit dem bildkräftigen Begriff des »Charakterpanzers« ausgedrückt hat.

Aus der Biologie wissen wir, daß die Form der Knochen durch die Beanspruchung der mit ihnen verbundenen Muskeln beeinflußt wird. Die Knochenbildung ist ein fortwährender Prozeß – in den ersten Jahren besonders intensiv, aber nie völlig abgeschlossen. Infolge der Muskelspannungen, denen der Körper unterliegt, ändert sich der Körperbau also ständig. Dieser Tatbestand rechtfertigt es, den Körperbau bei der Persönlichkeitsanalyse als wichtigen Faktor mit einzubeziehen. Er liefert auch eine Grundlage für den Versuch, den Körperbau durch das Lockern chronischer Muskelspannungen zu modifizieren.

Wenn Erblichkeitsfaktoren nicht für Muskelverspannungen verantwortlich sind, kann man ihnen auch nicht die Schuld an jenen Störungen geben, die auf chronisch verspannte Muskeln zurückgehen. Die Ursache und die Wirkungen der reduzierten Atmung, der eingeschränkten Motilität und der körperlichen Starre der schizoiden Persönlichkeit müssen in den Bedingungen ihrer frühen Kindheit gesucht werden. Wie weit sollen wir im Leben eines Menschen »zurückgehen«, um die konstitutionellen Faktoren zu entdecken, die ihn für diese oder jene Störung prädisponiert haben? Wir müssen zurückgehen bis zum Mutterschoß, denn um die Ursachen der schizoiden Persönlichkeitsstruktur zu klären, sollten auch pränatale Einflüsse berücksichtigt werden. Die Konstitution eines Menschen, das heißt das Grundmaterial seines Körpers, ist nämlich schon bei der Geburt vorhanden.

Wir haben den schizoiden Körpertypus bereits als asthenisch gekennzeichnet. Der Begriff »Asthenie«, von dem das Adjektiv »asthenisch« abgeleitet wurde, bedeutet soviel wie Kraftlosigkeit. Sie wurzelt in der Unfähigkeit, Energie und Gefühle zu mobilisieren und zur Befriedigung seiner Bedürfnisse einzusetzen. Dieser Aggressionsmangel wird durch das »Gefrieren« von Gefühl und Motilität hervorgerufen. Ich habe des öfteren darauf hingewiesen, daß der schizoide Körper, die natürliche Beweglichkeit des Organismus, »gefroren« ist. Das gilt selbst für die Fälle, bei denen das Ausagieren negativer und destruktiver Tendenzen die beherrschende Verhaltensweise ist. Man muß diese Tendenzen verstehen als das verzweifelte Bemühen, die innere Spannung und das innere »Eis« zu durchbrechen, die sich gebildet haben, als der Organismus noch in der Gebärmutter war.

Im dritten Kapitel habe ich den gefrorenen Zustand des schizoiden Körpers auf ein inneres Grauen zurückgeführt. Bezeichnenderweise ist dieses Grauen namen- und formlos und wird mit dem Dunkel assoziiert. Bei der Analyse vieler schizoider Patienten gelang es mir nicht, auch nur ein einziges Erlebnis nachzuweisen, das dieses Grauen ausgelöst haben könnte. Das veranlaßte mich zu der Annahme, es wurzele in Erfahrungen im Mutterschoß, die »namen- und formlos« waren.

Die neueren Arbeiten über die Ursachen der Schizophrenie konzentrieren sich weitgehend auf den Familienhintergrund. Man beschäftigt sich eingehend mit den Persönlichkeitsstrukturen von Mutter und Vater sowie den familiären Interaktionen. Wie J. A. Clausen und M. L. Kohn bemerken, wurden früher die Mütter schizophrener Kinder als »kalt, perfektionistisch, besorgt, überbeherrschend und restriktiv« charakterisiert, Menschen also, die nicht imstande sind, »dem Kind spontan Liebe zu schenken und es spontan zu akzeptieren«. L. B. Hill meint, die Mütter von Schizophrenen seien launisch und neigten dazu zu gefrieren, sobald etwas Unangenehmes zur Sprache komme.

Das unangenehmste Thema, das diese Mütter am häufigsten veranlaßt, innerlich zu gefrieren, ist offenbar Sex. Wie ich bei meinen therapeutischen Gesprächen mit ihnen bemerkt habe, sind sie sexuell unreif und stehen dem Mann feindselig gegenüber, obwohl diese Einstellung oft hinter einer Fassade sexueller Aufgeschlossenheit versteckt wird. Hill registrierte in den meisten Fällen, »daß die Mutter frigide oder ein unreifer Mensch ohne die Fähigkeit und Toleranz zu reifer psychosexueller Intimität mit einem anderen Menschen war«. Außerdem stellte er fest, daß Schizophrene von ihren Müttern beherrscht wurden und diese etwas gegen »Sex und Männer« gehabt hätten. Zwei andere Forscher, M. J. Boatman und S. A. Szurek, charakterisieren solche Mütter als sexuell teilnahmslos oder gleichgültig sowie »extrem ängstlich und gehemmt«, wenn es darum gehe, ihren Männern irgendwelche sexuellen Bedürfnisse einzugestehen. Viele von ihnen sind Alkoholikerinnen, andere von Schlaf- oder Beruhigungsmitteln abhängig.

Der grundlegende Defekt in der Persönlichkeit dieser Mütter liegt darin, daß sie der Realität aus dem Weg gehen. Sie sind verstrickt in ihre eigenen Konflikte, die sie nicht lösen können. Mit ihrer eigenen Verzweiflung beschäftigt, reagieren sie auf ihr Kind wie auf ein Bild oder Objekt. Ich hatte oft Gelegenheit, sowohl mit der Mutter wie auch mit dem Kind zu sprechen, und manchmal waren sogar beide gleichzeitig in Behandlung. Es überraschte mich jedesmal zu sehen, wie wenig die Mutter die Schwierigkeiten ihres Kindes verstand. Das Kind klagte unweigerlich über dieses fehlende Verständnis und reagierte deshalb negativ auf die Mutter. Hill beobachtete dasselbe Phänomen und kam zu dem Ergebnis, daß »sie [die Mütter] sich der Realität ihrer Kinder nicht bewußt sind«.

Wenn Schizoide ihre Mutter beschreiben, fällt unweigerlich das Wort »kalt«. Das bedeutet nicht, daß die Mutter sich nicht um das Kind gekümmert hat, aber ihre Fürsorge war egoistisch, ohne Rücksicht auf die Bedürfnisse des Patienten und ohne erkennbares Verständnis für seine Gefühle. Nach den Erfahrungen, die ich mit diesen Müttern gemacht habe, fehlt ihnen ein Gefühl der Wärme für das Kind. Ich habe erlebt, wie sie manchmal plötzlich unverhüllt feindselig und kalt handelten, um sich im nächsten Moment schuldbewußt, besorgt und fürsorglich zu zeigen. Eine solche Mutter ist einerseits überengagiert, andererseits jedoch abweisend, was auf ihre emotionale Kälte zurückzuführen ist, eine Kälte, der das Kind fortwährend ausgesetzt ist. Da die »Kälte« zur Persönlichkeit der Mutter gehört, besteht guter Grund zu der Annahme, daß das Kind ihr bereits im Mutterschoß ausgesetzt war.

Die schizoide Persönlichkeitsstruktur ist zurückzuführen auf einen »kalten« Mutterschoß. Eine Gebärmutter ist »kalt«, weil infolge der Trennung von der unteren Körperhälfte alles Gefühl aus ihr zurückgezogen wurde. Eine Frau, die Angst vor Sex hat und Männern feindselig gegenübersteht, tötet ihr Becken ab, um die mit Sex verbundene Angst zu reduzieren. Dieser Mechanismus der sexuellen Verdrängung hat einen Spannungszustand in Becken und Unterleib zur Folge, der sich negativ auf den Uterus auswirkt. Patientinnen, die an dieser Störung leiden, berichten oft über ein Gefühl der Leere in ihrem Bauch, das verschwindet, wenn sie schwanger werden. Der Embryo dient dazu, die Leere auszufüllen, aber er selbst hat nicht viel davon. Er muß sich gleichsam in unfruchtbarer Erde entwickeln, die nur selten von sexueller Erregung erwärmt wird.

Dieser Zustand hat zur Folge, daß der Embryo Energie von der Oberfläche seines eigenen Körpers abzieht. In meinem Buch *Physical Dynamics of Character Structure* habe ich diesen Prozeß mit dem Gefrieren einer Rohrzuckerlösung verglichen. Wenn die Lösung allmählich erstarrt, stellt man fest, daß die braune Farbe sich in der Mitte konzentriert, während die Peripherie der Lösung aus klarem Eis besteht. Die Mitte bleibt auch besonders lange flüssig, da die Kälte sich von außen nach innen bewegt. Ein ähnliches Phänomen widerfährt dem Embryo in einem »kalten« Uterus. Die freie Energie des Organismus strömt zur Mitte, während sich die Haut und die periphere Struktur zusammenziehen. Die Muskulatur, die nahe an der Oberfläche liegt und sich als eines der letzten Organsysteme entwickelt, ist dabei besonders anfällig. Was gefriert, ist also die Beweglichkeit oder Motilität des Organismus.

Leider sind in unseren Geburtenstatistiken Angaben über das äußere Erscheinungsbild und die Motilität des Neugeborenen nicht vorgesehen. Ohne diesbezügliche Daten kann man die oben dargelegte Theorie jedoch nicht beweisen. Ich habe als Student und später als Assistenzarzt eine ganze Reihe von Geburten beobachtet. Der Unterschied zwischen neugeborenen Babys ist manchmal enorm. Manche haben einen vollen Körper, schreien tüchtig, und ihre Haut ist fest und glatt. Andere sind klein und zerknittert und sehen aus wie Greise. Sie müssen erst zum Atmen angeregt werden. Bei entsprechender Pflege werden sie natürlich kräftiger, aber wie ihre Persönlichkeit sich entwickeln wird, bleibt dahingestellt. Aufgrund dieser Beobachtungen läßt sich sagen, daß viele konstitutionelle Merkmale schon bei der Geburt vorhanden und sichtbar sind.

In letzter Zeit hat eine Reihe von Autoren – zum Beispiel L. W. Sontag, Ashley Montagu und A. A. Honig – auf die Bedeutung pränataler Faktoren für die Entwicklung des Organismus hingewiesen.

A. A. Honig meint aufgrund seiner Arbeit mit regressiven Patienten, »daß selbst Reize, die während des Aufenthalts im Mutterschoß gefühlt werden, traumatisch sein können. Vielleicht beeinflussen die psychosomatischen Spannungen der Mutter den Embryo im Uterus.«

Die Theorie, daß die schizoide Veranlagung pränatalen Ursprungs sei, erhellt auch mehrere wichtige Elemente dieses Leidens: 1. Sie stützt die These von einem konstitutionellen Faktor, ohne auf die Vererbung zurückgreifen zu müssen. 2. Sie erklärt die »Verstrikkung mit dem Mutterschoß«, die oft als eigentliche Ursache des Leidens entdeckt wird. Die Redewendung »Verstrickung mit dem Mutterschoß« umreißt die Versuche schizoider Menschen, als Erwachsene parasitäre Beziehungen zu anderen herzustellen, und ihren Widerwillen, die »Nabelschnur« zu durchtrennen, die sie mit ihrer Mutter verbindet. Diese Tendenz ist beim schizophrenen Patienten ausgeprägter, macht sich aber bis zu einem gewissen Grad auch bei Schizoiden bemerkbar. Sie zeigt eine Fixierung auf die pränatale Phase, weil Bedürfnisse des Organismus in jener Phase nicht befriedigt wurden. Sie läßt außerdem vermuten, daß die Schwierigkeiten schizoider Menschen mit grundlegenden Körperfunktionen wie Saugen und Atmen auf einer unzulänglichen pränatalen Entwicklung beruhen. 3. Die Theorie liefert eine logische Grundlage für die Ansicht, daß die schizoide Störung nicht zuletzt eine Mangelerscheinung ist; Mangel an physischer Wärme in der Gebärmutter und Mangel an emotionaler Wärme im Leben nach der Geburt. 4. Wenn das schizoide Problem teilweise auf die pränatale Phase zurückzuführen ist, werden bestimmte Gefühle von Patienten, die sonst unbegreiflich wären, verständlich. So könnte sich zum Beispiel die folgende Bemerkung eines Patienten auf jene Zeit beziehen: »Ich habe Angst. Sie [= unbekannte Kräfte] möchten, daß ich sterbe, aber ich will nicht. Ich bin auf der Hut – warte darauf, daß etwas passiert. Etwas, das mit dem Dunkel zusammenhängt.«

Der Schizoide drückt oft die feste Überzeugung aus, sein Problem beruhe auf Erlebnissen im Mutterschoß. Man kann solche Bemerkungen als Einbildung abtun, aber das hieße die inneren Gefühle des Patienten leugnen, die zu akzeptieren ihm sowieso schwerfällt. Da es keine Beweise für das Gegenteil gibt, glaube ich, daß solche Beobachtungen von Patienten ernsthaft in Betracht gezogen werden müssen.

Eine meiner Patientinnen machte in dieser Hinsicht eine ganze Reihe von interessanten Bemerkungen. Zuerst sprach sie von ihrem Verhältnis zu ihrer Mutter: »Ich hatte immer so komische Gefühle gegenüber meiner Mutter – daß ihre Zuneigung für mich inzestuös sei.« Dann fügte sie hinzu: »Meine Mutter sagte mir, sie könne meinen Vater sexuell nicht ausstehen, aber sie lebte weiter mit ihm zusammen, bis ich zwölf war.« Sie fuhr fort:

> Ich glaube, wir haben Erinnerungen an die Zeit vor unserer Geburt, und ich habe immer das Gefühl gehabt, daß meine Mutter versuchte, mich abzutreiben. Wenn es tatsächlich solch eine pränatale Sache gibt, muß sie sich auf den Embryo auswirken. Wahrscheinlich wurde die Blutzufuhr abgeschnitten. Wenn man ein Kind abtreiben will, wird es selbst dann emotional abgetrieben, wenn man den Entschluß nicht ausführt.

Bei der anschließenden Diskussion äußerte die Patientin die Ansicht, ein Kind, das eine solche Erfahrung durchgemacht habe, sei sein Leben lang gezeichnet. Sie glaubte, der Organismus habe eine tiefe Wunde erhalten, die eine nackte Narbe hinterlasse. Ich konnte ihr weder zustimmen noch widersprechen. Wir können nicht wissen, wie der Embryo im Mutterschoß auf ein solches Erlebnis reagiert oder wie es sich möglicherweise auf die künftige Persönlichkeit des Kindes auswirken kann. In diesem Fall stand jedoch eines fest: Die Patientin war zutiefst verletzt, und ihre Persönlichkeit spaltete sich in einen wachen Geist, den sie so geschärft hatte, daß er jeder Gefahr ins Auge sehen konnte, und einen leblosen Körper, den sie als Bürde empfand. Sie war eine intelligente, aufgeschlossene Frau auf dem emotionalen Entwicklungsstand eines Kindes. Als ich sie sah, hatten die Probleme ihres Lebens sie überwältigt. Ihre Verzweiflung hatte den Punkt erreicht, an dem sie den Tod als einzigen Ausweg betrachtete.

Es ist schwer vorstellbar, daß eine versuchte Abtreibung eine so weitreichende Wirkung haben kann. Aber in diesem Fall – wie in anderen – beruhte der Abtreibungsversuch auf persönlichen Schwierigkeiten der Mutter. Sie war ein unreifer Mensch und betrachtete das Kind als Störfaktor in ihrer idyllischen Partnerbeziehung. Das Kind war nicht erwünscht, und diese Tatsache trägt mehr zur Erklärung des Problems meiner Patientin bei als jeder tatsächliche Abtreibungsversuch. Wenn ein Kind nicht erwünscht ist, wird die Mutter unfähig sein, das Neugeborene so zu lieben und zu akzeptieren, wie es erforderlich wäre. Die Patientin war sich, das läßt ihr Bericht erkennen, ihr Leben lang irgendwie bewußt, daß sie nicht richtig »angenommen« wurde. Das äußerte sich in zahllosen kleinen Gesten, Blicken, ja, in der Stimmfärbung, alles Dinge, auf die ein Kind äußerst sensibel reagiert. Die Zurückweisung des Kindes kann also schon im Mutterschoß beginnen, setzt sich aber auf jeden Fall noch lange nach der Geburt fort. Wenn eine Mutter ihrem Kind »kalt« gegenübersteht, behält sie diese Haltung für gewöhnlich bei, solange das Kind lebt.

Das unerwünschte Kind wird gewissermaßen zum »Auffanglager« für die Schuldgefühle der Mutter. Bei dem Versuch, sich von ihrer Schuld zu befreien, bürdet die Mutter sie dem Kind auf. Gewöhnlich gibt sie dem Kind das Gefühl, es sei für ihre Probleme und ihr Unglück verantwortlich. Wie oft hört man, daß eine Mutter ihr Kind anschreit: »Du hast mir immer nur Schwierigkeiten gemacht!« Das unerwünschte Kind ist besonders empfänglich für diese »Schuld«. Da Kinder die Motive ihrer Mutter nicht in Frage stellen können, glaubt das ungeliebte Kind schließlich, es sei wirklich für diesen Zustand verantwortlich.

Das schizoide Problem ist auf die ambivalente Einstellung der Mutter zum Kind zurückzuführen. Sie möchte es und lehnt es gleichzeitig ab. Ihre Haltung zum Kind ändert sich je nach den Belastungen, die das Leben ihr persönlich auferlegt. Jetzt behandelt sie das Kind abweisend und feindselig, und im nächsten Augenblick scheint sie es mit Liebe zu überschütten. Diese Liebe ist aber im allgemeinen Ausdruck ihrer Vorstellung von Mutterschaft und wurzelt in ihrer Illusion, sie würde in dieser Rolle Erfüllung finden. Wenn sich die ambivalente Haltung der Frau ihrer Schwangerschaft gegenüber auf die bewußte Schicht ihrer Persönlichkeit beschränkt, wird sie dem entstehenden Organismus nicht schaden. Wenn der Konflikt aber die Tiefen ihrer Persönlichkeit erfaßt, das heißt, wenn er darauf beruht, daß sie ihren Körper und seine Sexualität zurückweist, bekommt der Embryo in ihrem Schoß die Auswirkungen zu spüren. Denn Embryo, Uterus und Sexualität bilden eine untrennbare Einheit. Wenn die Frau ihr Kind nicht vorbehaltlos »annehmen« kann, wird das Gefühl, in einer Falle zu sitzen, sie nie ganz verlassen – und das Kind hat unweigerlich das Gefühl, es sei nicht erwünscht.

Psychologische Faktoren

Die konstitutionelle Veranlagung entwickelt sich im Mutterschoß, aber die Kräfte, die diese Veranlagung bis ins Erwachsenenalter fortbestehen lassen, wurzeln in der Psychologie der Eltern. Das Kind ist für die Eltern ein sexuelles Symbol, und die elterliche Reaktion auf das Kind wird von bewußten und unbewußten Gefühlen und Haltungen ihrer eigenen Sexualität gegenüber bestimmt. Zugleich ist das Kind für jeden Elternteil eine Verkörperung des Partners. Es geschieht nicht selten, daß ein Ehepartner zum andern sagt: »Dein Kind« hat das und das gemacht – statt von »unserem« Kind zu sprechen. Wenn man die psychologischen Faktoren abschätzen will, die sich in gestörten Familienverhältnissen bemerkbar machen können, muß man sich die beiden folgenden Gleichungen vor Augen halten:

Mann = Penis = Samenzellen → Kind
Frau = Vagina = Eizellen → Kind

Ein Kind ist für die Eltern sichtbarer Hinweis auf die Sexualität, die zu seiner Empfängnis führte. Es wird deshalb das Ziel aller Gefühle sein, die diese Funktion im Geist der Eltern weckt. Diese Gefühle hängen vom Zustand der Beziehung zwischen den Eltern und natürlich vom Geschlecht des Kindes ab, das heißt, die Gefühle, die sich auf einen Jungen richten, sind anders als die, die auf ein Mädchen gerichtet werden. Der Unterschied zwischen den beiden Haltungen drückt sich häufig schon in der Reaktion auf die Mitteilung aus, das Neugeborene sei ein Junge oder ein Mädchen. Außerdem wird das erste Kind ganz anders willkommen geheißen als das zweite, dritte oder vierte. Wenn man diese unterschiedlichen Reaktionen berücksichtigt, kann man verstehen, wie wichtig die Stellung eines Kindes in der Geschwisterreihe für seine psychische Entwicklung ist.

Eltern können die Rolle, die sie bei der psychischen Störung eines oder mehrerer ihrer Kinder spielen, häufig nicht fassen. Sie glauben, alle ihre Kinder gleich zu lieben und gleich zu behandeln. Das stimmt natürlich nicht, aber diese ihre Überzeugung hat zur Folge, daß das Kind sich verantwortlich fühlt, wenn keine gute Beziehung entsteht. Eltern meinen, da sie für alle Kinder das gleiche täten, müßten sie auch bei allen die gleichen Resultate erzielen. Sie übersehen, daß der Unterschied zwischen Akzeptieren und Zurückweisen nicht darauf beruht, *was* sie tun, sondern *wie* sie es tun. Die meisten Eltern sind nicht gewillt oder fähig, die Bedeutung unbewußter Signale einzusehen, für die das Kind so empfänglich ist.

Wissenschaftler, die das soziale Umfeld schizophrener Patienten untersuchten, haben festgestellt, daß die Familie der Kranken offene Konflikte und/oder unterdrückte Feindseligkeit in Hülle und Fülle aufweist. Theodore Lidz und Stephen Fleck fanden bei ihrer Untersuchung des familiären Hintergrunds von Schizophrenen keine einzige Familie, die wirklich intakt war, sie waren vielmehr überrascht von Ausmaß und Intensität der Familienpathologie. Sexuelle Probleme, vor allem das Inzestproblem, waren in diesen Familien an der Tagesordnung, so daß die beiden Forscher zu dem Schluß kommen, daß die Furcht mancher Patienten, es könne zum Inzest kommen, wenn sie die Kontrolle über sich verlören, keineswegs nur eingebildet, sondern sehr berechtigt war.

In den Familien schizoider oder schizophrener Patienten geschieht es nicht selten, daß ein Elternteil sich dem Kind gegenüber bis zu einem gewissen Grad eindeutig sexuell verhält, aber der für die Störung verantwortliche Faktor ist eher die *unbewußte* sexuelle Identifikation mit dem Kind. In diesen Familien sieht die Mutter ihr Kind im Spiegel der eigenen Sexualität. Bei dem Versuch, sich von einem bohrenden Gefühl der Demütigung aufgrund ihrer weiblichen Sexualität – die sie als unterwürfig, abhängig und minderwertig betrachtet – zu befreien, projiziert sie diese Eigenschaften auf das Kind und hofft, dadurch ihre eigenen frühkindlichen Erfahrungen umzukehren und jenes Übergewicht zu erlangen, das ihr verweigert wurde.

Diese Projektion funktioniert relativ reibungslos, wenn das Kind ein Mädchen ist. Die Übereinstimmung des Geschlechts führt zu einer unbewußten Identifikation, die die Gefühlsübertragung erleichtert. So wird die Tochter zur Verkörperung der verdrängten Sexualität ihrer Mutter. Die Mutter kann ihr Kind achten oder verachten, es leugnen oder zu ihrer eigenen Befriedigung mißbrauchen. Sie wird genauso auf ihre Tochter reagieren, wie sie auf ihre eigene Sexualität reagiert – mit verworrenen und ambivalenten Gefühlen. Bei diesem Prozeß identifizieren sich beide miteinander, und zwischen ihnen entsteht ein Band, das keine von ihnen zerschneiden kann, ohne die andere – zumindest prinzipiell – zu vernichten.

Eine Mutter mißbraucht das Kind (ob Mädchen oder Junge), indem sie sich ihm gegenüber eindeutig verführerisch verhält und dadurch eine inzestuöse Beziehung schafft. Im allgemeinen beginnt die Verführung, wenn das Kind klein ist. Die Mutter empfindet einen erotischen Kitzel, wenn sie den Körper des Kindes anfaßt, wäscht, wickelt und so fort. Ein extremes Beispiel für dieses Verhalten einer Mutter wurde mir von einer Patientin geschildert:

> Ich fühle mich so sehr von dem Baby angezogen. Ich könnte seinen Penis berühren. Ich könnte seinen Penis in den Mund nehmen. Ich könnte seinen Po küssen, sogar in seinen Hintern krabbeln. Natürlich tue ich es nicht. Was für Gerüche er verströmt! Sein Körper ist so schön gebaut.

Solche Gefühle drücken die unbewußte Identifikation mit dem Kind aus. Der kleine Sohn ist das, was die Mutter einmal sein wollte, und sie würde ihn entweder gern verschlucken, damit er ein Teil von ihr wird, oder in seinen Körper kriechen und ein Teil von ihm sein. Das ist nicht nur ein inzestuöses Verlangen, sondern auch eine homosexuelle Phantasie, bei der sie das Kind in Besitz nimmt, als wäre es ihr Eigentum, und ihren Bedürfnissen unterwirft.

Wenn eine Mutter ihr Kind distanziert und kalt behandelt, kann man das als Fesselung ihrer unbewußten inzestuösen und homosexuellen Gefühle zu dem Kind interpretieren. Trotzdem spürt das Kind unbewußt das inzestuöse und homosexuelle Band, das es mit seiner Mutter verknüpft. Es ist sexuell mit ihr verstrickt, haßt sie, hat aber gleichzeitig Mitleid mit ihr. Es sitzt in eben der Falle der Ambivalenz, die ihre Haltung bestimmt.

Wir können das Dilemma des Kindes verstehen, wenn wir uns vor Augen führen, daß diese beiden Prozesse zur selben Zeit ablaufen: Die Abwendung von der verführenden Mutter beschwört die Gefahr ihres Zorns herauf; das Greifen nach der zurückweisenden Mutter könnte ihre Angst und Feindseligkeit provozieren. Das Kind wird entweder zu einer äußerlichen Unterwerfung, die den inneren Widerstand verbirgt, oder zu einer offenen Auflehnung gezwungen, die die innere Passivität maskiert. Bei solchen Beziehungen ist mit Wut-Gewaltausbrüchen zu rechnen. Das Kind begegnet der Feindseligkeit der Mutter mit seinen eigenen mörderischen Impulsen. Es wird jedoch von so starken Konflikten zwischen Haß und Abhängigkeit, Leugnen und Identifikation gequält, daß es schließlich völlig erstarrt.

Das Trauma der Identifikation

Die nun folgende Fallgeschichte läßt viele der gerade aufgezeigten Probleme anschaulich werden. Die Patientin, um die es geht – ich werde sie Helen nennen –, war etwa dreißig Jahre alt. Sie kam in die Therapie, weil sie nicht imstande war, eine dauerhafte Beziehung zu einem Mann herzustellen. Sie hatte sexuell mit vielen Männern nacheinander zu tun gehabt, aber jedes Verhältnis ging schief, weil der Partner ihre exzessiven Forderungen nicht erfüllen konnte. Helen war zutiefst unsicher über ihre Rolle als Frau und litt unter großer Angst. Sie hatte den typischen schizoiden Gesichtsausdruck; ihre Augen blickten ziellos, und ihre Kinnbacken waren trotzig zusammengepreßt. Ihr Körper war gut entwickelt, aber ihre Bewegungen wirkten unharmonisch. Ihre Persönlichkeit wies viele paranoide Züge auf: Sie war hyperaktiv, redselig und sprunghaft.

Bei der Behandlung forderte ich Helen auf, ihre Kinnbacken voneinander zu lösen, damit ihr Kinn nach unten sinken könne. Als sie es tat, begann sie leise und inbrünstig zu weinen. Sie sagte: »Der Schmerz in meinem Herzen ist nicht zu ertragen.« Als das Weinen nachließ, schlug ich ihr vor, mit dem Mund zu »greifen«, wie um die Brust zu suchen. »Wozu?« rief sie aus. »Ich habe um Liebe gebettelt, aber ich wurde nur immer wieder gedemütigt.«

Damit Helen mehr Gefühl freisetzen konnte, bat ich sie, alle Gesichtsmuskeln in einem Ausdruck der Furcht zu mobilisieren. Sie ließ das Kinn fallen, zog die Augenbrauen hoch und öffnete die Augen ganz weit – die Maske verschwand. Als Helen sie wieder »aufsetzte«, bekam sie Angst. Ihr Kopf schien zu gefrieren. Einen Augenblick konnte sie ihn nicht bewegen und nicht schreien. Als ihr Gesicht sich entspannte, sagte sie:

> Wovor habe ich eigentlich Angst? Vor etwas, das ich sehen werde? Vor ihren Augen? Ich kann meiner Mutter immer noch nicht in die Augen sehen. In ihnen ist etwas Haßerfülltes und Mörderisches. Und sie ist geisteskrank. Man kann nicht in geisteskranke Augen sehen, ohne Angst zu bekommen. Und doch hat sie mich auch geliebt.

Nach diesen Bemerkungen fing Helen an zu zittern. Ihre Finger und Handgelenke wurden kalt und steif. Sie fuhr fort:

> Ich weiß noch, wie ich sie anflehte und schrie und weinte. Ich nehme an, ich wollte sie mehr als irgend etwas anderes auf der Welt. Wir spielten zusammen, und sie machte viele Dinge für mich. Sie konnte zaubern. Aber sie war so traurig. Ich konnte ihre Traurigkeit nicht ertragen. Ich konnte ihr nicht helfen. Sie hatte selbst zu viel Angst. Ihre Augen waren auch weit fort. Sie machte

mir schreckliche Angst.

Ich weiß nicht, warum ich mich so komisch fühle. Stirbt man an gebrochenem Herzen? Schizophrenie ist Tod. Man tötet den Teil, der weh tut, damit man überleben kann.

Helen befand sich mitten in einem Strudel widerstreitender Emotionen, der sie hin und her warf. Die Zuneigung, die ihre Mutter für sie empfand, war gemischt mit einer Traurigkeit, die das Kind nicht ertragen konnte. Es war eine Beziehung, die immer wieder von Liebe in Haß, von Mitleid in Entsetzen, von Hoffnung in Verzweiflung umschlug. Die Verwirrung und Widersprüchlichkeit, die das Kind in seiner Mutter spürt, stört seine eigene Integrität. Die Psyche des Kindes kann so ambivalente Gefühle wie Furcht und Mitgefühl nicht miteinander vereinbaren.

Einige Zeit vorher hatte Helen mir berichtet, daß ihre Mutter einige Male hatte abtreiben lassen, bevor sie zur Welt kam. Sie sagte:

Meine Mutter hatte Angst in ihrem Bauch, als sie mich trug. Sie erzählte mir, sie habe zu Gott gebetet, daß ich nicht für ihre Sünden bestraft würde. Sie hatte Angst davor, daß ich verkrüppelt oder mißgestaltet zur Welt kommen würde. Sie sehnte sich nach mir. Sie war sehr zärtlich, aber man merkte das ihren Berührungen nicht an.

Solche intensiven Schuldgefühle weisen darauf hin, wie schwer gestört Helens Mutter selbst war. Unfähig, die eigene Sexualität zu akzeptieren, projizierte sie sie auf ihr Baby und identifizierte sich mit ihm. Helen sagte, als sie sechs oder sieben Jahre alt gewesen sei, habe ihre Mutter sie trotz ihrer Proteste in seidene Schlüpfer gesteckt und ihr Locken gelegt. »Sie nähte mir Sachen mit der Hand«, bemerkte Helen, »damit ich nur das Beste bekam.« Bei einer späteren Sitzung sagte Helen jedoch:

Wenn ich mit meiner Familie am Abendbrottisch saß, wurde mir klar, daß sie alle ungeheuer egoistisch waren – es konnte einen geradezu anwidern. Manchmal gaben sie einem alles, dann wieder nichts. Es war, als hätte ich es die ganze Zeit gewußt und nur geleugnet. Sie schenkte mir Sachen, aber ich war ein Werkzeug für sie. Ich bekam hübsche Kleider geschenkt, damit die Männer mich anziehend fanden. Sie benutzte mich, um einen guten Fang zu machen; danach würde sie die Männer ausnehmen.

Die Identifikation der Mutter mit der Sexualität der Tochter geht deutlich aus Helens Bemerkungen hervor. Eltern leben in vieler Hinsicht durch ihre Kinder, aber wenn sich ein Elternteil auf sexuellem Gebiet mit einem Kind identifiziert, kommt es zu einer schizoiden Störung. Das Kind wird wiederum gezwungen, sich mit der Mutter zu identifizieren, deren verdrängte sexuelle Gefühle auf es projiziert werden. Diese Identifikation läßt dem Kind keine andere Wahl, als für die sexuellen Bedürfnisse seiner Mutter zu leben. Das Trauma der Identifikation liegt in der Zurückweisung der Individualität eines Kindes, damit es einer elterlichen Vorstellung entspricht, im Mißbrauch seiner Sexualität, damit es einem elterlichen Bedürfnis dient, und in der Inbesitznahme seiner Psyche, damit es sich dem Elternteil unterwirft.

Helens Mutterbindung hatte eine latent homosexuelle Komponente, die nur in ihren Träumen und Assoziationen an die Oberfläche kam. Sie erzählte einen Traum, in dem diese Komponente sichtbar wurde:

Ich habe mein Leben lang schreckliche Angst gehabt. Ich habe oft geträumt, meine Mutter habe einen Penis. Neulich hatte ich wieder den gleichen Traum. Diesmal hatte sie einen Penis, aus dem Eiter lief. Ich hätte mich am liebsten übergeben.

Helen verband mit dem Traum das Gefühl, ihre Mutter habe immer versucht, sie zu verführen, besonders beim Stillen. Der eiternde Penis ist eine Transponierung der Brustwarze, aus der Milch quillt. Wenn eine Mutter dem Kind die Brustwarze aufzwingt, wird diese zum Penis, der in eine Öffnung gezwängt werden soll. Die Mutter, die eine aggressive Haltung dem Kind gegenüber einnimmt, agiert ihre verdrängte männliche Identifikation an dem Kind aus. Diese Einstellung drängt das Kind in eine passive homosexuelle Beziehung zur Mutter. Helen erinnerte sich auch daran, daß ihre Mutter zu ihr ins Bett zu kommen pflegte, was sie – Helen – nicht ausstehen konnte. Normal ist es, daß das Kind zur Mutter ins Bett krabbelt. Wenn dieses Muster umgekehrt wird, verwandelt es sich, wie wir schon im fünften Kapitel gesehen haben, in einen Akt der Verführung.

Helens Affären wiesen Parallelen zu ihrer Mutterbeziehung auf. Sie alle waren charakterisiert durch die ambivalenten Züge von Liebe und Haß, Unterwerfung und Trotz, Furcht und Mitgefühl, die auch ihre Gefühle für die Mutter kennzeichneten. Sie »schrie« nach Liebe, wurde aber nie erhört. Sie identifizierte sich mit dem jeweiligen Mann, wie sie sich mit ihrer Mutter identifiziert hatte; sie war kein selbständiges Individuum. Diese Haltung verlieh den Affären eine homosexuelle Komponente. Kein Wunder, daß sie völlig durcheinander war! Kein Wunder, daß ihre sexuellen Beziehungen scheiterten! Sie verhielt sich Männern gegenüber, als wären sie ihre Mutter, während sie in ihrer Phantasie nach ihrem Vater Ausschau hielt, der sie vor der Vernichtung retten würde.

Ich habe bei der Analyse der schizoiden Persönlichkeit immer wieder festgestellt, daß die Patienten sich in einem frühen Lebensabschnitt auf der Suche nach Wärme und Unterstützung von der Mutter ab- und dem Vater zuwandten. Das Kind wendet sich aufgrund der unbewußten Angst und Feindseligkeit der Mutter von dieser ab. Infolgedessen wird der Vater für das Kind zu einer Ersatz-Mutter. Wenn das jedoch schon sehr früh geschieht, führt es zu einem sehr realen Problem: Alle meine Patienten waren oral fixiert – auf den Penis, wofür ich nur die Erklärung finden konnte, daß der Penis eine Ersatz-Brustwarze geworden war. Die biologischen Gründe, die die Identifikation des Penis mit der Brustwarze fördern, habe ich in meinem Buch *Love and Orgasm* dargelegt. Wenn das Kind diese Identifikation im Geiste vollzogen hat, kann es sich die Mutter leicht mit einem Penis vorstellen.

Wenn der Phallus sowohl die Brustwarzen als auch den Penis verkörpert, gerät der betreffende Mensch in einen unlösbaren Konflikt. Die Funktion des Phallus als Geschlechtsorgan wird durch seine symbolische Bedeutung als Brustwarze behindert, seine Rolle als Brust wiederum durch seine offensichtliche Funktion eingeschränkt. Die Einheit der Persönlichkeit wird durch die Erregung zweier ge-

gensätzlicher Funktionsfelder, des oralen und des genitalen, gespalten. Die Ich-Organisation des Erwachsenen, die vom Primat der Genitalerregung abhängt, wird geschwächt. Eine Frau, die unter dieser Spaltung leidet, sieht im Mann zugleich den Partner und die Mutter. Sie erwartet unbewußt von ihm, daß er ihr nicht nur Genitalerregung und Erfüllung, sondern auch Hilfe und Verständnis schenkt.

Leider sind Väter emotional im allgemeinen genauso gestört wie Mütter. Viele Väter nicht intakter Familien haben übrigens ausgeprägt weibliche Tendenzen, die die Verschiebung oraler Wünsche von der Mutter auf den Vater erleichtern. Helen sagte über ihren Vater: »Er konnte bei meiner Mutter kein Mann sein. Mein Vater war wie eine Frau, bis hin zu seinen schlaffen Brüsten.«

Die Beziehung, die sich zwischen Helen und ihrem Vater entwickelte, war außerdem noch inzestuös. Sie beschrieb sie so:

> Mein Vater ließ mir fast alles durchgehen. Wir machten abends lange Spaziergänge. Ich war fast immer mit ihm zusammen, und ich schlief natürlich in seinem Bett. Ich erinnere mich an alle möglichen Dinge – so band ich mein Nachthemd an seinen Pyjama, damit er mich nachts nicht verließ. Das ging so lange, bis ich meinen ersten Flirt hatte; dann konnte ich es nicht mehr ertragen.

Helen sagte, ihre Mutter sei mit diesem Arrangement nicht einverstanden gewesen. Es spielte sich trotzdem so ein, daß Helen bei ihrem Vater schlief, während ihr Bruder bei der Mutter schlief. Ich fragte Helen, ob sie irgendwelche sexuellen Gefühle für ihren Vater gespürt habe. »Ich glaube nicht«, antwortete sie.

»Waren Sie sich irgendwelcher sexuellen Gefühle seinerseits bewußt?« fragte ich anschließend.

»Nein. Ich glaube, er hätschelte mich einfach so, wie er es bei einer Katze getan hätte – es war einfach eine animalische Wärme zwischen uns. Ich mochte einfach das Gefühl, von ihm gehalten zu werden.« Als Helen das sagte, trat ein verschmitztes Lächeln auf ihr Gesicht. Ich hatte dieses Lächeln schon in vielen Sitzungen bemerkt. Es sah so aus, als hüte sie irgendein Geheimnis. Ich verstand es als einen Ausdruck ihres tiefen Wissens um die Männer – was sie wünschten, und wie sie zu kontrollieren waren. Eine Woche, nachdem ich das Lächeln so interpretiert hatte, erzählte sie:

> Sie hatten letzte Woche recht, als Sie sagten, ich hätte den Wunsch, daß ein Mann mich um meiner selbst willen und nicht nur wegen meines Unterleibs liebt. Das ist nämlich alles, was sie von mir wollen. Nach einer Weile gab ich es ihnen, ohne daß sie mich darum gebeten hätten, weil ich dachte, dann würden sie mich lieben und für mich sorgen. Eigentlich hätte meine Mutter das für mich tun müssen. Da sie es nicht tat, schloß ich den Handel mit meinem Vater. In meinen tiefsten Gefühlen kam ich mir immer von Männern benutzt vor.

Das Lächeln offenbarte auch, daß Helen sich übermäßig mit Sex beschäftigte, ihre ganze Persönlichkeit war davon besessen. Sie bewegte sich ständig im Kreis: von der Oralität zur Genitalität und wieder zurück, von der Unterwerfung zum Widerstand und wieder zurück, von einer Mutterfigur zu einer Vaterfigur und wieder zu einer Mutterfigur. Helen erzählte einen häufig wiederkehrenden Traum, der ihr Dilemma aufzeigte:

> Ich träumte, daß ich meinen Zahnarzt als Gott sah. Er sagte: »Du bist sehr friedlich, sehr ahnungslos in die Praxis gekommen, und ich habe dich gefangen. Ich habe dich gefangen, weil du dich so ahnungslos hast nehmen lassen. Du wirst nicht einmal den Frieden des Todes finden. Du wirst immerzu herumgehen. Du wirst keinen Frieden kennen.«
> Ich wußte, daß ich an eine Barbierstange gebunden war. Ich konnte oben und unten die Streifen sehen, und ich wirbelte dauernd im Kreis herum. Ich weiß noch, daß ich weinte – sogar bettelte: »Laß mich bitte einfach sterben.« Ich erinnere mich, daß ich schreiend und um mich schlagend aufwachte.

Die Barbierstange ist ganz offensichtlich ein phallisches Symbol. Helen war auf eine Weise an Sex gebunden, die weder Flucht noch Erfüllung gestattete. Diese Art von Sexualität kennzeichnete ihre Beziehung zu ihrem Mutter-Vater; es war eine kindlich-erwachsene

Sexualität, die anregend und erregend war, aber keine Gelegenheit zur orgasmischen Entspannung bot. Diese Erregung ohne Erfüllung wurde das Muster ihrer sexuellen Aktivität als erwachsene Frau. Helen befand sich in einem ständigen Aufruhr, und in diesem Aufruhr schien nur der Tod Frieden zu versprechen. Der Traum weist auch darauf hin, daß Helen nicht richtig begriff, was mit ihrem Vater vor sich ging. Sie wurde »ahnungslos genommen«, so daß sie sich in irgendeinem Teil ihrer selbst noch rein und unschuldig fühlte. Sie war ein kleines Mädchen, das Wärme und Hilfe suchte, aber auf die erwachsene Sexualität rein biologisch reagierte. Ihr Körper antwortete auf die sexuelle Erregung ihres Vaters, hatte aber nicht die Fähigkeit, diese Erregung in ein genitales Verlangen zu kanalisieren.

In Helens Persönlichkeit waren zwei entgegengesetzte Tendenzen am Werk. Sie war das unschuldige kleine Mädchen, das Liebe suchte, und sie war zugleich die Dirne, die wußte, was Männer wollten, und Sex als Mittel zum Zweck benutzte, um ihre Ziele zu erreichen. Das ist die typische schizoide Spaltung, die man so häufig in der Kombination von Naivität und Erfahrenheit, Unschuld und Perversität, Prüderie und Laszivität beobachtet. Helen war aber noch in einem anderen schier unauflöslichen Widerspruch gefangen: Sie begehrte die Brust, wurde aber erregt vom Penis. Sie brauchte nämlich beides gleichzeitig: die Brust, um ihre infantile Sehnsucht zu stillen, und den Penis, um ihre sexuelle Erregung freizusetzen. Sie befand sich in einer unmöglichen Lage, die sie zwang, sich ständig im Kreis zu bewegen.

Sex und Paranoia

Die gespaltene Persönlichkeit empfindet sexuelle Gefühle als fremd, zwanghaft und »böse«. Der Schizoide kann sich mit seinen sexuellen Gefühlen nicht identifizieren, weil sie ursprünglich nicht seine Gefühle waren, sondern die Gefühle seiner Eltern, die er sich einverleibt hat. Dieses Einverleiben von Gefühlen ist kein aktiver Vorgang; es ist gleichsam ein Ansteckungsprozeß, zu dem oft nicht mehr gehört, als dem Gefühl ausgesetzt zu sein. So wird ein Mensch, der einige Zeit der Trauer eines anderen ausgesetzt ist, zuletzt oft selbst anfangen, sich traurig zu fühlen. Es ist, als ob die Traurigkeit ihn durchdringt oder in Besitz nimmt. Er muß sie abschütteln, um sich von ihr zu befreien. Für ein Kind ist es jedoch nicht leicht, eine emotionale Atmosphäre abzuschütteln, der es in den ersten Jahren seines Lebens ständig ausgesetzt ist. Das schizoide Kind hat dann nur einen Ausweg: die Gefühle zu leugnen, körperliche Regungen zu unterdrücken und sich von seiner Sexualität zu trennen. Mit diesem Manöver bewahrt es sich die Reinheit des Geistes, während sein Körper dem Vater oder der Mutter anheimfällt.

Ein kleiner Junge wird sich in einer solchen Situation ebenfalls bei seinem Vater um Wärme und Bestätigung bemühen, um den Widersprüchen und Projektionen der Mutter zu entrinnen. Wenn der Vater die Mutterrolle akzeptieren kann, ohne seine Männlichkeit zu schwächen, wenn er dem Kind Sicherheit und Liebe geben kann, ohne den Wert der Frau zu negieren, kann er vielleicht auch verhindern, daß sich das Kind zu einer schizoiden Persönlichkeit entwikkelt. Im allgemeinen wird das Kind freilich vom Vater zurückgewiesen oder nur zögernd akzeptiert. Der Vater mag den kleinen Jungen als Rivalen und Gefahr für seine eigene unsichere Position zurückweisen, oder er kann ihn in sein passives Akzeptieren der Situation einschließen. In den meisten Familien wird der Vater zögern, einem von der Mutter zurückgewiesenen Kind offen Zuneigung zu schenken, weil er Angst davor hat, sich mit der Mutter zu verfeinden. In stark gestörten Familien haben die Eltern oft eine symbiotische Beziehung zueinander, die das Kind ausschließt und in die Isolation drängt.

Die gestörte Mutter akzeptiert das Kind erst, wenn sie sich »ein Bild von ihm gemacht hat«, das ihre Ich-Bedürfnisse befriedigt; sie bejaht dann ihre Vorstellung, nicht aber das Kind. Um die Selbstbestätigung und Liebe zu gewinnen, die es braucht, wird das Kind dann versuchen, ihrem Ideal zu entsprechen. Indem die ursprüngliche Zurückweisung durch das Ideal überlagert wird, kommt das Kind in den Genuß einer sekundären libidinösen Investition. Eine Beziehung, die sich so entwickelt, hat infolge der Identifikation und des gegenseitigen »Bedienens« starke inzestuöse und homosexuelle Untertöne. In dieser Situation riskiert ein Junge die Feindseligkeit des Vaters, indem er ein »Muttersöhnchen« wird. Das wird ihn allerdings nicht abschrecken, weil die entstandene Mutterbindung seine oralen und genitalen Wünsche gleichzeitig zu befriedigen scheint. Der Junge steckt im gleichen Dilemma wie das Mädchen, das in eine sexuelle Verstrickung mit dem Vater gerät. Diese Entwicklung legt das Fundament für paranoide Persönlichkeitstendenzen.

Paranoides Verhalten läßt sich als ein Herumgehen in Kreisen beschreiben. Im Mittelpunkt des Kreises befindet sich das phallische Symbol, die Brustwarze oder der Penis (Mutter oder Vater). Der paranoide Mensch wagt nicht, einen aggressiven Schritt zu dem begehrten und verbotenen Objekt hin zu machen. Sein Manöver besteht darin, das Objekt wie hypnotisiert zu umkreisen und die Situation so zu manipulieren, daß das Objekt zu ihm kommt. Das bedeutet, daß er versucht, den anderen Menschen für den Akt verantwortlich zu machen, mit dem er seine Bedürfnisse befriedigt. Gleichzeitig identifiziert er sich aber auch mit dem phallischen Symbol und kehrt seine Rolle um, indem er die beherrschende Position des Vaters oder der Mutter einnimmt. Dieses Manöver bildet die Grundlage für die paranoiden Wahnvorstellungen – Allmächtigkeitswahn, Beziehungswahn und Verfolgungswahn. Jetzt befindet er sich im Mittelpunkt des Kreises, jetzt ist er das Objekt des Verlangens und des Neides, die Quelle des Lebens, um die sich die Welt dreht. Der Paranoiker schwankt zwischen Gefühlen der Hilflosigkeit und Allmacht, der Wertlosigkeit und Größe, des Beneidet- und Verfolgtwerdens. In manchen Augenblicken fühlt er sich an der Peripherie des Kreises, als Außenseiter; dann empfindet er sich wieder als Hauptperson, als Leitstern aller.

Der Paranoiker ist von seiner sexuellen Potenz – der Quelle seines Unentbehrlichkeitsgefühls – besessen. Er agiert seine frühkindliche Situation aus, in der er seine Macht fühlte, die Mutter erotisch zu erregen. Die Frau, die wie Helen bei ihrem Vater erfahren hat, welchen Zauber ihre sexuelle Anziehungskraft ausübt, agiert dies in ihren Beziehungen zu Männern aus.

Dieses vielschichtige Wechselspiel von Kräften in der Persönlichkeit des Kindes führt zu einer Steigerung seines Ich-Bewußtseins und seiner Sensibilität. Das ist eine natürliche Reaktion auf eine gefährliche Situation. Die Gefahr liegt dabei in den widersprüchlichen und verworrenen elterlichen Gefühlen. Das Kind wird sich der Feindseligkeit und Schuld bewußt, die von seinen Eltern ausgehen, und entwickelt als erste Abwehrbastion eine gesteigerte Empfänglichkeit für emotionale Nuancen. Beim Entwickeln dieser Sensibilität wird es sich außerdem auf einer nichtverbalen Stufe deutlich der frustrierten sexuellen Gefühle und abweichenden (perversen) Tendenzen seiner Eltern bewußt. Das Bewußtsein um die Sexualität der Erwachsenen wird ungefähr im Alter von sieben Jahren, wenn sich das Kind aus dem sexuellen Dreieck zurückzieht, verdrängt. Das Kind behält jedoch seine Übersensibilität für emotionale Untertöne. Die schizoide Störung läßt sich insofern mit einem allergischen Leiden vergleichen, als das Kind für das Unbewußte anderer Menschen sensibilisiert worden ist. Kinder, die eine stabile Elternbeziehung haben, sind *autark*: Sie sind sich der erwachsenen Sexualität weniger bewußt, und sie sind frei von Identifikationen, die ihre Individualität vernichten würden.

12 Den Körper zurückgewinnen

Der lebendige Körper besitzt ein intensives Eigenleben. Er verfügt über eine Motilität, die nicht der Steuerung des Ichs unterliegt und sich in der Spontaneität seiner Gesten und der Intensität seines Ausdrucks äußert. Er summt gleichsam, er vibriert, er leuchtet. Er ist mit Gefühl geladen. Die erste Schwierigkeit, auf die man bei Patienten, die ihre Identität suchen, trifft, liegt darin, daß sie sich der reduzierten Lebendigkeit ihres Körpers gar nicht bewußt sind. Viele Menschen haben sich so sehr daran gewöhnt, den Körper als Instrument, als Werkzeug des Geistes zu betrachten, daß sie seine relative Leblosigkeit als Normalzustand hinnehmen. Sie messen ihren Körper in Zentimetern und Kilos und vergleichen ihre Figur mit irgendwelchen Idealgestalten, wobei sie völlig übersehen, daß es darauf ankommt, wie der Körper *fühlt*.

Ich habe immer wieder bemerkt, wieviel Angst die Menschen davor haben, ihren Körper zu fühlen. Ganz im Innern sind sie sich darüber klar, daß der Körper ein Speicher ihrer verdrängten Gefühle ist, doch obwohl sie gern etwas über diese Gefühle erfahren würden, haben sie zugleich einen Widerwillen dagegen, ihnen in Fleisch und Blut zu begegnen. Trotzdem müssen sie sich auf ihrer verzweifelten Suche nach Identität schließlich dem Zustand ihres Körpers stellen. Sie müssen die Bedeutung ihres physischen Zustands für ihr psychisches Funktionieren allem Zweifel zum Trotz akzeptieren. Um die Zweifel zu überwinden, müssen sie ihre physische Spannung als eine Einschränkung ihrer Persönlichkeit und die Lösung der Spannung als eine Befreiung der Persönlichkeit erfahren. Wenn sie entdecken, daß der Körper ein Eigenleben hat und imstande ist, sich selbst zu heilen, können sie zuversichtlich hoffen. Wenn sie begreifen, daß der Körper eine eigene Weisheit und Logik besitzt, entwickeln sie eine neue Achtung vor den instinktiven Kräften des Lebens.

Das Problem, vor dem jeder Patient steht, lautet: Kann ich mich darauf verlassen, daß meine Gefühle mein Verhalten lenken, oder muß ich diese Gefühle zugunsten der Rationalität unterdrücken? Gefühle haben per definitionem etwas Irrationales – was allerdings nicht bedeutet, daß sie zwangsläufig unzulänglich oder unerheblich seien. Das Irrationale entspringt Quellen der Persönlichkeit, die tiefer liegen als die Wurzeln der Ratio oder Vernunft. Das Irrationale steht immer im Gegensatz zum Vernünftigen, weil es für den Körper spricht, während das Vernünftige für die Gesellschaft spricht. Der Unterschied zwischen den beiden Phänomenen läßt sich am Verhalten eines Kleinkindes veranschaulichen. Seine Forderungen sind immer irrational. Man sollte meinen, daß es ein vernünftiges oder angemessenes Maß an Körper-Kontakt genossen hat, wenn seine Mutter es zwei Stunden lang in den Armen hielt – vor allem in Anbetracht der Tatsache, daß die Mutter noch anderen Pflichten nachkommen muß. Aber das Baby reagiert nicht vernünftig. Wenn ihm danach ist, länger gehalten zu werden, schreit es einfach, wenn die Mutter es hingelegt hat – sein Verhalten ist irrational, weil unvernünftig, aber doch völlig natürlich, wenn man seine Gefühle bedenkt. Wenn das Baby sein Weinen und damit sein Verlangen unterdrückt, könnte die Mutter es als ein vernünftiges und »gutes« Kind charakterisieren. Der Psychiater würde darin jedoch den Beginn eines emotionalen Problems erkennen.

Der Mensch, der das Irrationale zurückweist, verneint das kleine Kind in sich. Er hat – zu seinem Unglück – gelernt, daß es keinen Zweck hat zu weinen, weil die Mutter sowieso nie kommt. Er stellt kaum Forderungen an das Leben, weil ihm schon früh eingebläut wurde, daß seine Forderungen unvernünftig sind. Er ist ein »vernünftiger Mensch« geworden, hat aber alle körperliche Lust und Lebendigkeit eingebüßt – mit anderen Worten: Er hat eine schizoide Persönlichkeit entwickelt. Aber das Irrationale bricht sich in perverser Form Bahn: Der Schizoide stellt fest, daß er zu heftigen Wutausbrüchen, langanhaltenden, tiefen Depressionen und seltsamem Zwangsverhalten neigt. Er fühlt sich isoliert und »distanziert« oder überwältigt und verstrickt.

Ein gesunder Mensch unterdrückt nicht das Irrationale zugunsten des Vernünftigen. Er akzeptiert seine Gefühle selbst dann, wenn sie der augenscheinlichen Logik der Situation zuwiderlaufen. Der Schizoide leugnet seine Gefühle, während der Neurotiker ihnen mißtraut. Wenn man aber das Irrationale leugnet und das Gefühl verdrängt, gibt man seinen Körper auf. Um ihn zurückzugewinnen, muß man das Irrationale in sich akzeptieren.

Das Irrationale ist beängstigend, weil es die Macht hat, uns im Innersten zu berühren. Es ist die Quelle der Kreativität und der Brunnen der Freude. Alle großen Erfahrungen haben auch etwas Irrationales, das ihnen erlaubt, uns von innen her zu bewegen, zu »rühren«. Wie jedermann weiß, sind Liebe und Orgasmus *die* irrationalen Erfahrungen, die wir *alle* suchen. Der Mensch, der sich vor dem Irrationalen fürchtet, fürchtet sich also auch vor Liebe und Orgasmus. Er hat außerdem Angst davor, seinen Körper (= sich) »gehen zu lassen«, seine Tränen fließen zu lassen und seine Stimme brechen zu lassen. Er hat Angst davor, zu atmen und sich zu bewegen. Wenn das Irrationale verdrängt wird, verwandelt es sich in eine dämonische Kraft, die einen kranken Menschen zu destruktiven Handlungen verleiten kann. Im Alltag äußert sich das Irrationale in unwillkürlichen Bewegungen – in einer fahrigen Geste, einem unvermittelten Lachen, sogar im Zucken des Körpers vor dem Einschlafen.

In unserer Zeit der Wundermedikamente wird allgemein übersehen, daß der Körper die natürliche Fähigkeit besitzt, sich selbst zu heilen. Wir sind mit dieser Eigenschaft des Körpers vertraut, wenn wir leichte Krankheiten oder kleine Wunden haben. Ärzte verlassen sich aber auch bei größeren Krankheiten und Operationen darauf. In den meisten Fällen zielt die Medizin darauf ab, die Hindernisse aus dem Weg zu räumen, die diese natürliche Funktion des Körpers verhindern. Emotionale Leiden bilden da keine Ausnahme. Die therapeutische Aufgabe besteht darin, die Sperren zu entfernen, die verhindern, daß der Körper seine Spannungen spontan löst. Dieses Prinzip liegt dem psychoanalytischen Prozeß zugrunde. Die Methode der freien Assoziation soll dem Menschen ermöglichen, die verdrängten irrationalen Elemente seiner Persönlichkeit ins Bewußtsein zu heben. Der Therapeut arbeitet in der Hoffnung, daß sein Patient ungehindert, natürlich und spontan auf die Situationen seines Lebens reagieren kann, wenn er das Irrationale in seiner Persönlichkeit bewußt akzeptiert. Die Schwäche dieses Konzepts liegt darin, daß ein Gefühl bewußt akzeptieren nicht unbedingt heißt, daß man es auch auszudrücken vermag. Zu erkennen, daß man traurig ist, ist eines, aber weinen zu können, ist etwas ganz anderes. Zu wissen, daß man zornig ist, ist nicht dasselbe, wie sich zornig zu fühlen. Sich darüber klar zu sein, daß man eine inzestuöse Verstrikkung mit Vater oder Mutter hatte, trägt wenig dazu bei, das verdrängte sexuelle Gefühl freizusetzen, das im Körper eingeschlossen ist.

Als kleiner Junge hatte ich schreckliche Angst vor Hunden. Um mir zu helfen, die Angst zu überwinden, kauften meine Eltern mir wuschelige Stoffhunde, die ich hätscheln und streicheln sollte. Ich weiß noch, wie sie einmal sagten: »Siehst du, er beißt gar nicht. Er wird dir nicht weh tun.« Trotzdem hatte ich weiterhin Angst vor jedem Hund, der plötzlich auf mich zukam. Ich überwand die Angst erst, als ich erwachsen war und mir einen Hund kaufte. Während ich mit dem Tier zusammenlebte, lernte ich, ihm zu trauen.

Die Angst vor dem Hund ist die Angst vor dem Irrationalen. Viele Menschen – auch meine Mutter – können dem Tier nicht trauen, weil es eine unvernünftige Bestie ist. Es wird geleitet von seinen Gefühlen, es wird bewegt von seinen Leidenschaften, und deshalb ist es unberechenbar. Im Bereich des Körperlichen ist der Mensch ein Tier, dessen Verhalten vom rationalen Standpunkt aus unberechenbar ist. Das bedeutet nicht, daß der Körper oder das Tier gefährlich, destruktiv und unkontrollierbar wäre. Auch der Körper und das Tier gehorchen bestimmten Gesetzen – die allerdings nicht die Gesetze der Logik sind. Wer Tiere liebt, findet sie völlig »verständlich«, und für den Menschen, der Kontakt zu seinem Körper hat, sind die Gefühle des Körpers ausgesprochen sinnvoll.

Ich habe kürzlich einen jungen Oberschüler behandelt, der an chronischem Asthma litt und ständig einen Inhalator mit sich herumtrug. Beim geringsten Anzeichen einer Atemnot griff er danach. Das geschah bis zu zwanzigmal am Tag und mehrmals in der Nacht. Als ich ihn kennenlernte, war seine Atmung extrem flach und auf den oberen Teil seines Brustkorbs beschränkt. Sein Unterleib war völlig verkrampft und seine Brust wie zugeschnürt. Derart verspannt hatte er schon Schmerzen, wenn er nur von einem Klassenzimmer ins andere ging. Ob die Spannung zu dem Asthma führte oder ob das Asthma die Spannung hervorrief, war unerheblich; was zählte, war die Tatsache, daß er in Streß-Situationen anfällig für Atembeschwerden war, solange die Spannung andauerte.

Um die Spannung zu lösen, mußte der Patient ermuntert werden, tiefer zu atmen, vor allem mit dem Unterleib. Ich ließ ihn während der Sitzungen eine Reihe von Positionen einnehmen, die ihn dazu zwangen, unter Einbeziehung des Unterleibs zu atmen. Außerdem mußte er mit den Füßen rhythmisch die Couch treten, während er darauf lag. Zunächst lösten diese Aktivitäten eine kleine asthmatische Reaktion aus, die der Patient mit seinem Inhalator bekämpfte. Bald wurde ihm jedoch bewußt, daß der ständige Griff zum Hilfsgerät eher auf Angst denn auf Notwendigkeit beruhte. Wenn er den Inhalator nicht benutzte, verschwand die Atemnot nach einer oder zwei Minuten von selbst. Anschließend wurde er sich klar, daß seinen Atembeschwerden ein Gefühl der Panik zugrunde lag, das mit dem Atmen verbunden war.

Auf den ersten Blick schien es sich bei dem Patienten um einen Menschen zu handeln, der Angst davor hatte, unter Streß nicht atmen zu können; dabei ging es eigentlich um einen Menschen, der Angst vor dem Atmen hatte, weil es bestimmte Gefühle wachrufen würde. Er litt nämlich unter einer tiefsitzenden Sexualangst, die mit einem Schuldgefühl wegen seines Onanierens zusammenhing. Die Verkrampftheit seines Unterleibs war sein Abwehrmechanismus gegen sexuelle Gefühle, um so Schuld und Angst zu vermeiden. Dieses Manöver hatte zur Folge, daß die Angst in seine Brust verlagert wurde. Das Unterleibsatmen machte ihm seine ursprüngliche Angst und Schuld bewußt, und das Freisetzen der Angst erlaubte ihm, seinen Bauch leicht vortreten zu lassen und tief, unter Einbeziehung des Unterleibs, zu atmen. Seine Atmung besserte sich Schritt für Schritt, bis er den Inhalator nicht mehr nötig hatte.

Das erste Hindernis für den natürlichen Heilungsprozeß besteht darin, daß sich der Patient der Spannungen in seinem Körper nicht bewußt ist. Ohne spezifische Symptome wie Kopfschmerzen oder Schmerzen im Rücken fühlen und wissen die meisten Menschen nicht, was für Spannungen in ihrem Körper herrschen. Ihre Haltung ist ihnen so sehr zur zweiten Natur geworden, daß sie sie als selbstverständlich betrachten. Bei der Therapie helfe ich meinen Patienten zunächst dabei, mit gewissen Spannungszonen in Kontakt zu kommen. Dann fangen sie an, ihre Unzulänglichkeiten, ihre Handikaps und ihre Schwächen zu erfahren, indem sie Streß-Haltungen einnehmen. Die Streß-Haltungen, die ich »vorschreibe«, sollen die Integriertheit und Koordination des Körpers testen. Ich fordere den Patienten zum Beispiel auf, die Beine zu spreizen, so daß seine Füße etwa fünfundsiebzig Zentimeter voneinander entfernt stehen, die Zehen ein wenig einwärts zu drehen, die Knie zu beugen, den Rücken nach hinten zu biegen und die Hände in die Hüften zu stemmen (siehe Abb. 17).

Abbildung 17

Abbildung 18

Der integrierte und koordinierte Körper kann diese Haltung mühelos einnehmen; die Knie sind gebeugt, die Füße ruhen flach auf dem Boden, und der Körper bildet einen vollkommenen Bogen, der bei den Fersen beginnt und beim Hinterkopf aufhört; Kopf und Rumpf gehen gewissermaßen ineinander über; man atmet entspannt und unter Einbeziehung des Unterleibs und fühlt sich wohl in seiner Haut.

Bei einem psychisch gestörten Menschen offenbart diese Haltung jedoch einiges über Wesen und Lage seiner Spannungen. Wenn sein Körper zu starr ist, kann er ihn nicht richtig nach hinten biegen und ist nicht imstande, die Knie richtig zu beugen. Versucht er dann, die Knie stärker zu beugen, zieht er unwillkürlich das Becken zurück und schiebt den Oberkörper vor. Hat sein Körper dagegen einen mangelhaften Tonus, entsteht im Rückenbogen ein übertriebener Knick. In beiden Fällen wird die Unterleibsatmung schwierig, und der Patient kriegt nur schwer Luft. Bei vielen schizoiden Menschen ist die Spannung in den beiden Seiten des Körpers verschieden stark, und man beobachtet, daß der Rumpf nach links, der Kopf aber nach rechts tendiert oder umgekehrt. Menschen mit Problemen im unteren Teil des Rückens klagen häufig über Schmerzen in jenem Bereich. Oft zeigen ihre Fersen einwärts, wenn sie die oben beschriebene Haltung einnehmen sollen; der Grund dafür sind Verspannungen in den Gesäßmuskeln, die dazu führen, daß die Oberschenkel nach außen gedreht werden. Wenn die Füße nicht richtig »geerdet« sind, wird sich der betreffende Patient selbst eines mangelnden Gleichgewichts bewußt, denn die Beine fangen dann oft an zu zittern, manchmal – wenn die Muskeln zu verkrampft sind – sehr heftig.

Diese Haltung ist deshalb so aufschlußreich, weil sie auf dem Prinzip des Bogens beruht. Der Baseball-Werfer, der einen Ball wirft, der Holzfäller, der seine Axt schwingt, der Boxer, der zu einem Schwinger ausholt, und der Tennisspieler, der aufschlägt – sie alle zeigen, wie der Körper sich in einem Bogen zurückbiegt, um genug Schwung für die Vorwärtsbewegung zu sammeln. Vor allem basieren auch die Bewegungen, die man beim Geschlechtsakt ausführt, ebenfalls darauf. Jede Störung, die den Körper daran hindert, sich entsprechend zu bewegen, schränkt seine Fähigkeit ein, eine umfassende orgasmische Befriedigung zu erlangen. Und gerade wenn die untere und die obere Hälfte des Körpers emotional getrennt sind, können viele aggressive Körperbewegungen, die ihre Kraft aus dem Bogenprinzip schöpfen, nicht ausgeführt werden, wodurch die Fähigkeit des Menschen, aggressiv zu handeln, gemindert wird.

Ein Bogen funktioniert nur dann gut, wenn seine beiden Enden gesichert sind. Die entsprechenden Körperpunkte sind die Füße und der Kopf. Wenn der Körper wie ein Bogen funktioniert, ist sein unteres Ende durch die Füße mit dem Boden verbunden, während das obere Ende durch die Nackenmuskeln, die den Kopf sichern, stabilisiert wird. Der Mensch ist in der Tat an beiden Enden seines Körpers in Kontakt mit der Realität – unten durch die Fuß-Boden-Berührung, oben durch sein Es. Der Schizoide ist an beiden Enden des Bogens schwach. Wenn man ihn auffordert, sich nach hinten zu beugen und dann mit beiden Fäusten auf die Couch zu schlagen, verlieren seine Füße im Augenblick des Schlags oft den Bodenkontakt. Bei der Behandlung kommt es daher darauf an, dem Patienten zu einem intensiveren Kontakt-Gefühl mit dem Boden zu verhelfen. Die in Abbildung 17 gezeigte Haltung dient dazu, dem Patienten ein besseres Gefühl für seine Beine zu verschaffen und ihm die Spannungen darin bewußt zu machen. Die umgekehrte Haltung (Abb. 18) soll den Patienten dem Boden näher bringen und mehr Gefühl in seinen Beinen entwickeln.

Abbildung 18 zeigt eine Patientin, die sich vorbeugt. Ihr ganzes Gewicht ruht auf ihren Füßen, die – mit leicht einwärts gedrehten Zehen – etwa fünfundvierzig Zentimeter voneinander entfernt stehen. Ihre Finger berühren leicht den Boden, um das Gleichgewicht zu halten. Die Knie sind bei dieser Haltung immer gebeugt, wobei der Grad der Beugung von der Belastung abhängen kann, die man den Beinmuskeln dabei zumuten will. Wenn man diese Stellung einnimmt, lösen sich gewöhnlich die Zwerchfellspannungen, und man atmet unter Einbeziehung des Unterleibs. Der Patient fühlt seine Füße und Beine sehr intensiv und wird sich der Spannung in den Wadenmuskeln und Kniesehnen deutlich bewußt. Er spürt die Art seines Bodenkontakts. Er erklärt dann vielleicht, er habe nicht das Gefühl, daß seine Fersen den Boden berührten. Oder er stellt fest, daß seine Füße wegen einer übertriebenen Spannung im Rist nicht flach auf der Erde ruhen. Wenn er seine Füße bewußt mit dem Gewicht seines Körpers belastet und die Zehen dabei ein wenig spreizt, kann er seinen Bodenkontakt verbessern.

Jeder, der diese Haltung einnimmt, wird früher oder später ein Zittern in den Beinen spüren. Das Zittern kann ein leichtes Beben oder ein heftiges Zucken sein; es kann sich auf die Beine beschränken oder sich nach oben bis ins Becken fortsetzen – immer jedoch wird es angenehm, als ein Zeichen von Leben empfunden werden. Manchmal kann es von einem Kribbeln in den Füßen und Beinen begleitet sein. Wenn es einsetzt, fragt der Patient unweigerlich: »Warum zittern meine Beine auf einmal so?« Da die Vibrationen bei allen Patienten auftreten – bei den jüngeren schneller als bei den älteren –, erkläre ich ihnen, daß sie durch die natürliche Elastizität des Körpers bewirkt werden und eine normale Reaktion auf Streß sind. Das Vibrieren des Körpers läßt sich mit den Vorgängen in einem Auto vergleichen, dessen Motor angelassen worden ist. Wenn das Auto nicht vibriert, ist der Motor abgestellt. Ein leises, stetiges Summen läßt erkennen, daß der Motor ganz regelmäßig läuft. Ein unregelmäßiges oder stoßweises Vibrieren zeigt an, daß irgend etwas nicht stimmt. Ähnlich ist es beim menschlichen Körper. Das Vibrieren ist ein Zeichen von Leben. Der Ausdruck »vibrierende Persönlichkeit« zeugt davon, daß wir uns dieses Zusammenhangs bewußt sind.

Man kann beobachten, daß die Atmung spontan tiefer wird, sobald sich das Gefühl in Beinen und Füßen intensiviert. Atmen ist eine aggressive Funktion, die beim Erwachsenen vom Kontakt mit der unteren Körperhälfte abhängt. Sobald seine Beine aufgeladen sind und sich lebendig anfühlen, empfindet der schizoide Patient seinen Körper anders. Er fühlt sich geerdet. Bisher bewegte er sich auf seinen Beinen; jetzt bewegen sie ihn. Ein Patient beschrieb diesen Unterschied so:

> Nach der letzten Sitzung fühlte ich mich so gut. Ich hatte keine Angst. Meine Beine fühlten sich so lebendig an. Am bemerkenswertesten war, daß mein Kopf meinen Beinen nicht mehr sagte, was sie tun sollten. Ich hatte das sichere Gefühl, daß meine Beine unter mir waren und wußten, was sie zu tun hatten. Aber nach so vielen Jahren des Nichtfühlens fühlten sie sich zugleich taub an. Ich war überzeugt davon, daß ich wieder funktionieren kann, sobald ich meine Beine zurückbekomme.

Ich möchte hervorheben, daß diese Haltungen keine »Übungen« sind. Wenn man sie mechanisch einnimmt, führen sie zu nichts. Wenn man sie aber einnimmt, um Körper-Gefühl zu entwickeln, sind sie einfach und wirksam. Der Patient nimmt die Haltung auch so lange ein, wie sie in seinem Körper positive Empfindungen hervorruft. Das ist individuell ganz verschieden. Wenn eine Stellung schmerzhaft oder zu unbequem wird, wechselt der Patient die Haltung. Die einzelnen Positionen wurden von meinen Mitarbeitern und mir im Laufe der vielen Jahre entwickelt, in denen wir uns mit den Problemen des Atmens und der Muskelverspannungen beschäftigten. Abbildung 19 zeigt eine besonders nützliche Position: Der Patient legt sich rücklings auf einen Schemel, behält mit den Füßen

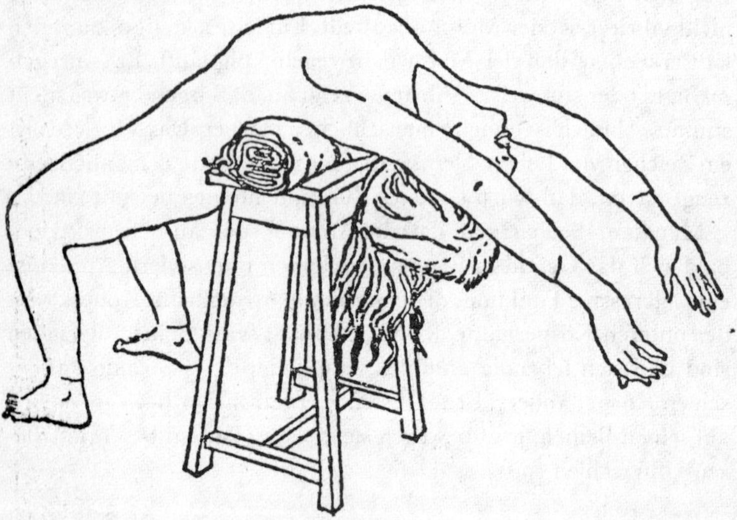

Abbildung 19

Bodenkontakt und biegt den Rücken durch. Auch wenn man zu lange gesessen hat, neigt man sich über die Stuhllehne nach hinten, um sich zu recken. Der dabei entstehende Bogen dehnt die Rückenmuskeln, löst die Spannungen um das Zwerchfell und führt dazu, daß man tiefer atmet. Ich lasse diese Haltung immer nach der in Abbildung 18 gezeigten Position einnehmen, weil der Bogen dabei umgekehrt verläuft und der Patient eine andere Art von Bodenkontakt hat.

Abbildung 20 zeigt einen Patienten in stark gestreckter Haltung. Diese Position ist insofern sehr wirksam, als sie die Muskeln an der Vorderseite der Oberschenkel dehnt, die oft überaus verkrampft sind. Da das Becken dabei frei schwebt, kommt es häufig zu spontanen Bewegungen – aber nur, wenn der Patient entspannt ist. Diese unwillkürlichen Bewegungen des Körpers sind wichtig, um Spannungen zu lösen. Außerdem vermitteln sie dem Patienten das Gefühl, sein Körper sei irgendwie lebendiger als vorher. Wenn infolge des Atmens Empfindungen durch den ganzen Körper bis in die Beine und Füße strömen, fühlt der Patient sich voll integriert. Dann sagt er vielleicht: »Ich komme mir vor wie aus einem Stück.«

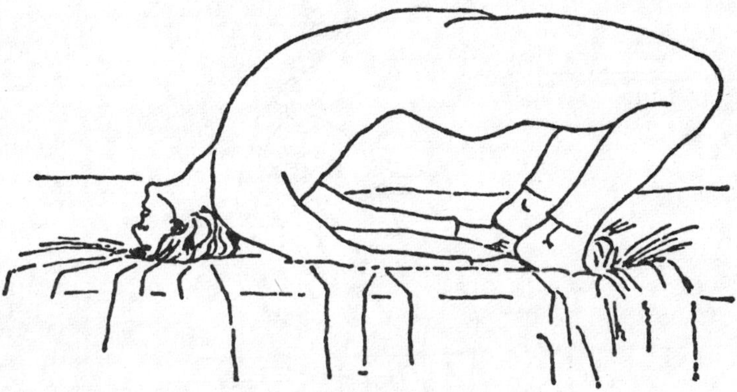

Abbildung 20

Die oben beschriebenen »passiven« Haltungen sollen den Patienten in Kontakt mit seinem Körper bringen, die körperlichen Empfindungen steigern und – durch Zittern und unwillkürliche Bewegungen – die Verspannungen bis zu einem gewissen Grad lösen. Da sie die Atmung vertiefen und den Körper erregen, fordere ich meine Patienten in der Regel auf, sie am Anfang der Sitzung einzunehmen. Anschließend lasse ich die Patienten eine Reihe aktiver Bewegungen ausführen, die ich weiter unten beschreiben werde. Das wiederholte Einnehmen der passiven Stellungen hat einen kumulativen Effekt auf den Körper. Sobald der Patient sie einnimmt, fällt es ihm leichter, frei zu atmen. Infolgedessen entstehen im Körper mehr Empfindungen. Die meisten Patienten finden die Positionen so nützlich, daß sie sie zu Haus jeden Morgen »üben«. Das steigert ihren Kontakt mit dem Körper und trägt zum Erfolg der Therapie bei. Die Patienten berichten alle, diese Stellungen regten den Körper an und würden ihnen helfen, »in Schwung zu kommen«.

Neben den passiven Haltungen gibt es noch viele aktive Bewegungen, die dazu beitragen, daß ein Patient seine Gefühle besser spüren und ausdrücken kann. Abbildung 21 zeigt zum Beispiel eine Patientin, die gleich mit einem Tennisschläger auf die Couch schlagen wird. Diese Bewegung hat ein doppeltes Ziel: Sie soll Aggression freisetzen und Koordinations- und Kontrollfähigkeit verbessern. Männliche Patienten schlagen mit der bloßen Faust auf die Couch.

Abbildung 21

Zuerst sind die Bewegungen der Patienten linkisch und unkoordiniert, wenn sie die Couch schlagen oder treten. Schlagen sie im Stehen auf die Couch ein, dann neigen sie dazu, mit den Armen zu dreschen und Rücken und Beine kaum in die Bewegung einzubeziehen. Wenn sie im Liegen auf die Couch treten, setzen sie ihre Beine aggressiv ein, halten aber Kopf und Oberkörper starr und lassen sie nicht an der Bewegung teilnehmen. Dann wirken diese Tätigkeiten wie mechanische Übungen, und die Patienten klagen oft, sie verschafften ihnen kein Gefühl der Entspannung oder Befriedigung. Die mangelnde Koordination ist ein Zeichen dafür, daß der Patient sich seiner Aktivität nicht uneingeschränkt hingegeben hat, das heißt, sie hat nicht seinen ganzen Körper mobilisiert. Wenn die Koordination besser wird, bekommt die expressive Bewegung etwas Einheitliches und wird zu einer emotionalen Erfahrung.

Die Unfähigkeit eines Patienten, seinen Körper bei einer bestimmten Tätigkeit rückhaltlos einzusetzen, sollte auf zweierlei Art behandelt werden: Man sollte seinen unbewußten Widerstand psychologisch analysieren und seine Koordination physisch weiterentwickeln. Im allgemeinen rationalisiert der Patient die Unfähigkeit, seinen ganzen Körper für eine Tätigkeit zu mobilisieren, indem er sagt, er habe doch gar keinen Grund zornig zu sein usw. Das ist ein Beispiel für das schizoide Abwehrmanöver. Jeder Patient hat etwas, worauf er zornig sein kann, sonst wäre er nicht in der Therapie. Man kann ihm zeigen, daß er immer Angst davor hatte, seinen Zorn auszudrücken. Man kann ihn darauf hinweisen, daß ein gesunder Mensch sehr wohl imstande ist, sich mit einem Gefühl des Zorns zu identifizieren, um die Bewegung des Schlagens oder Tretens koordiniert und integriert auszuführen. Wenn der Patient begreift, daß seine mangelhafte Koordination seine Unfähigkeit, Gefühle auszudrücken, widerspiegelt, sieht er auch ein, daß die oben beschriebenen körperlichen Methoden nötig sind, um seinen Zustand zu bessern.

Die Fähigkeit zum emotionalen Ausdruck richtet sich nach dem Grad der Muskelkoordinierung. Ein koordinierter Mensch wirkt in seinen Bewegungen und Tätigkeiten anmutig. Sein ganzer Körper nimmt aktiv an allen Gesten und Bewegungen teil. Deshalb haben alle seine Bewegungen eine emotionale Qualität, und man kann ihn als emotional lebendig bezeichnen. Der gestörte Mensch bewegt sich anders. Seine Bewegungen sind im allgemeinen steif und ungelenk oder aber fahrig und unharmonisch. Allerdings kann er eine ungewöhnliche Anmut zeigen, wenn er die betreffende Tätigkeit eingeübt hat und sich ihr uneingeschränkt *hingeben* kann. Viele Schauspieler, Tänzer und Sportler besitzen diese Anmut auf ihrem jeweiligen Spezialgebiet, auch wenn sie an schweren emotionalen Störungen leiden. Bei Routinetätigkeiten spiegeln ihre Körperbewegungen jedoch den Mangel an Ausgeglichenheit und Sicherheit wider.

Wenn Patienten lernen, sich Tätigkeiten wie Schlagen oder Treten hinzugeben, verbessert sich ihre allgemeine Muskelkoordinierung spontan. Es geht nicht darum, daß sie das Schlagen oder Treten »lernen«. Eine Koordinierung, die sich durch die bewußte Beherrschung einer Bewegungsabfolge entwickelt, beschränkt sich auf eben diese Bewegungsabfolge. Bei Aktivitäten wie dem Schlagen oder Treten wird der Patient vielmehr mit seiner Furcht davor konfrontiert, sich Bewegungen hinzugeben, die einen emotionalen Ausdruck beinhalten. Indem er sich den Übungen hingibt, überwindet er seine Furcht vor dem Irrationalen. Durch solche Erfahrungen heilt der Körper sich selbst. Das Spielen von Kindern dient dem gleichen Zweck. Die Spielsituation ist zwar irreal, aber die Kinder nehmen sie ernst und reagieren ausgesprochen emotional. Der Erwachsene, der das Kind in seiner Persönlichkeit unterdrückt hat, muß alle seine Handlungen rationalisieren.

Im Liegen die Couch zu treten, ist eine sehr gute Möglichkeit, diese frühkindliche Fähigkeit wiederzuerlangen. Wenn man die Couch tritt, während man auf dem Rücken liegt, kommt ein infantiles Element dazu, und man kann sich der Bewegung uneingeschränkter hingeben. Der Patient kann dabei mit gebeugten oder gestreckten Knien treten. Ich habe immer beobachtet, daß Schizoide ihren Unterleib anspannen und ihre Atmung einschränken, während sie diese Bewegungen ausführen. Außerdem machen sie den Nacken steif, weshalb ihr Kopf an der Bewegung nicht teilnehmen kann. Sie müssen ermutigt werden, den Kopf »mitgehen« zu lassen, damit er sich zusammen mit dem übrigen Körper bewegt. Wenn der Patient mit locker ausgestreckten Beinen schnell und kräftig tritt, wippt der Kopf bei jedem Tritt auf und ab. Die meisten Patienten haben dann das Gefühl, sie würden von der Bewegung »fortgetragen«, und werden oft ängstlich. Da ich die Übung jedoch überwache und sie sowieso völlig ungefährlich ist, lernen die Patienten bald, dem Gefühl nachzugeben und die Entspannung zu genießen.

Da fast jeder Mensch etwas hat, gegen das er sich – buchstäblich – mit Händen und Füßen wehren möchte, begreifen die Patienten den Wert der Übung schnell. Beim Treten erhält die untere Körperhälfte außerdem die Chance, die Herrschaft über den Organismus zu übernehmen. Wenn der Patient sehr kräftig tritt, lockert sein Ich vorübergehend die Kontrolle über den Körper, und er kann ungehindert auf seine eigenen Impulse reagieren. Die Fähigkeit, die Ich-Kontrolle zu lockern, ist vor allem für die Sexualität wichtig, weil die orgasmische Befriedigung davon abhängt, ob man imstande ist, der überwältigenden sexuellen Erregung nachzugeben. Das Treten erlaubt dem Patienten auch, sich mit seinen infantilen Gefühlen zu identifizieren. Babys, die auf dem Rücken liegen, treten aus natürlicher Lebensfreude oder aus Zorn und Enttäuschung spontan und ungehindert mit den Füßen. Wenn man »vor Freude in die Luft springt«, führt man eine ganz ähnliche Bewegung aus. Schließlich fördert Treten die Blutzufuhr zu den Gefäßen viel nachhaltiger als Gehen und regt so den Kreislauf an.

Man kann auch mit gebeugten Knien treten und gleichzeitig rhythmisch mit den Armen auf die Couch schlagen – wie ein Kind, das einen Wutanfall hat. Dabei sollten die beiden Seiten des Körpers abwechselnd in Aktion treten, das heißt, zuerst bewegt man den rechten Arm und das rechte Bein, anschließend den linken Arm und das linke Bein. Bei dieser koordinierten Bewegung rotiert der Kopf nach links und nach rechts, wenn die Couch von den Gliedmaßen der linken bzw. rechten Körperseite getroffen wird. (Patienten, bei denen die beiden Körperhälften voneinander getrennt sind, können die Bewegung nicht koordinieren und schlagen unwillkürlich mit dem rechten Arm, während sie mit dem linken Bein treten. Außerdem bleibt der Kopf unbewegt, wenn zwei entgegengesetzte Seiten des Körpers an der Bewegung beteiligt sind.) Diese körperliche Therapie leitet den Patienten dazu an, ein Gefühl für seinen Körper zu entwickeln, sich mit den Empfindungen seines Körpers zu identifizieren und sie im Kontext seines gesamten Lebens zu interpretieren.

An dieser Stelle möchte ich noch betonen, daß die Mobilisierung des Körpers ein allmählicher Prozeß ist. Da der Patient seinen Körper aufgegeben hat, weil er ihm Schmerzen bereitet hat, werden diese Schmerzen zurückkehren, sobald er den Kontakt zu ihm wieder herstellt. Ein Patient bemerkte nach mehrmonatiger Behandlung: »Ich muß es langsam angehen lassen. Mein Körper fühlt den Schmerz eben. Mein Körper schmerzt überall. Ich habe nie gewußt, daß ich solche Angst vor Schmerzen habe.« Schmerzen können im schizoiden Körper beängstigende Ausmaße annehmen, weil sie mit inneren Gefühlen der Verzweiflung und des Grauens assoziiert werden. Wenn ein Patient jedoch erkennt, daß der Schmerz nicht Ausdruck eines destruktiven Prozesses ist, sondern auf dem Kampf des Körpers um »Lebendigkeit« beruht, kann er ihn als positives Zeichen akzeptieren. Um meinen Patienten die Rolle verständlich zu machen, die der Schmerz im Heilungsprozeß spielt, bringe ich immer das bekannte Beispiel von der Frostbeule am Finger. Solange sie gefroren ist, schmerzt sie nicht. Vielleicht ist man sich ihrer nicht einmal bewußt. Wenn der Finger aber aufzutauen beginnt, hat man oft entsetzliche Schmerzen. Deshalb muß das Auftauen sehr langsam vonstatten gehen. Dieser Vergleich eignet sich besonders für das schizoide Problem, denn der Körper des Schizoiden ist in vieler Hinsicht gefroren, und man kann die gesamte Therapie mit einem Auftauen vergleichen.

Die Therapie einer schizoiden Patientin

Die Patientin – ich werde sie Sally nennen – war Tanzlehrerin. Sie klagte über ihre schlechten zwischenmenschlichen Beziehungen, über Frustration und Verzweiflung und über ihre Ängste.

Die Behandlung dauerte einige Jahre – stets eine Sitzung pro Woche, mit Ausnahme des Sommers. Obgleich Sally Tänzerin war, hatte sie extrem verkrampfte Muskeln. Sie besaß sehr wenig Gefühl in den Beinen und atmete ganz flach. Ihre Augen hatten einen wilden, verschreckten Ausdruck, und der Blick huschte meist ziellos hin und her. Sie war überängstlich.

Der erste Teil der Therapie bestand vor allem darin, ihr mit Hilfe der oben beschriebenen Positionen zu helfen, besser zu atmen und ihren Körper mehr zu fühlen. Zunächst konnte sie die Haltungen nur sehr kurze Zeit einnehmen, allmählich ging es besser. Manchmal knetete ich ihre verspannten Muskeln mit den Händen, die dadurch etwas lockerer wurden, und sie bekam mehr Kontakt zu ihrem Körper und mehr Selbst-Bewußtheit. In diesem Stadium der Behandlung weinte sie häufig und drückte ihre tiefe Verzweiflung aus. Einmal sagte sie:

> Ich weiß nicht, was Liebe ist. Ich weiß nicht, was eine Frau ist oder was ein Mann ist. Sie sind Schatten in meinem Geist. Nur meine Mutter ist kein Schatten. Sie ist ein Falke [die Patientin formte ihre Hände zu Krallen], der meinen Vater getötet und aus mir ein Wrack gemacht hat. Alles, was ich fühle, ist Schmerz, und infolge der »Arbeit« mit Ihnen ist es, als könnte man die Hände hineinstecken. Es ist, wie wenn man in einen tiefen, leeren Brunnen blickt, was sehr weh tut. Ich habe das Gefühl, er wird sich nie wieder füllen.

Das Freisetzen dieser Gefühle von Schmerz, Trauer und Verzweiflung bahnte den Weg für positivere Körper-Gefühle. Eine Zeitlang schwankte sie zwischen zwei Extremen und fühlte sich entweder lebendig und glücklich oder aber verzweifelt und verloren. Sie erklärte:

> Wenn ich meinen Körper strecke, habe ich starke sexuelle Gefühle. Wenn diese Gefühle nicht da sind, spüre ich den Schmerz. Ich habe einen Druck im Magen. Ich habe ein Gefühl des »Verlorenseins« und der Schwärze, als hätte das Leben keinen Sinn. Bis heute ist mein Körper für mich ein Werkzeug gewesen.

Die Therapie bestand im Grunde aus einer Kette von Krisen, und jedesmal, wenn Sally eine Krise überwunden hatte, besaß sie mehr Kraft und mehr Selbst-Kontakt. Jede aggressive Bewegung machte ihr zunächst schreckliche Angst, und sie reagierte mit einem Gefühl der Hoffnungslosigkeit und Verzweiflung. Besonders beängstigend war es für sie, eine negative Einstellung geltend zu machen. Eine ihrer Krisen wurde durch eine relativ einfache Übung ausgelöst: Sally lag auf der Couch, bearbeitete das Möbelstück mit den Fäusten und sagte dabei: »Ich will nicht! Ich will nicht! Ich will nicht!« Nachdem sie sich auf diese Weise durchgesetzt hatte, sprang sie von der Couch, lief in eine Ecke des Zimmers, kauerte dort nieder und weinte. Ihr Grauen war so stark, daß sie sich zuerst gegen meinen Versuch, sie zu trösten, wehrte, aber dann ließ sie zu, daß ich mich neben sie setzte und die Arme um sie legte. Sie sagte, es gebe keinen Menschen, an den sie sich in ihrer Angst und Not wenden könne. Sie mißtraute mir im gleichen Maß, in dem sie mich brauchte.

Bei der nächsten Sitzung sagte Sally: »Mir ist klar, daß ich meiner Mutter nie nachgegeben habe. Deshalb konnte ich nicht funktionieren. Ich war gelähmt, und mein ganzes Leben war ein Warten auf jemanden, der mich erlöst.« Sie meinte damit, daß sie ihr Leben lang eine innere Trotzhaltung eingenommen hatte – sie hatte Angst, nein zu sagen, und war nicht fähig, ja zu sagen. Diese negative Schicht ihrer Persönlichkeit, die funktional mit dem verspannten Zustand ihrer Muskeln identisch war, lähmte alle aggressiven Bewegungen. Bei jener Sitzung schlug Sally wieder auf die Couch ein und sagte: »Nein, ich will nicht!« Diesmal geriet sie nicht so sehr in Panik, aber ihr wurde abwechselnd kalt und heiß, da Wellen von Gefühl in ihr aufbrandeten und wieder zurückwichen.

In der Woche danach kam Sally auf ihr Gefühl der Lähmung zurück. Sie sagte: »Ich habe mich mein Leben lang mit Hemmungen bewegt. Ich kann nicht ich selbst sein. Nach jener Krise, bei der ich so sehr geweint habe, fühlte ich mich freier, aber es kommt ein Punkt, wo ich nicht weitermachen kann.«

In den nächsten beiden Monaten konzentrierte ich mich auf den körperlichen Aspekt ihres Problems. Trotz ihrer Arbeit als Tänzerin klagte sie über Steifheit und über Schmerzen im Körper. Ihr wurde langsam bewußt, daß ihre Entscheidung, Tänzerin zu werden, mit dem Wunsch zusammenhing, den Körper durch Bewegung lebendiger zu machen. Dieses Phänomen habe ich bei vielen Berufstänzern beobachten können. Das Tanzen hilft zwar, den Körper lebendiger zu machen, trägt aber nicht dazu bei, seine chronischen Spannungen zu lösen. Bei den oben beschriebenen Haltungen und Bewegungen streckte Sally jetzt ihren Körper, atmete und bewegte sich. Ihre Toleranzschwelle für Körper-Gefühle war sehr niedrig. Sie geriet in Panik, sobald sich unwillkürliche Bewegungen entwickelten. Oft erschauerte sie vor Angst und wollte gehen. Ich hielt sie behutsam auf, und sie ließ zu, daß ich sie zurückholte. Am Ende jeder Sitzung konnte ich an ihren weicheren Körperkonturen, ihrer stärker leuchtenden Haut und dem Ausdruck in ihren Augen erkennen, daß sie sich besser und lebendiger fühlte und mehr Kontakt zu sich hatte. Die Besserung ihres Zustands hielt jedoch nicht bis zur folgenden Sitzung – also eine Woche später – an; es wurde aber jedesmal leichter, das Gefühl wieder zu wecken.

Einige Wochen später merkte ich, daß Sally anfing aufzutauen. Sie kam mit einem traurigen Blick ins Zimmer und klagte über ein beklemmendes Gefühl in der Brust, die bisher eine »tote« Zone, also ohne Gefühl gewesen war. Außerdem erwähnte sie ein Völlegefühl und einen Schmerz im Becken. Während wir uns unterhielten, begann sie heftig zu weinen. »Ich bin nie ein Kind gewesen«, sagte sie. »Ich mußte erwachsen sein, um von meiner Mutter fortzukommen.« In dieser Sitzung arbeiteten wir nicht körperlich, und Sally gab sich ihrer Traurigkeit hin. Weinend sagte sie, sie sei sich eines Gefühls in der Tiefe ihrer Vagina bewußt. Sie sagte, sie habe den Eindruck, als sei in ihr eine Knospe, die sich öffnen könne wie die einer Blume. Jeder schizoide Mensch trägt in sich ein verlorenes kleines Kind, das er vor sich selbst verbirgt und vor der Welt schützt. Sein Dilemma besteht darin, daß er es nicht wagt, das Kind in sich zu akzeptieren, und infolgedessen auch nicht imstande ist, die Realität seines Körpers oder der Welt zu akzeptieren.

Das Unterdrücken des Kindes verhindert das spontane Greifen und Berühren, das die Reaktion des Babys auf ein geliebtes Objekt charakterisiert. Sally gab zu, daß sie sich vor jedem körperlichen Kontakt mit mir fürchtete. Sie wagte nicht, mit der Hand nach mir zu greifen und mich zu berühren. Als ich sie ermutigte, es zu tun, waren ihre Bewegungen zögernd und linkisch. Wenn ich Anstalten machte, sie zu berühren, zuckte sie zurück. Ich konnte sie erst trösten, als sie unter der Belastung von Furcht und Angst in die Position eines hilflosen und verschreckten Kindes flüchtete.

Als Sally endlich das kleine Kind in sich akzeptierte, konnte sie anfangen, nach mir zu greifen und mich zu berühren. Diesmal wurde sie nicht zurückgewiesen wie in ihrer frühen Kindheit, sondern löste bei ihrer »Ersatzmutter«, dem Therapeuten, eine positive Reaktion aus. Sie lernte langsam, daß sie Forderungen an das Leben stellen konnte, und die Fixierung, die ihr emotionales Wachstum gestoppt hatte, begann sich aufzulösen.

Nach der Sommerpause wurde die Therapie mit dem Versuch wiederaufgenommen, stärkere aggressive Gefühle in Sally zu mobilisieren. Ich stellte fest, daß ihre Kinnbacken sich erheblich gelokkert hatten. Manchmal wirkten sie noch grimmig zusammengepreßt, aber bei anderen Gelegenheiten sahen sie völlig entspannt aus. Sally sagte, sie habe Angst davor, ein zorniges Gesicht zu machen, da sie dann aussehen würde wie ihre Mutter – voller Haß und Bosheit. Das war die erste Sitzung, in der sie ihrem Drang zu schreien nachgab, während sie auf der Couch lag und diese mit den Fäusten bearbeitete. Sie schrie: »Ich will nicht!«, und kommentierte ihr Handeln dann mit den Worten: »Es ist gut, aber noch nicht wirklich.«

Bei der nächsten Sitzung redete sie davon, daß sie in ihrem Verhalten einen Mangel an Realität spüre. Sie meinte, sie sei etwas Besonderes und gehöre nicht zur Welt der anderen Leute. Ihre zwischenmenschlichen Beziehungen, erklärte sie, seien nur eine Maske, mit der sie die Tatsache des Nicht-Seins, des Alleinseins kaschiere. Das veranlaßte sie, von ihrem Vater zu sprechen. Sie erzählte, er habe sterbend unter einem Sauerstoffzelt gelegen. Sie habe wie erstarrt an seinem Bett gestanden und sei nicht fähig gewesen, nach ihm zu greifen oder etwas zu ihm zu sagen. Als sie das erzählte, hatte sie keine Tränen in den Augen. Sally hatte das Gefühl, sie könne das Leben nicht berühren, und das Leben berühre sie nicht.

Ich mußte Sally helfen, aus aggressiven Bewegungen ein Gefühl der Kraft zu schöpfen, darum riet ich ihr, im Stehen mit einem Tennisschläger auf die Couch zu schlagen. Ihre Reaktion war überraschend. Unsicher nahm sie den Schläger, zögernd schlug sie damit auf die Couch, aber dann ließ sie ihn völlig unvermittelt fallen, als wäre er ein geladenes Gewehr oder eine lebende Schlange. Sie begann zu zittern und kreuz und quer durchs Zimmer zu springen. Es dauerte einige Minuten, bis sie es über sich brachte, den Schläger wieder in die Hand zu nehmen. Sie schlug noch einmal zu, ließ den Schläger abermals fallen und hüpfte wieder mit den Armen wedelnd wie ein flatternder kleiner Vogel durchs Zimmer.

Bei mehreren Sitzungen schlug Sally wiederholt mit dem Tennisschläger auf die Couch. Sie bearbeitete das Möbelstück jedesmal ein bißchen gezielter und hatte jedesmal ein bißchen weniger Angst. Einige Male ließ sie den Schläger nach einigen Hieben fallen, machte ein paar Schritte von ihm fort und begann zu weinen. Sie kämpfte gegen ihre Angst vor Gewalttätigkeit an. Einige Zeit später forderte ich sie auf, etwas Zorniges auszurufen – zum Beispiel »Verdammt nochmal!« oder »Ich hasse dich!« –, während sie auf die Couch einschlug. Aber sie brachte nichts heraus. Wenn sie den Schläger benutzte, machte sie ein furchtsames Gesicht; ihre Augen und ihr Mund standen weit offen, und sie war sprachlos. Während ich sie beobachtete, wurde mir noch ein Grund klar, der Sally dazu veranlaßt hatte, Tänzerin zu werden: Sie hatte in emotional geladenen Situationen so viel Angst, daß sie keine Worte herausbringen konnte, und sie verließ sich dann auf die Körpersprache, um ihre Gefühle auszudrücken. Später, nachdem die Therapie ihr mehr Kraft und Mut gegeben hatte, schlug sie einigermaßen heftig auf die Couch ein und sagte immer wieder: »Wie dumm! Wie dumm du bist!« Sie fühlte, daß es gegen ihre Mutter gerichtet war. Sie revanchierte sich für die Züchtigungen, mit der diese sie als Kind gequält hatte.

Sally brauchte ziemlich lange, um zu lernen, ihren Zorn auszudrücken. Als sie dazu während der Sitzungen bis zu einem gewissen Grad imstande war, stand sie immer noch vor dem Problem, ihren Zorn auch im täglichen Leben »herauszulassen«. Das war schwerer. Eines Tages berichtete sie folgenden Vorfall:

> Beim Kurs passierte mir neulich etwas. Der Lehrer befahl mir barsch: »Setzen Sie sich gerade hin!« Da bekam ich eine ungeheure Wut und dachte: dieser Idiot! Ich fühlte, wie mir vor Zorn ganz heiß wurde, als wären Blitze in mir, aber ich ließ es nicht herauskommen. Ich fühlte, wie mein Körper sich verkrampfte und meine Muskeln sich anspannten. Dann wurde mein Körper taub. Seitdem sind alle meine neurotischen Ängste zurückgekehrt, und all meine Leichtigkeit ist verschwunden.
> Der Zorn schien in mir zu schwimmen wie ein Fisch, der nicht herauskonnte. Dann gefror er – als steckte er in Eis fest. Er steckt fest, weil ich zu beherrscht bin. Warum muß mir dauernd jemand sagen, was ich fühlen soll? Warum kann ich nicht das fühlen, was in mir ist?

Danach machte die Therapie einige Wochen lang rasche Fortschritte. Es ging Sally immer besser, und ihr Privatleben verlief reibungsloser. Bei jeder Sitzung nahm sie die Übungshaltungen ein, und sie benutzte regelmäßig den Tennisschläger. Sie war imstande, ihren

Zorn auf ihre Mutter auszudrücken. Sie schlug stetig und zornig auf die Couch ein und rief ihrer Mutter dabei zu: »Wie dumm du bist, wie dumm, wie dumm!« Sie atmete merklich tiefer. »Wissen Sie«, sagte sie eines Tages zu mir, »ich bin nicht mehr so kalt wie früher. Früher brauchte ich im Winter immer eine Daunendecke; jetzt reicht mir eine dünne Wolldecke. Meine Hände sind auch wärmer, aber meine Füße sind immer noch unmöglich.«

In jeder Therapie gibt es Hochs und Tiefs. Nach dem Freisetzen ihrer Aggressivität empfand Sally eine Erschöpfung, die ihr große Angst machte. Sie wußte nicht, wie sie es schaffen sollte weiterzumachen, und die Vorstellung, sie könnte womöglich nicht weitermachen, erschreckte sie zu Tode. Sally hatte das Gefühl, sie würde über ihren Sorgen den Verstand verlieren.

Was sie rettete, war ihr Körper. Sein Bedürfnis nach Schlaf besiegte die Qualen ihres Geistes. Im Schlaf fand sie die Antwort auf ihre Angst. Wenn sie es gar nicht mehr aushielt, belebte der Schlaf sie von neuem.

Alle schizoiden Patienten machen auf ihrem Weg zur Besserung eine Phase der äußersten Erschöpfung durch. Nachdem sie sich so viele Jahre lang verkrampft haben, empfinden sie das »Loslassen« als Erleichterung, und dadurch werden sie sich der Mattigkeit bewußt, die sie bisher aus ihrem Wahrnehmungsbereich abblockten. Das Gefühl der Erschöpfung stellt einen umfassenderen Kontakt zum Körper her. Ich betrachte es als ein Zeichen dafür, daß der Körper nunmehr imstande ist, seine Bedürfnisse gegen das neurotische Ich durchzusetzen. Wenn sich der Patient diesem Gefühl der Erschöpfung hingibt, beendet es seine zwanghafte Aktivität und vermindert so sein Gefühl der Verzweiflung. Das Gefühl der Erschöpfung kann einige Wochen oder sogar Monate anhalten. Der Patient lernt daraus, daß er sehr gut ohne seine Zwänge überleben kann.

Ich habe in diesem Abschnitt wiederholt von dem Tennisschläger gesprochen, der benutzt wird, um das Gefühl des Zorns auszudrükken. Das soll nun nicht heißen, andere Mittel oder Formen des Ausdrucks seien unwichtig. Der Ansatz muß total sein, und die physische Therapie muß den ganzen Körper erfassen. Folgende Episode aus der Behandlung Sallys soll das veranschaulichen.

Einige Zeit nach ihrer Rückkehr aus Europa bemerkte meine Patientin: »In den letzten zwei Monaten habe ich mehrmals geträumt, daß meine Zähne zerbröselten, als ich versuchte, mit ihnen zuzubeißen.« Solche Träume sind dahingehend zu interpretieren, daß der Patient Angst vorm Beißen hat – im wörtlichen wie übertragenen Sinn. Sallys Unfähigkeit, die Dinge in den Griff – »in den Biß« – zu bekommen, war eine der Wurzeln ihrer Probleme. Der wiederkehrende Traum hatte aber auch eine buchstäbliche Bedeutung. Ihre Kinnbacken waren so fest zusammengepreßt, daß sie den Mund nicht vollständig öffnen konnte. Sie konnte die Kinnlade kaum vor und zurück bewegen. Um dem abzuhelfen, ließ ich sie folgende Übung machen: Sie mußte die Kinnlade leicht vorschieben, die Zähne zeigen und versuchen zu knurren. Das fiel ihr schwer, und sie machte die Bewegung ohne jedes Gefühl. Mit der Zeit fing sie jedoch an, Spaß daran zu haben, und ihr Knurren klang ganz echt. Um Sally zu helfen, ihre Zähne zu fühlen und Vertrauen zu ihnen zu gewinnen, ließ ich sie in ein Handtuchende beißen, während sie auf der Couch lag. Ich hielt das andere Ende und zog ihren Kopf und Oberkörper hoch, während sie den Rücken durchbog. Ihr Gewicht ruhte also unten auf ihren Füßen und hing oben an ihren Zähnen. Zuerst machte die Übung ihr Angst, aber sie konnte die Position trotzdem länger als eine Minute durchhalten. Diese Erfahrung führte dazu, daß ihre Zähne sich »lebendiger« anfühlten und daß sie Kraft und Sicherheit aus ihnen und ihren Kinnbacken schöpfte.

Ehe ich diese Fallgeschichte abschließe, möchte ich noch betonen, daß die Gefühle, die ein Patient während der Therapie ausdrückt, relativ sind. Im Vergleich zu seinem bisherigen Gefühlsmangel scheint das Lusterlebnis im eigenen Körper überwältigend zu sein, aber das anfängliche Hochgefühl verliert mit den nächsten Sitzungen an Wirkung, und der Patient stellt immer höhere Ansprüche an das Leben. Für einen Menschen, der soeben aus einer geschlossenen Anstalt entlassen wurde, ist Freiheit alles. Bald will er jedoch mehr: einen Platz zu wohnen, einen Partner, eine Stellung usw. In diesem Licht sollte man auch die Fortschritte betrachten, die Sally machte. Die Therapie setzt einen kontinuierlichen Wachstumsprozeß in Gang.

Wenn man seinen Körper zurückgewinnen will, muß man seinen Schmerz durch Lust und seine Verzweiflung durch positive Gefühle ersetzen. Für den schizoiden Patienten führt der Weg zur Lust aber durch Schmerz, führt der Weg zur Freude durch Verzweiflung. Anders ausgedrückt: Er kann nur in den Himmel kommen, wenn er vorher die Hölle durchmessen hat. Der Schizoide, der bisher in einem leeren, sinnlosen Zwischenreich lebte, nimmt die Odyssee auf sich, weil sie Hoffnung verspricht. Getrennt vom Körper, ist das Leben eine Illusion. Im Körper begegnet man zwar Schmerz, Trauer, Angst und Grauen, aber das sind wenigstens reale Gefühle, die man erfahren und ausdrücken kann. Wenn man Schmerz fühlen kann, kann man auch Lust fühlen. Wenn man sich der Müdigkeit hingibt, findet man Frieden. Jedes Körper-Gefühl impliziert sein Gegenteil. Wer ohne Gefühl ist, lebt in einem kalten, leblosen Vakuum. Niemand weiß das besser als der Schizoide, aber er kennt nicht mehr den Weg, der zu seinem Körper zurückführt. Wenn er ihn wiederentdeckt, wird er seinen aufgegebenen Körper mit der Inbrunst des verirrten Kindes zurückgewinnen, das seine liebende Mutter wiedergefunden hat.

13 Das Erlangen der Identität

Das Gefühl der Identität wird bei der Geburt nicht automatisch mitgeliefert. Der Mensch entwickelt seine Identität, während sein Ich wächst und reift. Für die meisten Patienten liegt das Problem also nicht darin, eine verlorene Identität zurückzugewinnen – sie hatten ja nie eine richtige Identität –, sondern vielmehr darin, einen Identitätssinn überhaupt erst zu entwickeln, indem sie ein stabiles und gut funktionierendes Ich aufbauen.

Wahrnehmen und Integrieren von Körper-Empfindungen einerseits und das Ausdrücken von Gefühlen andererseits sind die entscheidenden Komponenten der Ich-Bildung. Wenn ein Kind am Ausdruck seiner Gefühle gehindert wird oder wenn man ihm beibringt, sich seiner Körper-Gefühle zu schämen, kann sein Ich nicht reifen. Wenn man es daran hindert, sich selbst zu finden, sowohl seine Kraft wie seine Schwächen zu entdecken, wird sein Ich keinen sicheren Halt in der Realität haben, und es kann nur eine verschwommene Identität entwickeln. Wenn seine Eltern es außerdem noch ständig mit Geboten und Verboten traktieren, damit es nach ihrem Bilde werde, entwickelt es ein verschlagenes Ich und eine verworrene Identität. Ein solches Kind wird seinen Körper »zerstören« und seine Umwelt beeinflussen, um dem elterlichen Bild nahezukommen. Es wird eine entsprechende Rolle spielen und seine Identität mit dieser Rolle gleichsetzen.

Eine Identität, die in einer Rolle wurzelt, löst sich auf, sobald die Maskerade der Belastung des Alltags nicht standhält. Wer eine Rolle spielt, braucht ein dankbares Publikum, um auch etwas von seiner Vorstellung zu haben. Das ursprüngliche Publikum waren Mutter und Vater, die die Rolle bestimmten und die Vorstellung beklatschten. Als Erwachsener sucht der Akteur einen anderen Menschen, der von dem projizierten Bild angezogen wird und auf die Rolle reagiert. Aber ein Publikum, das nur aus einem einzigen

Zuschauer besteht, verliert bald seine anregende Kraft, und eine Vorstellung, die ständig wiederholt wird, verkommt bald zu öder Routine. Beide Parteien langweilen sich und entfernen sich voneinander – der Rollenspieler, um ein neues Publikum zu finden, und der Zuschauer, um einen neuen Schauspieler zu finden. Manchmal erkennen die beiden erst nach einer Reihe von Enttäuschungen, daß ihnen irgend etwas fehlt; viele solcher Menschen leiden jedenfalls unter einem grundlegenden Gefühl der Leere und Verzweiflung. Das Rollenspiel wird vor allem in der Intimität sexueller Beziehungen zu einer Farce, aber derjenige, der die Rolle spielt, weiß keinen anderen Weg, um zu existieren.

Die Rolle führt zu einer verzerrten Selbst-Wahrnehmung. Wer auf eine Rolle beschränkt ist, sieht sich und alle Situationen in ihrem Kontext. Das Rollenspiel färbt alle Wahrnehmungen und schwächt alle Reaktionen ab. Da es im allgemeinen unbewußt ist, bildet es das Haupthindernis auf dem Weg, seine Identität zu gewinnen. Der Betreffende fühlt sich unglücklich und meint, er sei ein Versager, weiß aber nicht, daß alle seine Frustrationen seinem Rollenspiel entspringen. Er hat die Rolle übernommen, um seinen Eltern zu gefallen, und kann jetzt nicht verstehen, warum sein Verhalten der übrigen Welt nicht genauso gefällt. Er geht zum Psychiater, um herauszufinden, wie er seine Rolle mit größerem Erfolg spielen kann.

Die Rolle, die ein Patient als Kind übernommen hat, wird im Laufe der Zeit zum Bestandteil seiner Charakterstruktur. Sie äußert sich in seiner Redeweise, seinem Gang, seinen Gesten, seinem Mienenspiel und seinen Bewegungen. Sie zeigt sich auch in seiner Körperhaltung – wenn man diese Haltung richtig interpretieren kann. Der Patient kann es freilich nicht, weil er sich der Starrheit seines Körpers gar nicht bewußt ist bzw. sie als selbstverständlich betrachtet. Um die Rolle als eine solche kenntlich zu machen, muß man die Charakterstruktur des Patienten in ihrer Gesamtheit analysieren.

Zur Therapie gehört eine Konfrontation zwischen Arzt und Patient. Bei dieser Konfrontation wird der Patient sich seiner Übertragung bewußt, das heißt, er merkt, daß er den »anderen Menschen« als das Bild seines Vaters oder seiner Mutter sieht. Er entdeckt die Wurzeln der Übertragung in seinem Bedürfnis nach Zustimmung und seiner Angst vor Selbst-Behauptung. Er stellt fest, daß er sich wegen seiner sexuellen Gefühle schuldig vorkommt und beim Ausdrücken negativer Gefühle gehemmt ist. Gelingt es ihm, diese Gefühle zu akzeptieren, kann er auch seinen Körper zurückgewinnen und seine Identität wiedergewinnen.

Demaskierung

Mary, die Kind-Frau, deren Fall ich im fünften Kapitel geschildert habe, spielte die Rolle der »süßen Puppe«. Zu Beginn der Therapie suchte sie wegen eines Brustleidens regelmäßig einen Facharzt auf, der sie – wie sie sagte – mit Brustmassagen behandelte. Sie schilderte ihn als einen älteren Herrn und sagte, die Behandlung störe sie irgendwie. Was sie störte, war nicht die Tatsache, daß er sie massierte, sondern die Art, wie er sie berührte. Sie empfand seine Berührungen als zu liebevoll.

Darf man annehmen, daß Marys Eindruck der Realität entsprach? Die Kind-Frau oder »Lolita« übt eine große Anziehungskraft auf gewisse Männer aus, die sich bei sexuell reifen Frauen unsicher und unzulänglich fühlen. Man könnte sogar die These aufstellen, daß Marys Persönlichkeit die unbewußte Funktion hatte, Männer zu erregen. Dafür spricht ihre passive Unterwerfung unter die Methode des Facharztes; ihre Hilflosigkeit ließe sich dann als Abwehrmechanismus gegen ihre eigenen sexuellen Gefühle *und* als Köder für den Mann interpretieren. Daß Mary ihre Lolita-Persönlichkeit in der Tat als einen Köder betrachtete, wurde deutlich, als sie sich eines Tages darüber beschwerte, daß ein Mann, für den sie sich interessierte, keinen Annäherungsversuch gemacht habe, als sie beide allein gewesen seien. Der sei kein richtiger Mann, erklärte sie verächtlich, sonst hätte er bestimmt auf sie reagiert.

Die Kind-Frau-Persönlichkeit erlaubt es dem weiblichen Partner, das Heraufbeschwören einer sexuellen Situation zu genießen, ohne die Verantwortung für sein Handeln zu übernehmen. Die Kind-Frau verführt den Mann mit den Gefühlen eines Kindes, das heißt, ihr vorherrschendes Gefühl ist der Wunsch nach Zuneigung und Wärme. Wenn sie verführt wird, unterwirft sie sich einem Ersatzvater, der sie, wie sie meint, versorgen und beschützen wird. In beiden

Fällen geht sie dem Schuldgefühl wegen des grundlegenden sexuellen Verlangens aus dem Weg. Das Kindhafte in einer Frau beruht auf der Verdrängung sexueller Gefühle in der Ödipussituation. Man interpretiert es am besten als Abwehrmechanismus gegen die Gefahr einer sexuellen Verstrickung mit dem Vater.

Dieser weibliche Persönlichkeitstypus bringt den Mann unweigerlich in ein Dilemma. Wenn er eine solche Frau wie ein Kind behandelt, bestärkt er sie in ihrer Rechtfertigung des betreffenden Abwehrmechanismus und bestätigt sie in ihrer Unreife. Wenn er sie wie eine Frau behandelt, ignoriert er ihre infantilen Bedürfnisse nach Verständnis und Hilfe. Sie gleichzeitig wie ein hilfsbedürftiges Kind und einen gleichberechtigten Sexualpartner zu behandeln, ist unmöglich. Meine Patientin klagte zum Beispiel darüber, daß ihr Mann nicht oft genug Verkehr mit ihr habe und bei anderen Gelegenheiten nicht auf ihren Wunsch reagiere, in die Arme genommen und gehätschelt zu werden. Ein Mann kann die Kind-Frau nicht befriedigen, welchen Weg er auch einschlagen mag, und deshalb kommt er sich über kurz oder lang schuldig vor und meint, er sei für ihr Unglück verantwortlich.

Um die Rolle zu entlarven, muß man die äußere Erscheinung des Patienten als Facette seiner Persönlichkeit sehen. Aufgrund ihrer körperlichen Unreife sah Mary sehr unschuldig und naiv aus, aber unsere Gespräche zeigten, daß sie sich viele Gedanken über die Sexualität und das Leben gemacht hatte. Wenn das Erscheinungsbild eines Patienten in irgendeiner Richtung übertrieben wirkt, stellt man oft fest, daß es die entgegengesetzte Einstellung kaschieren soll. Mit der Zeit rechnet der Therapeut von vornherein damit, hinter der Maske des Clowns Trauer zu finden, hinter der augenscheinlichen Kraft des Tyrannen Furcht und hinter der Larve der Rationalität nackte Wut. Ein verwirrter oder ängstlicher Ausdruck in den Augen, fest zusammengepreßte Kinnbacken und eine physische Starrheit des Körpers verraten die Unsicherheit, die mit dem Rollenspiel verbunden ist.

Während ich mir über Marys offensichtliche Angst und Hilflosigkeit klar wurde, spürte ich ihr unbewußtes Bestreben, Sex als Falle zu gebrauchen. Mein Wissen um ihr Rollenspiel überzeugte sie davon, daß sie mich nicht verführen konnte (was eine weitere Therapie bei mir natürlich unmöglich gemacht hätte). So konnte ich die widersprüchlichen Aspekte ihrer Persönlichkeit analysieren. Das Kind in ihr fühlte sich minderwertig und hilflos, aber die Frau in ihr betrachtete sich als überlegen und lenkend. Ihre Hilflosigkeit und Kindlichkeit ließ sich als Methode deuten, den Mann zu demütigen. Wenn sie ihn verführte, konnte sie ihn verachten. Das konnte ja kein richtiger Mann sein, der sexuell auf das Kind in ihrer Persönlichkeit reagierte. Mit diesem Manöver wurde der Mann auf das Bild ihres Vaters reduziert, der unter der Fuchtel ihrer Mutter gestanden hatte.

Mary und ihre Mutter beherrschten den Mann auf die gleiche Weise, obwohl sie den entgegengesetzten Weg einschlugen. Die Mutter bezwang ihren Ehemann mit ihrer unzähmbaren Aggression; die Tochter machte ihre Männer durch ihre Hilflosigkeit und Passivität impotent. In beiden Haushalten schwang die Frau das Zepter. Man könnte sagen, daß Mutter und Tochter insofern eins waren, als jede das Pendant der anderen darstellte. Marys Passivität stand im Gegensatz zur Aggressivität ihrer Mutter, Marys Hilflosigkeit, Kleinheit und Weiblichkeit kontrastierte mit der Stärke, Größe und »Männlichkeit« ihrer Mutter. Es war, als habe sich die Persönlichkeit der Mutter gespalten, wobei die Mutter die passive, weibliche Komponente als eine minderwertige Eigenschaft in die Tochter projizierte, während sie die aggressive, männliche Komponente für sich behielt. Psychologisch ergänzten Mutter und Tochter einander, und zusammen bildeten sie eine dämonische Einheit. Diese unbewußte Identifikation von Mutter und Tochter rief in Mary das Gefühl hervor, sie sei immer noch durch eine Nabelschnur mit der Mutter verbunden.

Mary und ihre Mutter hatten eine symbiotische Beziehung, bei der jede von der anderen abhing. Sie telefonierten regelmäßig miteinander, und so sehr Mary die Kommentare und kritischen Bemerkungen ihrer Mutter auch verabscheute, sie hatte nicht die Kraft, sie zu unterbinden. Sie hatte Angst vor ihrer Mutter, aber sie wollte ihr nicht weh tun. Sie hatte das Gefühl, ihre Mutter lebe von ihr und durch sie.

Wenn eine Mutter bei solchen symbiotischen Beziehungen dominierend und aggressiv ist, wird das Kind zu einer passiven und unterwürfigen Haltung gezwungen. Seine Unabhängigkeit wird geleugnet, seine Motilität eingeschränkt und seine Sicherheit untergraben. Seine Beine werden automatisch schwächer, und seine Atmung wird reduziert. Die Mutter weigert sich, das Kind freizugeben, weil sie es unbewußt als Teil ihres eigenen Seins betrachtet. Gisela Pankow bemerkt dazu, daß »sie [die schizoide Tochter] nicht zur Erde herunterkommen kann, um geboren zu werden, weil das Band zwischen Mutter und Tochter nie durchgeschnitten wurde«.

Um ihre Rolle aufzugeben, mußte Mary sich der Identifikation mit ihrer Mutter bewußt werden; außerdem mußte sie sich darüber klarwerden, was diese Identifikation bedeutete. Ich fragte sie, ob sie wisse, daß sie ihrer Mutter, die sie bewußt zurückwies, in mancher Beziehung ähnele. Mary räumte ein, sie habe sich mit ihrer Mutter gegen die Männer verbündet, aber gleichzeitig war ihr klar, daß sie sich der Mutter unterworfen hatte. Die Kombination von Unterwerfung und Identifikation zwang Mary in die Rolle der »süßen Puppe«. Diese Rolle ermöglichte es ihr, die komplizierte Beziehung zu ihren Eltern intakt zu halten, denn wie wir gleich sehen werden, förderte der Vater diese Rolle ebenfalls.

Marys Rolle erfüllte drei Funktionen: 1. Die Rolle einer »süßen Puppe« spiegelte eine passive sexuelle Einstellung wider, die im Gegensatz zur unweiblichen sexuellen Aggressivität der Mutter stand. Auf diese Weise lehnte Mary ihre Mutter ab. 2. Indem sie eine »süße Puppe« und kein sexuelles Wesen war, drückte Mary außerdem ihre Verachtung für die Männer aus, die Mutter und Tochter miteinander verband. 3. Die Rolle der »süßen Puppe« wurzelte zudem in der unbewußten homosexuellen Beziehung zwischen Mutter und Tochter, bei der Mary unterwürfig als Spielzeug der Mutter fungierte.

Die grundlegende Identifikation mit der Mutter geht aus der folgenden Feststellung Marys hervor:

> Manchmal habe ich das Gefühl, ich sei meine Mutter. Als ich gestern abend zu Bett ging, hatte ich denselben Gesichtsausdruck wie sie. Wenn sie ruht, ist ihr Gesicht nämlich häßlich, gewöhnlich, vulgär; ihr Mund hängt nach unten. Ich habe das Gefühl, wenn ich nicht aufpasse, wenn ich mich gehenlasse, wird mein Gesicht genauso häßlich wie ihres.

Sie blickt voll Haß, wenn sie sich nicht zusammenreißt. Ihre Augen werden zu Eis. Sie ist eine Tigerin – eine menschenfressende Tigerin.

Mary identifizierte sich mit ihrer Mutter und hatte trotzdem Angst vor ihr. Im Hinblick auf sich selbst sah sie ihre Mutter als Katze mit Krallen; im Hinblick auf Männer sah sie sie als eine menschenfressende Tigerin. Um der Katze zu entgehen, suchte sie Verständnis und Hilfe bei ihrem Vater. Marys Vater war jedoch ein passiver Mann, der Angst davor hatte, sich gegen seine Frau durchzusetzen. Deshalb konnte er seine Tochter weder beschützen noch dazu ermutigen, eine unabhängigere Haltung einzunehmen. In seiner Schwäche war er jedoch empfänglich für die sexuelle Versuchung in Gestalt eines kleinen Mädchens, und so küßte er sie mit geöffnetem Mund und streichelte ihren Körper in der irrigen Annahme, das sei Liebe. Mary konnte diesen pervertierten Ausdruck des väterlichen Gefühls nicht zurückweisen, war er doch auf jeden Fall den Krallen ihrer Mutter vorzuziehen. Außerdem hatte sie Mitleid mit ihrem Vater und identifizierte sich mit ihm, da er genauso wie sie von ihrer Mutter tyrannisiert wurde. Als »süße Puppe« bedrohte sie ihn nicht in seiner Männlichkeit, und in dieser Rolle konnte sie sich ein gewisses Maß an körperlichem Kontakt und Wärme verschaffen. Mary beutete ihn in dieser Beziehung aus, wie sie später ihre Partner in allen ihren Beziehungen ausbeuten sollte.

Wer war Mary? Sie war die Verführerin und die Verführte, das Opfer und die Opfernde. Ihre Identität belief sich auf Null: ±1. Die eine Hälfte ihrer Persönlichkeit identifizierte sich mit der Aggressivität der Mutter, die andere mit der Passivität des Vaters. Alles, was Mary als ihr Eigenes beanspruchen konnte, waren ein Widerwille gegen ihren Körper und ein Widerstand gegen das Leben. In ihrer Verzweiflung lebte sie von der Illusion, irgend jemand würde auf die Puppe reagieren, ohne sie auszubeuten. Der einzige Mensch, der so auf sie reagieren konnte, war jedoch ein Therapeut.

Nach dieser Analyse ihres Rollenspiels stellte ich fest, daß Mary mich auf einmal anders ansah. In ihren Augen war ein Ausdruck der Zuneigung. Bisher hatte sie mich betrachtet wie Kreon, der von Antigone verlangt, eine unerträgliche Realität zu akzeptieren.

Die Realität, die Mary unerträglich fand, war die Notwendigkeit einer unabhängigen Existenz. Als »süße Puppe« würde sie unterstützt und ausgebeutet werden, und so sehr sie die Ausbeutung haßte, so wenig war sie bereit, auf die Unterstützung zu verzichten. Durch die Analyse ihrer Rolle lernte sie, daß sie nicht das eine ohne das andere haben konnte. Um nicht ausgebeutet werden zu können, mußte sie auf ihren eigenen Füßen stehen, die Verantwortung für ihr Leben übernehmen und in den Funktionen ihres Körpers Lust und Befriedigung finden. Sie mußte ihre Identität entdecken, das heißt, ihre Gefühle zurückgewinnen und die Fähigkeit erlangen, sie auszudrücken.

Wenn die Rolle, die ein Patient spielt, entlarvt wird, merkt der Betreffende zunächst, wie verzerrt seine Wahrnehmung ist – wie sehr er andere Menschen nach dem Bild sieht, das er von seiner Mutter und seinem Vater hat. Er verzerrt also die Realität. Zweitens wird er sich seiner negativen Gefühle bewußt, die er bisher auf andere Menschen (Therapeut, Ehepartner, Kinder usw.) projiziert hat. Drittens wird er sich über seine Trotzhaltung klar, die ihn von anderen trennt und in die Isolation drängt. Schließlich fühlt der Patient, was es heißt, für sich selbst zu leben, seine Gefühle zu kennen und sie ausdrücken zu können. Jeder Abschnitt dieses Prozesses beinhaltet eine Interaktion mit dem Therapeuten, der abwechselnd ein Gegenstand der Manipulierung, ein Grund für negative Gefühle, ein Anlaß zu Trotz und endlich einfach ein anderes menschliches Wesen ist, das der Patient bejahen und achten kann, weil er nun die Fähigkeit hat, sich selbst zu bejahen und zu achten.

Die Rolle ist ein bestimmtes Verhaltensmuster, das sich im Verlauf der frühkindlichen und kindlichen Anpassung an die familiäre Situation herausgebildet hat. Sie ist ein Produkt der Interaktion zwischen der kindlichen Persönlichkeit und deren Bedürfnissen einerseits und den Persönlichkeiten (samt deren Forderungen) der Eltern andererseits. Wenn Eltern darauf bestehen, daß ein Kind etwas Bestimmtes ist oder sich auf eine bestimmte Weise verhält, geben sie damit den Anstoß zu der Rolle, die es im späteren Leben spielen wird. Noch wichtiger ist freilich die Rollenbestimmung durch die unbewußten Einstellungen und Erwartungen der Eltern, die dem Kind durch Blicke, Berührungen, Gesten und Launen mitgeteilt werden. Im allgemeinen ist die Rolle schon ziemlich genau festgelegt, wenn das Kind sieben Jahre alt wird.

Da jedes Kind anders ist und da keine zwei Familien einander aufs Haar gleichen, wird die Rolle zum einzigartigen und individuellen Existenzmodus des verzweifelten Menschen. Das Kind, das das Glück hat, sich einigermaßen frei entfalten und seine Bedürfnisse und Wünsche mehr oder weniger befriedigen zu können, wird kein Rollenspiel brauchen. Doch um sich an eine widersprüchliche oder feindselige familiäre Situation anzupassen, ist die Rolle der beste Ausweg.

Beim Anpassungsprozeß bildet das Kind die Identifikationen mit seinen Eltern heraus, die seine Persönlichkeit formen. Eine unbewußte Identifikation läßt keine Reaktionsfreiheit zu. Kinder ahmen von Natur aus nach, und so richten sie sich auch spontan nach dem Verhalten und den Einstellungen der Eltern. Das Nachahmen ist ein natürlicher Prozeß, die Identifikation eine pathologische Erscheinung. Das nachahmende Kind stellt seine Persönlichkeit auf eine breitere Basis, indem es durch Imitation lernt. Das Kind, das sich identifiziert, stellt seine Persönlichkeit auf eine schmale Basis, weil es seine Reaktionsskala beschränkt.

Identifikation ist ein unbewußter Prozeß. Wilhelm Reich betonte, die wichtigste Identifikation betreffe immer den drohenden Elternteil. Eine bekannte Redensart lautet, man könne den Teufel nur mit den Waffen des Teufels bekämpfen. Wenn ein Mensch aber die Taktik des Feindes übernimmt, wird er wie der Feind. Wer auch immer die Waffen des Teufels benutzt, wird selbst ein Teufel. Zur Identifikation kommt es, wenn ein Kind eine elterliche Einstellung in sein Fühlen und Denken integriert, um mit der Feindseligkeit fertig zu werden, die dieser Einstellung zugrunde liegt. Dabei wird die Einstellung zum Bestandteil seiner eigenen Persönlichkeit. Solange die Identifikation unbewußt bleibt, besitzt weder das Kind noch der Erwachsene Reaktionsfreiheit, das heißt, die Identifikation legt beide in ihren Reaktionen auf alle möglichen Situationen fest. Das Kind ist je nach dem Grad der Identifikation seine Mutter oder sein Vater, oft sogar beides, und verhält sich so, wie sie sich verhalten würden.

Man kann die Rollen, die von Menschen gespielt werden, in zwei

Hauptgruppen unterteilen: in beherrschende und unterwürfige. In jeder neurotischen Beziehung übernimmt ein Partner die beherrschende Rolle und der andere die unterwürfige. Menschen, die eine Rolle spielen, müssen einen Partner finden, der die Komplementärrolle spielt, weil die Beziehung sonst nicht funktionieren kann. Eine Frau mit männlichen und aggressiven Tendenzen wird sich zum Beispiel mit einem Mann zusammentun, der passive, weibliche Tendenzen hat. Ganz ähnlich sucht der Mann, der den Helden spielt, unbewußt eine Frau, die ihn verehren wird. Solche Beziehungen sind aber nur selten befriedigend, weil hinter den Rollen Menschen aus Fleisch und Blut stehen, deren wahre Bedürfnisse nicht von ihrem Rollenspiel befriedigt werden: Der Mensch, der die unterwürfige Rolle übernimmt, ist nicht gern unterwürfig, während der Mensch mit der beherrschenden Rolle ständig frustriert ist. Beherrschen macht keinen Spaß und wird sinnlos, wenn der Partner sowieso unterwürfig ist.

Zu jedem Rollenspiel gehören gegenseitige Unterstützung und Ausbeutung. Die männliche, aggressive Frau, die ihre Familie beherrscht, findet in der passiven Willfährigkeit ihres Mannes eine Stütze für ihr unsicheres Ich. Und der passive Mann findet eine Stütze in seiner aggressiven Ehefrau, wenn es darum geht, Entscheidungen zu fällen und sich in der Welt zu behaupten. Sie beutet seine Schwäche aus, indem sie seine Männlichkeit beschneidet, um ihr Scheitern als Frau zu rechtfertigen. Er ist unterwürfig, um seine Schwäche auf ihre Feindseligkeit zurückführen zu können. Jedem Rollenspiel liegen die Furcht vor Selbst-Behauptung und das Empfinden von Schuld als Folge sexueller oder negativer Gefühle zugrunde.

Selbst-Behauptung

Ein bewußtes Selbst-Gefühl – eine Identität – entwickelt sich, wenn das Ausdrücken von Gefühlen ich-gerichtet wird. Dann bestimmt der Wille das Verhalten. Das Kind ist sich bewußt, was es tut, und hat eine gewisse Vorstellung davon, wie sein Verhalten andere Menschen beeinflußt. Seine Handlungen oder Äußerungen sind nicht mehr reine Entladungsphänomene, die Spannungen lösen, sondern dienen jetzt auch als Kommunikationsmittel. Von diesem Punkt an kann man bereits von Selbst-Behauptung sprechen. Im Bewußtsein ist also ein Selbst-Gefühl entstanden, das heißt, das Subjekt ist sich seiner selbst als »eine fühlende und handelnde Einheit« bewußt, wie R. A. Spitz schreibt. Nach Spitz beginnt diese Entwicklung, wenn der Säugling ungefähr achtzehn Monate alt ist.

Das spezifische Verhalten, das den Beginn der Entwicklung anzeigt, ist der Ausdruck des Nein, entweder verbal oder durch die Geste des Kopfschüttelns. Spitz schreibt: »Die Erwerbung des ›Nein‹ ist der Indikator für die neu erreichte Stufe der Autonomie, für die Wahrnehmung des ›Anderen‹ und die Gewahrung des ›Selbst‹.« Der gestische oder verbale Ausdruck des Ja ist eine spätere Entwicklung. Bis dahin kann das Kleinkind durch entsprechende Körperbewegungen bejahen oder verneinen. Es kann den Mund öffnen, um die Nahrung aufzunehmen, die seine Mutter ihm reicht, oder es kann sich zum Zeichen der Ablehnung wegwenden. Dieses Verhalten ist jedoch halbautomatisch und beruht nicht auf einem eigenständigen Urteil, das den Eltern mitgeteilt wird. Das Kind, das ja oder nein sagt, ersetzt unmittelbares Handeln durch Kommunikation, und bei diesem Prozeß spürt es sich als ein aktives Wesen, das imstande ist, Entscheidungen zu treffen.

Der Begriff des Nein beinhaltet nicht nur Zurückweisung, sondern auch die Vorstellung des Widerstands. Wenn das Kind nicht essen will, richtet sich seine Entscheidung nicht gegen die Mutter, sondern gegen die angebotene Speise, während der Ausdruck des Nein auf eine Person gerichtet ist. Mit dem Nein bekundet das Kind seinen Widerstand gegen die Eltern, setzt sich also als autonome Kraft durch. Es weiß, was die Eltern wollen, aber es ist sich auch bewußt, daß es diesen Willen zurückweist.

Die Entdeckung des Selbst auf dem Weg des Widerstands fasziniert das Kind. Es erforscht, es »übt« das neue Mittel des Selbst-Ausdrucks, indem es oft auch dann nein sagt, wenn man ihm ein begehrtes Objekt anbietet. Diese Erfahrung habe ich zum Beispiel bei meinem Sohn gemacht. Als er zwei Jahre alt war, reichte ich ihm dann und wann einen von den Keksen, die er besonders gern mochte, aber er schüttelte schon ablehnend den Kopf, bevor er überhaupt sah, worum es sich handelte. Wenn er den Keks dann erkannte, griff er prompt danach. Eine Patientin erzählte mir von einem Erlebnis, das in diesem Zusammenhang ebenfalls recht interessant ist. Sie sagte, sie erinnere sich noch genau, wie sie sich ihrer selbst als unabhängige Persönlichkeit bewußt geworden sei: Wenn ihre Eltern sie etwas fragten, antwortete sie oft absichtlich mit einer Lüge. Während sie die Lüge aussprach, merkte sie, daß man nicht unbedingt die Wahrheit zu sagen brauchte, und wurde sich darüber klar, daß sie selbst entscheiden konnte, wie sie antworten wollte. Ich fragte mich unwillkürlich, ob Kinder manchmal nur deshalb lügen, weil sie ihr Selbst-Gefühl testen und bestätigen wollen.

Ehe sich der Begriff des Nein im Geist eines Kindes entwickelt, kann man das kindliche Verhalten als einen Ausdruck von Zustimmung oder Bejahung betrachten. Das Streben nach Lust und das Vermeiden von Schmerz sind instinktive Reaktionen; Spitz erklärt dazu: »Die Bejahung ist ein wesentliches Merkmal des Triebs.« Das Negative ist dagegen eine Eigenschaft des Ichs und entsteht, wenn das Individuum sich seines Widerstandes bewußt wird. Wie das Ich seine Kraft aus dem Körper schöpft, so gewinnt der Ausdruck des Nein seine Kraft aus der bisherigen Befriedigung von Wünschen und Bedürfnissen.

Wie die klinische Erfahrung zeigt, kann der Mensch, der nicht weiß, was er will, auch nicht nein sagen. Wenn er das Wort ausspricht, dann tut er es ohne innere Überzeugung und ohne Entschlossenheit in der Stimme. Die logische Erklärung für dieses Phänomen: Eine Verneinung ohne irgendein Gefühl der Bekräftigung ist bedeutungslos. In den meisten logischen Systemen entsteht das Negative als Gegensatz zu einer vorausgegangenen Behauptung. Die psychologische Erklärung lautet, daß das Selbst auf der Wahrnehmung von Gefühl beruht; wenn das Gefühl verschwindet, fehlt das Fundament der Selbst-Behauptung, und der Ausdruck des Nein wird geschwächt. Das Selbst ist wie ein Eisberg, der zu neun Zehnteln unter der Wasseroberfläche liegt und nur seine Spitze zeigt, um uns an seine Existenz zu erinnern. Ganz ähnlich ist das bewußte Selbst der oberste Teil eines psychologischen Bauwerks, dessen Stützpfeiler der Körper und seine Empfindungen sind.

Man kann sagen, daß die Selbst-Behauptung auf zweierlei Weise stattfindet: Der Mensch greift bewußt nach dem, was er haben möchte, und weist bewußt das zurück, was er nicht möchte. Diese beiden Impulse können mit Worten oder Taten ausgedrückt werden. Beide Formen der Selbst-Behauptung und beide Ausdrucksarten sind beim Schizoiden blockiert. Sein Leiden schränkt seine Fähigkeit ein, Forderungen zu stellen und seinen Widerstand gegen die Forderungen anderer zu äußern. Angesichts dieser Schwierigkeit schreckt er vielleicht vor zwischenmenschlichen Beziehungen überhaupt zurück, oder er verhält sich, wenn er sie doch anknüpft, unterwürfig und rebellisch zugleich.

Der schizoide Rückzug beinhaltet eine stumme Negation, die schizoide Starrheit einen stummen Widerstand. Der Schizoide sagt in Wahrheit: Ich will nach nichts greifen. Aber er ist sich dieser Einstellung nicht bewußt, weil er sich seines Körpers nicht bewußt ist. In seiner Lage wird jeder Versuch fehlschlagen, ihm einen Ausdruck der Zustimmung zu entlocken. Bei der Therapie nähert man sich der Bejahung auf dem Weg über die Verneinung. Die Logik der Therapie besteht darin, daß man sich von der Peripherie zum Mittelpunkt vortastet, während Wachstum und Entwicklung entgegengesetzt verlaufen.

Das Freisetzen der verdrängten negativen Gefühle hat zur Folge, daß die positiven Gefühle Sehnsucht und Zuneigung sich endlich Bahn brechen können. Wenn die gefrorene Peripherie des Körpers aufgetaut ist, macht sich das Verlangen nach Kontakt und Wärme in einem etwas infantilen Weinen Luft. Viele Patienten sagen selbst, ihr Weinen klinge wie das Schluchzen eines Babys. Es ist die Stimme des verdrängten Kindes, das hinter der Fassade der Abgeklärtheit und der Maske des Todes verborgen ist.

Im vorigen Kapitel habe ich einige der physischen Methoden beschrieben, mit denen man einen Patienten mit seinem Körper in Kontakt bringen kann. Diese Methoden machen ihm seine Muskelverspannungen bewußt, lockern sie und fördern die Atmungstätigkeit. Aber die Hauptaufgabe – den Patienten von seiner Starrheit zu befreien – kann man nur mit Hilfe expressiver Bewegungen lösen. Wenn der Patient zum Beispiel gegen sein Bett tritt, macht er eine expressive Bewegung, denn Treten heißt protestieren. Wenn die Bewegung allerdings mechanisch, ohne jedes Bewußtsein um ihre

Bedeutung, ausgeführt wird, ist sie nur irgendeine körperliche Aktivität. Mit den Fäusten oder einem Tennisschläger auf die Couch einzuschlagen, ist ebenfalls eine expressive Geste. Man kann das Selbst-Behauptungsvermögen eines Patienten noch mit einer ganzen Reihe anderer expressiver Bewegungen verbessern.

Bei einer dieser Übungen liegt der Patient mit zurückgelehntem Kopf und leicht angezogenen Knien auf der Couch, bearbeitet das Möbelstück mit den Fäusten und sagt bei jedem Schlag: »Nein!« Die Intensität des Tons und die Kraft der Schläge lassen erkennen, inwieweit der Patient imstande ist, ein negatives Gefühl auszudrükken. In den meisten Fällen ist die Stimme leise, und die Schläge kommen nur zögernd. Die betreffenden Patienten müssen ermutigt werden, sich nachdrücklicher durchzusetzen. Aber selbst dann sind sie fast nie imstande, sich der Aktivität uneingeschränkt hinzugeben. Man hört Rationalisierungen wie »Ich habe doch gar keinen Grund, nein zu sagen« oder »Zu wem soll ich denn nein sagen?«. Dieses Verhalten steht in deutlichem Gegensatz zu der Begeisterung, mit der die meisten Kinder sich diesem »Spiel« widmen würden. Über kurz oder lang stellt der Therapeut unweigerlich fest, daß die Patienten in der Kindheit unfähig waren, ihren Eltern Widerstand zu leisten.

Gelegentlich löst diese expressive Bewegung bei dem Patienten auch eine positive Reaktion aus. Ich erinnere mich an eine etwa vierzigjährige Frau, die nach der Übung sagte: »Das ist das erste Mal, daß ich richtig nein sagen konnte. Es ist ein tolles Gefühl.« In anderen Fällen führt dieses einfache Freisetzen dazu, daß die Patienten spontan in Tränen ausbrechen. Im allgemeinen wird die Fähigkeit, mit Überzeugung oder Nachdruck nein zu sagen, jedoch erst durch konstantes Wiederholen der Übung entwickelt.

Man kann viele Ausrufe mit der Bewegung verbinden. »Ich will nicht!«, »Ich hasse dich!« und »Warum?« passen gut zu der Geste, aber es gibt noch andere. Gelegentlich tue ich so, als wehrte ich mich gegen die Selbst-Behauptung eines Patienten, indem ich »Doch!« sage und sein Handgelenk festhalte. Mein Eingreifen bringt die meisten Patienten außer Fassung. Sie wissen nicht, was sie tun sollen. Manchmal leistet ein Patient jedoch Widerstand und versucht, sich trotz meiner Opposition durchzusetzen. Widerstand und Trotz sind typisch für Kinder, denen es Spaß macht, gegen ihre Eltern »aufzumucken« – das geht natürlich nur, wenn sie keine Angst vor ihnen haben. Die meisten Patienten haben jedoch Angst, sich meiner Autorität zu widersetzen. Sie sind in der Therapie genauso unterwürfig wie im Leben und blockieren ihre Auflehnung und ihren Widerstand in ihrem Körper.

Wenn der Patient seine Fähigkeit, negative Gefühle offen auszudrücken, stetig weiterentwickelt, wird er sich früher oder später gegen den Therapeuten wenden. Er wird sich offen auflehnen. Er wird sich gegen den Therapeuten, das Symbol aller Autorität, durchzusetzen versuchen. Dazu ein Beispiel. Ein Patient von mir kam zu spät zur Sitzung und sagte: »Ich habe mir vorgestellt, ich würde nicht kommen. Sie würden mich fragen: ›Warum?‹ Ich würde Ihnen antworten: ›Leck mich.‹ Ich würde mich gegen Sie wehren. Ich habe das Gefühl, ich bin dumm, und alles ist Ihre Schuld. Solange ich Ihre Werte akzeptiere, kann ich nicht für mich selbst denken. Zur Hölle mit Ihnen und all dem, was Sie predigen.«

Als wir die Gefühle des Patienten diskutierten, sagte er, im schizoiden – zurückgezogenen – Zustand habe er über ein reiches Innenleben verfügt und an Ideen habe es ihm nie gemangelt. Er habe gern gelesen. Jetzt komme er sich dumm vor. Meine Werte, so behauptete er, hießen: männlich sein, aggressiv sein, in der Realität stehen. Er fand, das sei zuviel verlangt, aber gleichzeitig sah er ein, daß es unerträglich geworden war, schizoid zu bleiben. Die weitere Analyse ergab, daß er Intelligenz, Phantasie und Sensibilität mit seiner Mutter assoziierte. Was er »meine Werte« nannte, waren Eigenschaften seines Vaters, zu dem er nie eine rege Beziehung entwickelt hatte.

Unter Streß drücken schizoide Menschen häufig negative Gefühle aus, aber in einer Form, die ihren Identitätssinn nicht verbessert. Sie werden hysterisch und schreien oder sie machen laut feindselige Bemerkungen. Man muß zwischen hysterischen Ausbrüchen und emotionalem Ausdruck unterscheiden. Der hysterische Ausbruch gleicht einer Explosion, die die Fessel des Ichs sprengt, während eine echte Emotion mit der Zustimmung und Unterstützung des Ichs ausgedrückt wird. Eine Emotion ist eine integrierte und totale Reaktion des Menschen, der hysterische Ausbruch ist nicht integriert, sondern »gespalten«: Der Körper agiert aus, während das Ich die losbrechende Flut nicht eindämmen kann. Hysterische Ausbrüche sind bei der schizoiden Persönlichkeit häufig und führen dazu, daß sich das Ich noch mehr vom Körper trennt.

Bei einer anderen expressiven Geste, die sich besonders gut dazu eignet, Spannungen zu lösen, wird ebenfalls ein Nein ausgedrückt. Auch dabei liegt der Patient mit zurückgelehntem Kopf und leicht angezogenen Knien auf der Couch. Diesmal spannt er jedoch die Nackenmuskeln, schiebt das Kinn etwas vor und schüttelt den Kopf schnell von einer Seite zur anderen. Gleichzeitig sagt er leise oder laut: »Nein.« Im Verlauf der Übung wird die Stimme lauter, und in manchen Fällen steigert sich der Ton zu einem Schrei. Diese Geste ist eine Intensivierung des normalen Kopfschüttelns, denn sie mobilisiert den Starrsinn, der mit dem Spannen der Nackenmuskeln verbunden ist – »Hartnäckigkeit« im wörtlichen und übertragenen Sinn. Schizoiden fällt es oft schwer, sie richtig auszuführen. Die Verspannung in den Muskeln an der Verbindungsstelle von Kopf und Nacken ist ohnehin so stark, daß sie den Kopf unregelmäßig und krampfhaft schütteln; die Bewegung wirkt deshalb unkoordiniert. Ihre Hartnäckigkeit ist unbewußt und unterliegt demzufolge nicht der Kontrolle des Ichs. Mit der Zeit lockern sich jedoch die Verspannungen im Nacken, und sie können ihr Nein überzeugender ausdrücken.

Schnelles Kopfschütteln führt, wenn man zur gleichen Zeit ausatmet, überdies zu einem Schütteln des ganzen Körpers. Wenn der Patient dabei »Nein« sagt, hat die Übung noch mehr Erfolg. Man könnte sagen, daß der schizoide Mensch aufgeschüttelt, ja, aufgerüttelt werden muß, aber das sollte er eben am besten selbst tun. Hans Selye schreibt über die Wirksamkeit der Schocktherapie bei der Behandlung seelischer Leiden: »Niemand wußte wirklich, wie diese Schocktherapien wirkten . . . Es schien, als würde der Patient irgendwie ›aus seiner Krankheit herausgeschüttelt‹, so wie man den Wutanfall eines kleinen Kindes beenden kann, indem man ihm unvermittelt ein Glas kaltes Wasser ins Gesicht schüttet.« Bewußtes Kopfschütteln hat natürlich nicht die Wirkung eines Elektroschocks, trägt aber dazu bei, die Muskelstarre des schizoiden Menschen zu lösen, der eine Schockbehandlung zum Glück nicht nötig hat.

Der Nutzen all dieser Bewegungen beruht auf dem Prinzip, daß die durch Muskelverkrampfungen blockierte Negativität freigesetzt werden kann, indem man die verspannten Muskeln entsprechend aktiviert. Das Kopfschütteln ist eine Methode, um die kontrahierten Muskeln an der Schädelbasis zu aktivieren, und wenn man das Kinn vorschiebt, mobilisiert man die gespannten Kinnbackenmuskeln. Im vierten Kapitel habe ich darauf hingewiesen, daß der schizoide Mensch eine starre Kinnpartie hat, die seine Trotzhaltung ausdrückt. Er ist nicht bewußt trotzig; er ist sich nicht einmal der Starrheit seiner Kinnpartie bewußt. Wenn er den Trotz aber übersteigert, wird er sich dieser Starrheit bewußt. Er wird sagen, daß die Belastung, der er die betreffenden Muskeln unterwirft, Schmerzen verursacht. Und wenn er seinen Trotz offen ausdrückt, werden die Spannungen in seinen Kinnbackenmuskeln kleiner.

Das starre, trotzige schizoide Kinn verhindert die normale »Greifbewegung«, die der Mund ausführt, wenn er saugen will. Da dies die wichtigste, weil erste Geste ist, mit der man nach der Welt greift, und überdies noch die erste aggressive Bewegung, die ein Baby macht, legt ihre Hemmung das Fundament zur Hemmung aller anderen Gesten, mit denen das Individuum nach der Welt greifen möchte. Ein Kleinkind oder ein normaler Erwachsener kann mühelos mit den Lippen nach der Welt greifen. Wenn der Schizoide aber versucht, diese Geste zu machen, schiebt er unwillkürlich das Kinn vor, während er die Lippen spitzt. Seine Geste ist widersprüchlich, weil das Vorschieben des Kinns ein Ausdruck des Widerstands (negativ) ist, während das Spitzen der Lippen eine Zustimmung oder ein Akzeptieren beinhaltet. Die beiden Gefühle schließen sich dann gegenseitig aus. Die Unfähigkeit des schizoiden Patienten, mit dem Mund nach der Welt zu greifen, ohne gleichzeitig das Kinn vorzuschieben, veranschaulicht die Tatsache, daß verdrängte negative Gefühle den Ausdruck positiver oder zustimmender Gefühle blockieren.

Eine andere expressive Bewegung, mit der Negation freigesetzt werden kann, ist das »Kopfschlagen«. Der Patient schlägt natürlich nicht mit dem Kopf gegen eine Wand, sondern gegen eine Schaumgummimatratze. Diese Geste ist das Gegenteil vom Kopfnicken. Kinder machen sie, wenn sie sehr enttäuscht sind, um die Spannungen im Nacken und an der Schädelbasis zu lösen. Ein verkrampfter Mensch kann seinen Körper lockern, indem er rhythmisch mit dem Kopf auf ein Bett schlägt. Wenn er sich dieser Übung richtig hingibt, verursacht sie sogar angenehme Empfindungen. Der Körper wird aufgeschüttelt und die Atmung vertieft. Da das Zwerchfell ebenfalls einbezogen ist, kann es aber auch zu Übelkeit kommen. Wenn der Patient sich dann unter Würgen übergeben kann, löst er seine Zwerchfellspannungen weitgehend.

Jede expressive Bewegung des Körpers kann Spannungen lösen und die Fähigkeit des emotionalen Ausdrucks weiterentwickeln. Ich habe die Bewegungen betont, die negative Gefühle ausdrücken, aber es ist auch wichtig, mit zustimmenden Gesten zu arbeiten. So lasse ich Patienten oft mit beiden Armen nach oben greifen und dabei »Mama« sagen; diese Geste löst eine Woge von Gefühlen aus, vorausgesetzt der Patient gibt sich ihr uneingeschränkt hin. Ich habe viele Menschen weinen gesehen, als sie diese Geste ausführten.

Die Therapie ist ein Prozeß der Selbstentdeckung, die aber nur in bezug auf einen anderen Menschen, nämlich den Therapeuten, stattfindet. Bei der Interaktion mit ihm vollzieht der Patient seine frühen Erfahrungen mit seiner Mutter und seinem Vater nach. Die Phänomene, die bei dieser Interaktion auftreten, nennt man Übertragung, Widerstand und Gegenübertragung.

Übertragung, Widerstand und Gegenübertragung

Die Rolle, die ein Patient spielt, bildet die Grundlage seiner Beziehung zum Therapeuten. Diesen Zustand beschreibt der Begriff »Übertragung«. Der Patient überträgt die Gefühle und Einstellungen, die er seinen Eltern gegenüber entwickelt hat, auf den Therapeuten. Er betrachtet den Therapeuten als Ersatzmutter oder Ersatzvater und spielt seine Rolle in der Erwartung, Liebe und Zustimmung zu finden und seine Befürchtungen und Ängste so überwinden zu können. Wenn der Patient die Rolle des braven, gefügigen Kindes spielt, wird er versuchen, den Therapeuten mit seiner eifrigen Mitarbeit und Aufrichtigkeit zu beeindrucken. Wenn er die Rolle des Wirtschaftsbosses spielt, wird er versuchen, die Therapie selbst in die Hand zu nehmen, um seine Macht und seine Führungsqualitäten zu demonstrieren. Kann das Rollenspiel nicht durchbrochen werden, muß die Behandlung scheitern. Das Rollenspiel ist der wichtigste psychologische Widerstand gegen die therapeutische Bemühung.

Der Patient, besonders der schizoide Patient, kommt nicht zuletzt deshalb zur Therapie, um die Bejahung und Wärme zu finden, die er als Kind entbehrt hat. Er muß wieder Kontakt mit dem kleinen Kind in seinem Innersten herstellen, dessen Existenz er jahrelang geleugnet hat. Um den Kontakt herzustellen und seine Identität zu erlangen, muß er vom Therapeuten unterstützt werden. Diese Notwendigkeit drängt den Therapeuten in die Position einer Mutterfigur. Je ernsthafter die Störung des Patienten ist, um so dringender braucht er die Art von Unterstützung, die ihm in seiner frühen Kindheit versagt wurde. John Rosen erklärt zu der Rolle, die der Therapeut bei der Behandlung des schizophrenen Patienten spielt: »Er muß die idealisierte Mutter sein, auf der nun die Verantwortung lastet, den Patienten noch einmal von vorn aufzuziehen.« Und A. A. Honig schreibt: »Als ich meine geheilten Patienten fragte, welche Rolle ich gespielt hätte, um ihnen zu helfen, antworteten sie alle: ›Mutter‹.«

Um eine gütige Mutter zu sein, reicht es nicht, verbal Interesse oder Anteilnahme auszudrücken. Der Therapeut muß mit dem Patienten ebenso in Kontakt kommen wie eine Mutter mit ihrem Kind, also über den Körper. Wenn der Therapeut den Patienten mit warmen und zärtlichen Händen berührt, stellt er einen umfassenderen Kontakt her, als es mit Worten oder Blicken möglich wäre. Der Therapeut, der die physischen Bedürfnisse des Patienten (Atmen und Bewegen) zu wenig beachtet, zementiert die schizoide Spaltung von Körper und Geist. Der Nutzen des analytischen Ansatzes darf den Therapeuten keinesfalls blind machen für das Bedürfnis des Patienten, seine Existenz auf sein körperliches Sein zu gründen. Der Patient muß ermutigt werden, seine Gefühle durch geeignete körperliche Aktivitäten unter Aufsicht des Therapeuten auszudrücken.

Die Rolle der »gütigen Mutter« reicht allerdings nicht aus, um das schizoide Dilemma zu beenden. Beim schizoiden Zustand sind orale und genitale Bedürfnisse so unauflösbar miteinander verbunden, daß der Patient verwirrt ist und oft nicht weiß, was sein Handeln bedeutet. Die Sehnsucht nach körperlichem Kontakt und körperlicher Nähe maskiert häufig ein Verlangen nach genitaler Befriedigung. Genitalgefühle sind oft transponierte orale Bedürfnisse nach Kontakt. Diese Verwirrung wurzelt in den frühen inzestuösen und homosexuellen Beziehungen des schizoiden Kindes. Außerdem erzeugt das »gütige Bemuttern« einen Widerstand im schizoiden Patienten – er benutzt es als Rechtfertigung dafür, sein Rollenspiel fortzusetzen. Im Geist des Patienten ist eine gütige Mutter jemand, der ihn so akzeptieren und bejahen wird, wie er ist. Jede Forderung, der Patient möge die Realität in den Griff bekommen, wird von ihm als mangelnde Unterstützung interpretiert. Eine Übertragung, die auf einer Mutter-Kind-Beziehung beruht, blockiert also das Durcharbeiten der Probleme des Patienten.

Man könnte nun einwenden, ein Therapeut habe nicht das Recht, »Forderungen« an seinen Patienten zu stellen. Sicher, er hat nicht das Recht, dem Patienten vorzuschreiben, wie er sich verhalten und wie er reagieren soll. Das würde den Widerstand des Patienten gegen die Therapie rechtfertigen. Wenn man dem Therapeuten aber das Recht bestreitet, seine Meinung zu äußern, und verlangt, er solle sich passiv verhalten, schwächt man die therapeutische Interaktion. In einem Vakuum kann der Patient keine Identität gewinnen. Er muß lernen, sich gegen die Autorität durchzusetzen, in der Gewißheit, daß sein Verhalten nicht zur Zurückweisung führt. Er muß den Arzt als menschliches Wesen betrachten, ehe er seine eigene Menschlichkeit akzeptieren kann. Er muß die Fähigkeit entwickeln, mit der Persönlichkeit des Therapeuten fertigzuwerden, ehe er mit anderen Persönlichkeiten seiner Welt fertigwerden kann. Eine wirksame therapeutische Interaktion findet nicht statt, wenn der Arzt seine Persönlichkeit hinter einer Rolle versteckt.

Der Therapeut reagiert auf die Bedürfnisse des Patienten. Er tröstet den ängstlichen Patienten, beruhigt den erschreckten und stützt den unsicheren. Man kann sagen, daß er in dieser Hinsicht die Funktion einer Mutter erfüllt. Er hegt jedoch nicht jenes persönliche Gefühl für den Patienten, das die Mutter für ihr Kind hat. Seine Reaktion auf den Patienten ist realistisch. Er kann den ängstlichen Patienten beruhigen, weil es in Wahrheit keinen Grund zur Furcht gibt. Sollte es doch einen realen Grund zur Furcht geben, hätte die Beruhigung katastrophale Folgen. Eine Mutter dagegen nimmt die Bürde der Realität auf ihre eigenen Schultern und erspart sie ihrem Kind. Die Realität fordert, daß man einen erwachsenen Menschen nicht wie ein Kind behandelt. Der Therapeut kann natürlich auf das Kind im Patienten reagieren, wenn er sich dabei ständig vor Augen hält, daß er es mit einem Erwachsenen zu tun hat.

Der Therapeut muß die grundlegende Verwirrung auflösen, die im Schizoiden herrscht. Das ist eine Aufgabe, die Erfahrung, Wissen und Objektivität voraussetzt. Diese Eigenschaften schreibt man normalerweise dem idealen Vater zu, der klug und stark ist, der seinem Kind Ratschläge gibt und ihm als Vorbild dient. Früher war man allgemein der Ansicht, der Analytiker der traditionellen Schule spiele allein diese Rolle. Als idealer Vater ist der Therapeut der Vertreter der äußeren Realität, der Realität der Welt. In dieser Eigenschaft muß er dem Patienten die Welt interpretieren, wie es ein richtiger Vater für seine Kinder tut. Eine ideale Mutter ist dagegen die Vertreterin der inneren Realität, der Realität des Körpers und seiner Gefühle. Der Therapeut muß, ob er nun ein Mann oder eine Frau ist, mit beiden Realitäten vertraut sein, um dem Patienten bei der Lösung seiner Konflikte zu helfen. Er muß wissen, wann er zu helfen und wann er zu kritisieren hat.

Der Therapeut vertritt die Realität, bildet also den Gegenpol zum psychischen Leiden, das die Realität leugnet oder verzerrt. Realität scheint jedoch für jeden Menschen etwas anderes zu sein. Ein Beweis dafür ist die große Zahl von Büchern über das Thema »Psychologie«, die alle eine Realität nach dem Bild des Verfassers schildern. Was der Therapeut anbietet, ist also die Realität seines eigenen Seins und seiner eigenen Existenz, einer Existenz, die breit und tragfähig genug sein muß, um die Verwirrung und Angst des Patienten zu umfassen, ohne sie zu teilen. Die »Erfolgsgarantie« des Patienten liegt darin, daß der Therapeut für die Wahrheit arbeitet, für die Wahrheit seines eigenen Seins, die Wahrheit des Kampfes seines Patienten und die Wahrheit des Körpers.

In *Love and Orgasm* habe ich die Wahrheit des Körpers als »Bewußtsein um Ausdruck, Haltung und Zustand des Körpers« bezeichnet. Der Patient hat diese Wahrheit verloren, denn er ist sich seiner Verspannungen und Handikaps nicht bewußt. Er sieht sich entsprechend seinem Ich-Ideal. Der Therapeut sieht ihn jedoch als ein anderes menschliches Wesen, das ihm gegenübersitzt. Er ist imstande, seinen Ausdruck zu beobachten sowie Haltung und Zustand seines Körpers zu spüren. Der Therapeut ist in der einzigartigen Lage, dem Patienten diese Wahrheit zu zeigen – vorausgesetzt er kennt die Wahrheit des eigenen Körpers.

Im Bereich des körperlichen Ausdrucks offenbart der Therapeut dem Patienten (durch sein Äußeres, seine Gesten und die Art seiner Bewegungen) ebensoviel wie umgekehrt. In diesem Bereich gibt es keine Mauer des Schweigens, hinter der der Psychiater sich verstekken könnte. Wenn er die Wahrheit seines eigenen Körpers nicht kennt, fehlt es ihm an der Bereitschaft, der Wahrheit des Körpers seines Patienten ins Auge zu sehen.

Der Begriff »Gegenübertragung« bezeichnet die Rolle, die der Therapeut im Laufe der Behandlung womöglich unbewußt zu spielen beginnt und die der Patient respektieren sollte. Er umfaßt die Illusionen des Psychiaters, die der Patient nicht zerstören darf, die Verstrickung des Therapeuten mit seinem eigenen Ich-Ideal und sein Leugnen der Wahrheit des Körpers. Je ausgeprägter die Gegenübertragung ist, desto stärker behindert sie die Heilung des Patienten.

Nach meiner Theorie entsteht ein psychisches Leiden, wenn die Illusion die Realität ersetzt, wenn Projektion und Identifikation einen Menschen daran hindern, er selbst zu sein. Diese psychologischen Phänomene sollten in der Therapie möglichst nicht auftreten. In der therapeutischen Situation gibt es zwei Garanten für Wahrheit: die Fähigkeit des Patienten, seine negativen Gefühle über den Therapeuten auszudrücken, und die Bereitschaft des Therapeuten, dem Patienten zuzuhören. Vollkommenheit ist der menschlichen Natur fremd. Der Therapeut muß jedoch ein Mensch aus Fleisch und Blut sein, der den Mut besitzt, der Verzweiflung der schizoiden Persönlichkeit entgegenzutreten, der die Kraft hat, mit dem »Teufel« des Patienten fertigzuwerden, und der demütig genug ist, um einzusehen, daß die Fortschritte des Patienten das Ergebnis von dessen eigenen Bemühungen sind. Wenn ein Therapeut diese Eigenschaften besitzt, werden die Patienten ihn nachahmen, statt sich mit ihm zu identifizieren, dann werden sie durch die Erfahrungen, die sie in der therapeutischen Beziehung machen, ihre Identität gewinnen.

14 Das Ich und der Körper

Verhext

Ein emotionales Leiden gleicht in vieler Hinsicht dem Zustand des Verhextseins. Wir sagen von einem psychisch gestörten Menschen oft, er sei nicht mehr er selbst, und manche der Patienten sagen: »Ich weiß gar nicht, was in mich gefahren ist!« Solche Feststellungen deuten darauf hin, daß ein psychisch kranker Mensch unter dem Einfluß einer fremden Kraft oder Macht steht, die ganz von ihm Besitz ergriffen zu haben scheint.

In primitiven Gesellschaften gilt der Verlust des Selbst-Besitzes weithin als Zeichen dafür, daß der betreffende Mensch mit einem Zauber belegt ist. Der »Wilde« glaubt, alle Beeinträchtigungen seines Wohlbefindens, auch seine Angstgefühle, beruhten auf Hexerei oder Zauberei. Er wähnt sich verhext, wenn er das Gefühl hat, er sei nicht mehr in Einklang mit seinem Körper und seiner Stammesgesellschaft. Für ihn ist es unvorstellbar, daß dieser Zustand auf etwas anderes als übernatürliche Ursachen zurückgehen könnte.

Diese Betrachtungsweise des Leidens als Folge eines fremden, bösen Einflusses ist auch bei Kindern sehr häufig. Als mein Sohn noch klein war, fragte er bei jeder Krankheit unweigerlich: »Wann geht es wieder weg?« Ich habe selbst gehört, wie andere Kinder ähnliche Redewendungen gebrauchen, so zum Beispiel: »Mami, mach bitte, daß es weggeht!« Diese kindliche Einstellung zur Krankheit unterscheidet sich nicht sehr von der des Primitiven, der sich verhext fühlt. Die Ähnlichkeit der drei Fälle (psychisch gestörter Mensch, verhexter Wilder und krankes Kind) zeigt sich in der allen gemeinsamen Neigung, einen erfahrenen Menschen um Hilfe zu bitten – einen Menschen, der vermeintlich die Macht besitzt, etwas gegen die Störung oder den bösen Einfluß zu unternehmen. In dieser Hinsicht haben Psychiater, Medizinmänner und Mütter dieselbe Funktion.

Wenn man den Verlust des Selbst-Besitzes mit Verhextsein gleichsetzen kann, läßt sich jeder Mensch als »verhext« bezeichnen, dessen Ich sich von seinem Körper abgespalten hat. Der verhexte Mensch ist nicht imstande, zwischen Illusion und Realität, Vorstellung und Körper, Wort und Tat zu unterscheiden. Deshalb ist er fähig, gegen sich und andere zerstörerische Taten zu begehen, die dem rationalen Geist unverständlich sind.

Wir wollen zunächst kurz einen klassischen Fall von Hexerei betrachten, über den R. J. W. Burrell in der *Medical World News* berichtete: »Ich sah, wie eine alte Frau einen Mann mit einem Zauber belegte. ›Du wirst noch vor Sonnenaufgang sterben‹, sagte sie. Er starb.« Burrell erklärte, daß »der Mann glaubte, er werde sterben, und so starb er. Bei der Autopsie konnte keine Todesursache festgestellt werden.«

Der Mann war dem Fluch der Frau gegenüber machtlos, weil er an ihre übernatürlichen Kräfte *glaubte*. Die alte Frau hatte gesprochen, als könne sie über Leben und Tod bestimmen, und das unterentwickelte Ich des Mannes war nicht imstande, die Wahrheit ihrer Behauptung zu prüfen. Das Grauen, das sie in ihm weckte, spaltete die Einheit seiner Persönlichkeit, zerstörte sein Identitätsgefühl und machte ihn anfällig für die Verhexung und den Fluch. Der Primitive glaubt an das Übernatürliche, weil ihm das Wissen fehlt, das nötig ist, um die Wirkungsweise der natürlichen Kräfte in der Welt zu erklären. In seiner Hilflosigkeit wird er vom Grauen gepackt, und sein Grauen macht ihn verwundbar.

Das schizoide Kind befindet sich in der gleichen Lage wie dieser Mann. Die feindselige Mutter spielt dabei die Rolle der alten Frau, die den Mann mit einem Zauber belegte. Da die Mutter über Leben und Tod ihres Kindes Macht ausübt, ist es angesichts ihrer Zurückweisung hilflos und verängstigt. Sein unterentwickeltes Ich ist nicht fähig, mit einer Einstellung fertigzuwerden, die ihm das Recht auf Lust am eigenen Körper verweigert und ihn zum lebenden Tod verurteilt.

Der Fall von Hexerei, über den Burrell berichtete, weist auch eine Parallele zur Hypnose auf. Man könnte nämlich sagen, daß der Mann von der Frau hypnotisiert wurde. Bei der Hypnose liefert der Hypnotisierte sein Ich dem Hypnotiseur aus, der dann das Kommando über dessen Körper übernimmt. Es ist bekannt, daß manche Leute schon bei der leichtesten Suggestion in eine hypnotische

Trance fallen. Ich habe selbst erlebt, daß Menschen in einem Vortragssaal in Trance gerieten, obwohl sie lediglich zugehört hatten, wie der Hypnotiseur seine Methode beschrieb. Menschen mit einem starken Ich sind jedoch widerstandsfähig gegen Hypnoseversuche. Der Grad der Anfälligkeit richtet sich unmittelbar nach der Ich-Stärke bzw. Ich-Schwäche. Bei Kindern und Primitiven steht diese Schwäche für eine mangelhafte Ich-Entwicklung, und bei erwachsenen Menschen unseres Kulturkreises beruht sie auf der Trennung des Ichs vom Körper. Ein abgespaltenes Ich ist genausowenig fähig wie ein unterentwickeltes Ich, die Realität objektiv zu prüfen.

Man nimmt allgemein an, Bildung sei die Antwort auf das Irrationale im Menschen. Das stimmt nur mit gewissen Einschränkungen. Der Wilde, der die Vorgänge des Lebens und den Prozeß des Sterbens nicht kennt, ist anfällig für Hexerei und Zauberei. Das Kind, das die komplizierten Kräfte, die in einer gestörten Familie am Werk sind, nicht durchschauen kann, wird schizoid. Ob sich ein psychischer Zustand bessert, hängt von der Einsicht ab, die man bei einer analytischen Behandlung gewinnt. Die Erfahrung hat allerdings gezeigt, daß Bildung und Wissen nicht vor Vorurteilen schützen. Nach meiner Theorie ruht das Ich auf zwei Stützpfeilern; wenn einer davon fehlt, ist es empfänglich für Hexerei. Die beiden Stützpfeiler sind: 1. die Identifikation des Ichs mit dem Körper (Gefühl) und 2. seine Identifikation mit dem Geist (Wissen).

Ohne Wissen kann das Ich die Realität nicht prüfen. Dann braucht es Zauberei, um die natürlichen Prozesse zu beeinflussen. Ohne einen festen Stützpfeiler im Körper hat das Ich kein Gefühl für die Realität. Dann degeneriert sein Wissen zu Abstraktionen, die nicht imstande sind, Einstellung oder Verhalten zu beeinflussen. Der Kontakt mit dem Körper schenkt dem Ich Verständnis für die innere Realität; das Wissen schenkt ihm Verständnis für die äußere Realität. Die beiden Realitäten geraten oft in Konflikt miteinander. Wenn man die Harmonie zwischen ihnen nicht wiederherstellen kann, gerät man in die Klemme. Wenn die beiden Realitäten feindselig aufeinanderprallen, entsteht eine schizoide Störung, denn da sie verschiedenen Gesetzen gehorchen, haben wir dann oft Schwierigkeiten, das Leben zu verstehen.

Von innen – also vom Standpunkt des Körpers aus – betrachtet, ist die Realität ein Kontinuum, in dem Ich, Körper und Natur durch vergleichbare Prozesse miteinander verbunden sind. Die Gedanken und Gefühle eines Menschen bilden mehr oder weniger eine Einheit mit dem Phänomen der Natur, und die Ereignisse in einem dieser Erfahrungsbereiche wirken sich irgendwie auf die anderen Bereiche aus. Die Beziehung zwischen den drei Erfahrungsbereichen läßt sich mit Hilfe dreier Kreise veranschaulichen, die einander überschneiden und gemeinsam ein Kontinuum bilden (Abb. 22).

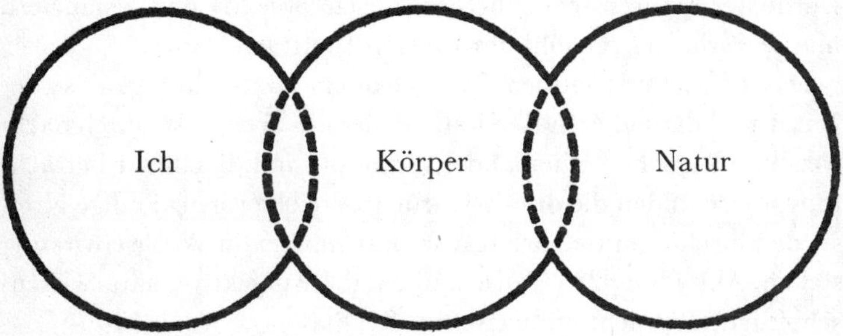

Abbildung 22: Das Kontinuum Ich-Körper-Natur

Diese Betrachtungsweise der Realität erzeugt im Primitiven und im Kind das Bild einer Ganzheit, einer Totalität. Da die Ereignisse in der Natur den Körper unmittelbar beeinflussen, sucht der Primitive nach Omen oder Vorzeichen, um sein Handeln danach zu richten. Umgekehrt glaubt er aber auch, daß er die Natur durch seine körperlichen Aktivitäten beeinflussen kann – Regentänze sollen Regen bringen, sexuelle Betätigung soll für fruchtbare Felder sorgen. Diese innere Realität gibt dem Primitiven und dem Kind ungeachtet ihrer Verzerrungen ein unmittelbares Identitätsgefühl, das auf dem Gefühl des Körpers beruht. Der Primitive »fühlt«, daß er zu seiner Familie, seinem Stamm und zur Natur gehört, und das gesunde Kind hat ein ähnliches Zugehörigkeitsgefühl. Da das Kontinuum ein fortlaufendes Ganzes ist, wird jede Unterbrechung des Gefühls, daß die verschiedenen Erfahrungsbereiche miteinander verbunden sind, einer bösen äußeren Macht zugeschrieben.

Die Entwicklung des Wissens verwandelte die primitive Betrachtungsweise der Realität. Der zivilisierte Mensch verwarf den Glauben an das Übernatürliche; er überwand die ängstliche Scheu, mit der der Wilde den unbekannten und deshalb geheimnisvollen Vorgängen des Körpers und der Natur begegnete; und er ersetzte den primitiven Glauben an Gespenster durch den Glauben an Geist und Vernunft. Durch seine Identifikation mit dem Geist übernahm das Ich seine Herrschaft über den Körper. Descartes' »Ich denke, also bin ich« ersetzte das Identitätsgefühl des Wilden, das sich in der Aussage »Ich fühle, also bin ich« zusammenfassen ließe. Im Extrem wurde der Mensch schließlich egoistisch, objektiv und distanziert, und er verlor das Gefühl des Einsseins mit der Natur.

Das Wissen erlaubt dem Menschen eine Betrachtungsweise der Natur und der äußeren Realität, bei der die Ereignisse durch nachweisbare Ursachen miteinander verknüpft sind. Bei dieser Betrachtungsweise bilden die drei Erfahrungsbereiche eigenständige Kreise, die durch unmittelbare Kausalbeziehungen in Wechselwirkung stehen. Abbildung 23 veranschaulicht diese objektive, naturwissenschaftliche Betrachtungsweise der Realität.

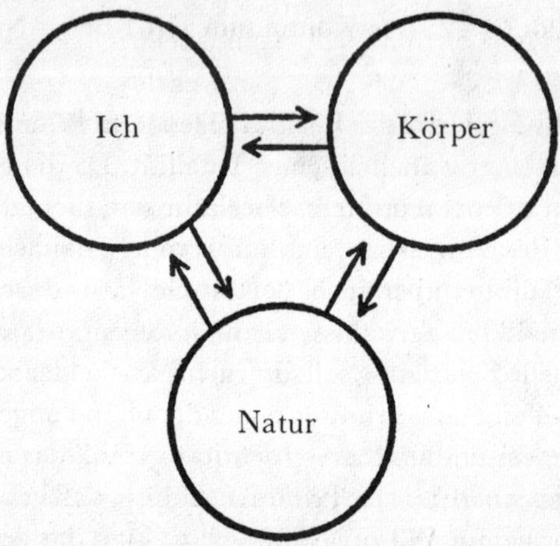

Abbildung 23: Die eigenständige Realität, wie der objektive Geist sie sieht

Im Kontinuum des Primitiven ist kein Platz für das Unerwartete. Wenn etwas Unerwartetes eintritt, gilt es als eine Äußerung des Übernatürlichen, das dem Verständnis oder der Kontrolle des Menschen entzogen ist. Die Eigenständigkeit oder Diskontinuität läßt das Unerwartete dagegen zu und setzt es mit Hilfe wiederholter Beobachtung durch ein objektives Ich in Wissen um. Wissen ist im Gegensatz zu Zauberei eine verläßliche Kraft, eine durchgehende Fähigkeit, natürliche Prozesse zu beeinflussen und zu lenken. Aufgrund seines Ichs wird der Mensch zum Hauptdarsteller im Drama des Lebens, zum Gestalter der Geschichte. Die Zivilisation beruht auf einem dynamischen Prozeß, der durch ständig zunehmendes Wissen und eine ständig breiter werdende Kluft zwischen den einzelnen Erfahrungsbereichen charakterisiert wird.

Man kann den beiden Betrachtungsweisen der Realität die Begriffe »Synthese« und »Kausalität« zuordnen. Bei der synthetischen Betrachtungsweise gehen die drei Erfahrungsbereiche in einem alles umfassenden Kontinuum unmittelbar ineinander über. Die kausale Betrachtungsweise dagegen lehnt das Universelle ab und erklärt die Beziehungen zwischen den Erfahrungsbereichen mit nachweisbaren Aktionen. Beide Betrachtungsweisen haben ihre Vor- und Nachteile. Der Primitive (und das Kind) besitzt ein spontanes Zugehörigkeitsgefühl und ein starkes Gefühl der Identität mit dem Körper und seiner Lustfunktion. Dafür ist er den Tücken der Natur, also etwa auch Krankheiten, ziemlich wehrlos ausgesetzt. Der moderne Mensch hat ein relativ hohes Maß an äußerer Sicherheit erreicht, was aber oft auf Kosten des Gefühls der Harmonie und Einheit mit seinem Körper und der Natur geht.

Die Unterscheidung zwischen primitiven und zivilisierten Denk- und Verhaltensweisen ist nicht absolut. Gewisse Kausalbeziehungen sind auch in primitiven Kulturen bekannt, und auch der gesunde Mensch unserer Zeit hat sich einen Rest des kindlich-primitiven Gefühls des Eingebettetseins in ein Kontinuum bewahrt. Ein gesunder Mensch identifiziert sich mit seinem Körper und fühlt seine Verbundenheit mit der Natur. Auf der Ich-Stufe ist er sich aber gleichzeitig der Wirkungsweise von Kausalbeziehungen bewußt. Seine rationale Existenz ist dem Gefühl der Einheit überlagert, das er als Kind empfand, ohne daß sein Ich diese Einheit leugnen würde. Der Mensch wächst aus dem Kind heraus – er leugnet es nicht. Sein Ich wird genährt von zwei Quellen: der subjektiven Welt der inneren Wirklichkeit und der objektiven Welt der äußeren Wirklichkeit. Er steht auf zwei Füßen, und jeder der beiden ruht auf einem Aspekt der Wirklichkeit.

Solche Menschen sind heutzutage allerdings eher die Ausnahme als die Regel. Das schizoide Problem ist neuerdings so weit verbreitet, daß wir die Rolle des Ichs kritischer unter die Lupe nehmen müssen, wenn wir diese Störung verstehen wollen. Der Konflikt zwischen Ich und Körper, Wissen und Fühlen muß erhellt werden, um den Bruch zu kitten, der den Menschen seiner Identität beraubt und ihm die Lebensfreude nimmt.

Man ist sich im allgemeinen nicht darüber klar, daß das Ich die Diskontinuitäten, die es mit Wissen und Worten zu überbrücken versucht, selbst geschaffen hat. Es hat die Kategorien des »Ich« im Gegensatz zum »mir«, des »Selbst« im Gegensatz zum »anderen« entwickelt und sieht den Menschen als ein Subjekt, das die Natur als Objekt beeinflußt. Bei dieser Entwicklung wird auch der Körper zu einem Objekt des Ichs, das ihm die Rolle eines willfährigen Instruments zuteilt. Das Ich wird ein Gegenstand der Verehrung, ein Herrscher anstatt ein Ratgeber, der die Aufgabe hat, zwischen der inneren und äußeren Wirklichkeit zu vermitteln. Menschen, Organisationen und sogar ganze Völker kümmern sich auf Kosten ihrer grundlegenden Funktionen vorrangig um ihr »Image«, das heißt, um ihr Ich-Ideal.

Das Ich hat die Aufgabe, die Wirklichkeit zu prüfen. Es überschreitet seine Kompetenzen, wenn es anfängt, das Wesen der Realität zu bestimmen, statt es zu analysieren. Das aber geschieht, wenn das Ich leugnet, daß es dem Körper dienen soll, und sich zu dessen Herrscher aufschwingt. Es gleicht dann dem Helden, der das Volk von einem Tyrannen befreit, um anschließend selbst eine Gewaltherrschaft zu errichten. Das Ich hatte ursprünglich die Funktion, den Menschen vor Zauberei und Hexerei zu schützen. Jetzt betrügt es die Persönlichkeit mit Worten und Illusionen.

Wenn das Ich die Persönlichkeit beherrscht, wird der Mensch ein Psychopath, das heißt, er leidet an Gefühlsarmut, sieht sich nur entsprechend seinen Illusionen und ist in einen ständigen Machtkampf verstrickt. Das ist natürlich eine Übertreibung der normalen Neigungen des Ichs, die darauf abzielen, ein adäquates Selbst-Bild zu entwickeln, das Irrationale im Namen von Vernunft und Logik zu leugnen und die Motilität des Körpers unter Kontrolle zu bekommen. Beim gesunden Menschen bildet die Kraft des Körpers und seiner Gefühle ein natürliches Gegengewicht zu diesen Ich-Funktionen. Psychoanalytische Autoren sprechen von einem System von Kontrollmechanismen und Gegengewichten zwischen Ich und Es. Das Es setzt der Vorstellung des Ichs die Realität des Körpers, dem Wissen des Ichs die Gefühle des Körpers und dem Machtstreben des Ichs das Luststreben des Körpers entgegen. Das System von Kontrollmechanismen und Gegengewichten versagt jedoch in einer Kultur, die Wissen höher bewertet als Fühlen, Macht höher als Lust und den Geist höher als den Körper.

Solange ein Mensch von seinem Ich beherrscht wird, kann er nicht die ozeanischen oder transzendentalen Erfahrungen machen, die dem Leben einen Sinn geben. Da das Ich nur unmittelbare Ursachen anerkennt, kann es die Existenz von Kräften jenseits seines Erkenntnishorizonts nicht eingestehen. Ein Mensch kann also nur dann ein echtes religiöses Erlebnis haben, wenn sein Ich sich einer höheren Macht beugt – zum Beispiel beim Beten. Er kann nur dann ein echtes orgasmisches Erlebnis haben, wenn sein Ich sich beim Sex von seinem Körper leiten läßt. Und er kann nur dann eine tiefe mystische Erfahrung machen, wenn sein Ich vor der Majestät der Natur kapituliert. In allen Fällen erlaubt der Machtverzicht des Ichs dem Menschen die Rückkehr zum Zustand des einheitlichen Kontinuums, in dem »bewegende« Erfahrungen möglich sind.

Das Sich-Verlieben ist wohl das beste Beispiel für die zauberische Macht, die der nichtrationalen Welt des Körpers innewohnt. Bei der Liebe gibt das Ich die Herrschaft an den Körper ab, und das Herz des Menschen kann auf irgendeine geheimnisvolle Weise auf das Herz eines anderen Menschen reagieren. Der Liebende empfindet ein Einssein – mit dem geliebten Menschen und dem ganzen Leben. Wie kann man diese einzigartige Erfahrung rational erklären? (Wenn man das überhaupt wollte . . .)

Man ist sich nicht allgemein darüber klar, daß Wissen Spontaneität und Fühlen hemmt. Jeder von uns kennt die Geschichte vom

Tausendfüßler, der nicht mehr von der Stelle kam, als er darüber nachdachte, welches Bein er denn nun zuerst bewegen sollte. Auf zwei Gebieten werden die negativen Auswirkungen des Wissens besonders deutlich. Beim Sex verkehrt der Partner, der sich seine Bewegungen und Gesten von seinem Wissen diktieren läßt, den Akt der Liebe in eine mechanische Prozedur. Sogenannte Sex-Ratgeber spielen dabei oft eine unrühmliche bis verhängnisvolle Rolle. Das andere Gebiet ist die Kindererziehung. Wenn eine Mutter versucht, ihr Kind entsprechend den Maximen eines Lehrbuchs über Kinderpsychologie zu erziehen, gerät sie unweigerlich in eine Sackgasse. Sie wird die Bedürfnisse des Kindes falsch interpretieren, weil sie sich von ihren vorgefaßten Meinungen leiten läßt. Sie wird nicht richtig auf die Körpersprache des Kindes reagieren, weil man diese nur mit Gefühl verstehen kann. Sie wird verwirrt sein, wenn ihre Gefühle mit ihren Richtlinien kollidieren.

Man hat einmal gesagt, ein bißchen Wissen sei eine gefährliche Sache, aber jedes Wissen ist »ein bißchen«, wenn es das Leben oder zwischenmenschliche Beziehungen betrifft. Das Wissen des Ichs muß durch die Weisheit des Körpers geläutert werden, wenn das Verhalten die Qualität des Menschlichen nicht verlieren soll. Es ist immer noch besser, eine weniger beschlagene Frau erzieht ihr Kind mit Gefühl, als eine gebildete Mutter macht alles »richtig« – ohne Gefühl. Das Verhalten richtet sich nach Wissen und Gefühl, aber die Gefühlskomponente halte ich für wichtiger. Trotzdem ist unser ganzes Bildungssystem auf Wissen und das Leugnen von Gefühl ausgerichtet. A. S. Neill, der berühmte Autor von *Summerhill*, hat auch ein reizendes Buch mit dem Titel *Hearts, Not Heads in the School* geschrieben. Leider kann man Herzen nicht unmittelbar »bilden«. Der Körper des Kindes und vor allem das kindliche Bedürfnis nach Körper-Lust verdienen mehr Beachtung in der Schule.

Ich habe keineswegs die Absicht, das Ich schlecht zu machen oder den Nutzen des Wissens zu bestreiten. Ich behaupte vielmehr, daß ein vom Körper getrenntes Ich schwach und verwundbar und ein vom Gefühl getrenntes Wissen leer und sinnlos sind. Diese Prinzipien müssen im Bildungswesen und bei der Therapie beachtet werden, wenn wir das schizoide Problem überwinden wollen. Wenn Bildung das Kind auf das Leben vorbereiten soll, muß sie nicht nur auf seine geistige, sondern auch auf seine psychische Entwicklung abzielen. Sie darf die Realität nicht nur kausal darstellen, sondern muß sie auch als Kontinuum zeigen. Die Schule sollte anerkennen, daß Spontaneität und Lust ebenso wichtig sind wie Produktivität und Leistung.

Die begrifflichen Emotionen

Die Kausalität ist verantwortlich für Emotionen wie Schuld und Scham, die den Kern aller psychischen Störungen bilden. Schuld beruht auf dem Wissen, etwas Falsches getan zu haben, und auf dem Bewußtsein, wie unser Handeln sich auf andere auswirkt. Wer sich schuldig fühlt, geht irgendwie davon aus, daß er die Macht hat, zwischen Richtig und Falsch zu wählen. Diese Voraussetzung ist die Grundlage der Doktrin vom freien Willen und beruht auf dem Glauben an die Macht des Ichs, das Verhalten zu steuern. Ich möchte mich hier nicht mit der Frage befassen, ob es einen freien Willen gibt oder nicht. Bei der Behandlung psychischer Leiden kommt es lediglich darauf an, das Gefühl der Schuld zu beseitigen, und das kann man erreichen, indem man dem Patienten vor Augen führt, daß er unter seinen spezifischen Lebensumständen das einzig Richtige getan hat. Seine destruktiven Handlungen werden mit der Schwäche seines Ichs und der Macht dämonischer, außerhalb seiner Kontrolle liegender Kräfte erklärt. Wenn ein Patient seinen Körper zurückgewonnen und eine Identität erlangt hat, ist sein Ich auch in der Lage, sein Handeln zu lenken.

Das gesunde Ich richtet sich freilich nicht nach abstrakten Prinzipien wie Richtig und Falsch. Es wird innerlich von den Gefühlen des Körpers und äußerlich von der jeweiligen Situation geleitet. Es versucht, die eine Realität mit der anderen zu versöhnen, akzeptiert aber von vornherein die Möglichkeit eines Konflikts und Mißerfolgs, weil es keinen Anspruch auf Allwissenheit erhebt.

Schuldgefühle zerstören die Integrität menschlicher Beziehungen und verzerren das Verhalten eines Menschen. Eine intakte Beziehung wird genährt durch die Lust und Befriedigung, die sie verschafft. Wenn Schuldgefühle ins Spiel kommen, verschwinden Lust und Befriedigung. Der Mensch, der aus einem Schuldgefühl heraus handelt, entwickelt Ressentiments gegen den Menschen, dem gegenüber er sich schuldig vorkommt, und dieser entwickelt dann seinerseits Ressentiments gegen den schuldigen Partner. So entsteht eine unterschwellige Feindschaft, die das Schuldgefühl auf beiden Seiten vergrößert. Diese wechselseitige Abneigung, die häufig verdrängt wird, artet langsam in Haß aus, bis sich die Beziehung völlig aufgelöst hat. Was für unheilvolle Auswirkungen Schuldgefühle haben, kann man oft an den Beziehungen zwischen Eltern und Kindern oder Mann und Frau beobachten. Die Sprechzimmer der Psychiater sind voll von Patienten, die ihre Eltern hassen und durch Schuldgefühle an sie gekettet sind.

Eltern möchten ihre Kinder lieben, aber Eltern, die sich schuldig fühlen, verführen das Kind, statt es zu lieben. Das Verführen zielt darauf ab, eine gegenseitige Nähe herzustellen, aber das Ergebnis ist eine gegenseitige Entfremdung. Verführen wird mit Liebe motiviert, aber durch Schuld verzerrt. Wenn man das Schuldgefühl beseitigt, wird die vorhandene Liebe aufrichtig und unmittelbar, unbeeinträchtigt von negativen Gefühlen durchkommen. Sobald negative Gefühle entstehen, sollte man sie aufrichtig und unmittelbar ausdrücken. Man kann mit ihnen fertigwerden, wenn man sie an die Oberfläche kommen läßt.

Schuld ist eine begriffliche Emotion, weil sie entsteht, wenn ein Gefühl einer moralischen Beurteilung unterworfen wird. Fällt das Urteil negativ aus, wird die Emotion mit Schuld assoziiert. Fällt es positiv aus, wird sie mit Unschuld assoziiert. Moralische Beurteilungen sind Aufgabe des Ichs, das sich dabei auf Wissen stützt. Einem Kind wird beigebracht, wie es sich verhalten soll, und man macht ihm bewußt, wie sein Handeln sich auf andere auswirkt. Ihm wird zum Beispiel erklärt, daß seine Eltern traurig sein werden, wenn es sie nicht liebt, daß sie böse sein werden, wenn es sie nicht achtet. Man kann einem Kind aber nicht beibringen, wie es fühlen soll. Es wird seine Eltern lieben, wenn ihre Einstellung ihm gegenüber dieses Gefühl weckt, und es wird sie achten, wenn ihr Verhalten seine Bewunderung auslöst. Klappt das alles nicht so, wie von den Eltern gewünscht, und werden dann die Gefühle des Kindes kritisiert, entstehen unweigerlich Schuldgefühle in ihm. Dieser Prozeß lehrt das Kind, daß es im Drama des Lebens eine Rolle spielt, daß es die Macht hat zum Guten und Bösen. Es lernt auf diese Weise, sich für seine Emotionen verantwortlich zu fühlen. Ohne Verantwortungsgefühl ist eine soziale Existenz nicht möglich. Das Problem ist daher folgendes: Wie können wir Verantwortungsgefühl behalten und gleichzeitig Schuldgefühle vermeiden?

Meine Antwort lautet: Ein Mensch ist für seine Taten, nicht aber für seine Emotionen verantwortlich. Eine Emotion (oder ein Gefühl oder eine Empfindung oder eine Regung) ist eine biologische Reaktion, die nicht dem Diktat des Ichs unterliegt. Die Rolle des Ichs besteht darin, Gefühle wahrzunehmen, nicht aber, sie zu beurteilen und zu steuern. Es kann nur Taten steuern. Ein gesunder Mensch, der sich zornig oder sexuell erregt fühlt, kann seine Gefühle so lange zügeln, bis sich eine geeignete Gelegenheit bietet, sie auszudrücken. Das führt zu verantwortlichem Verhalten. Ein gesundes Ich ist in seiner Beziehung zum Körper nicht hilflos. Wenn es schädlich wäre, eine Empfindung durch Worte oder Taten auszudrücken, kann das Ich den Ausdruck durch seine Kontrolle über die willkürliche Muskulatur zügeln, ohne die Empfindung selbst zu leugnen oder zu verdrängen. So wird Schaden vermieden, ohne daß es zu einem inneren Konflikt kommt.

Wenn ein Mensch sein Gefühl jedoch als »schlecht« beurteilt, wird er es unterdrücken und sich dafür verurteilen, daß er es empfindet. Sein diesem Urteil entsprechendes Handeln wird nichts mehr mit dem ursprünglichen Gefühl zu tun haben, sondern seine Schuld oder seine Selbst-Verurteilung widerspiegeln. Die Unterdrückung und nachfolgende Verdrängung von Gefühl führt zu einer eingeschränkten Selbst-Wahrnehmung, und diese wiederum schwächt das Ich und untergräbt die Fähigkeit des Menschen, verantwortlich zu handeln.

Trauer, Zorn und Furcht lassen sich (im Gegensatz zu Schuld und Scham) als Wahrnehmungsgefühle bezeichnen, weil sie unmittelbar vom Körper empfunden werden und nicht der Beurteilung durch das Ich unterliegen. Wenn ein unmittelbar wahrgenommenes Gefühl vom Ich als gut oder schlecht beurteilt wird, verliert es seine biologische Qualität und bekommt einen moralischen oder begrifflichen Wert. Das führt zu einer verworrenen Situation, in der die

Selbst-Annahme schwer, wenn nicht unmöglich wird.

Ich werde immer wieder von Patienten gefragt, ob ihre Gefühle der Trauer oder des Zorns gut oder schlecht seien. Wie kann ich diese Gefühle beurteilen? Gefühle gehorchen nicht den rationalen Gesetzen von Ursache und Wirkung. Deshalb beschäftigt sich die Wissenschaft für gewöhnlich nicht mit ihnen. Sie gehören in den Bereich der Synthese, nicht in das Reich der Kausalität. Gefühle werden von anderen Gefühlen beeinflußt – eine Tat oder Aktion ist dazu nicht notwendig. Ein glücklicher Mensch kann alle Menschen in seiner Umgebung froh stimmen, ohne etwas zu tun, das auf diese Wirkung abzielte. Ein trübsinniger Mensch wirkt selbst dann deprimierend, wenn er nichts sagt. Gefühle sind ansteckend; sie durchdringen das Kontinuum und beeinflussen alle Menschen in ihrer Reichweite.

Wenn man den Kausalitätsbegriff auf Beziehungen anwendet, die im Bereich der Synthese ablaufen, kommt es zu Verwirrung und Schuld. In der Beziehung zwischen Eltern und Kind wird das Kind weit mehr von den Gefühlen der Eltern beeinflußt als von ihrem Handeln. Was seine Mutter auch »tun« mag – ihr Unglück macht es traurig, ihre Angst beunruhigt es, und ihre Zufriedenheit entspannt es. Eltern, die dieses Prinzip nicht verstehen, sind verwirrt über die Reaktionen ihrer Kinder. Sie klagen oft: »Ich kann mein Kind einfach nicht begreifen. Ich habe ihm überhaupt nichts getan.« Das Kind reagiert mit seinem Körper auf den Körper der Mutter, und nicht mit seinem Geist auf ihre Worte oder Taten.

Eltern, die nur in Kausalitätsbegriffen denken, können auch die eigenen negativen Gefühle nicht akzeptieren. Wenn ein Vater – und natürlich auch eine Mutter – dafür verantwortlich zu sein glaubt, wie und was er fühlt, wird er versuchen, seine negativen Gefühle zu leugnen oder zu verdrängen. Folglich ist er sich seiner Gefühle nicht mehr bewußt und wird das Kind für sein feindseliges Verhalten bestrafen, ohne zu spüren, welchen Beitrag seine eigenen verdrängten Gefühle zu dieser Entwicklung leisteten. Die Vorstellung, Kinder müßten bestraft werden, ist primitiven Völkern fremd. In ihrer Realität werden Gefühle akzeptiert und spontan ausgedrückt. Ein Kind im Zorn zu schlagen, ist statthaft – aber zur Strafe schlägt man nicht. Wenn wir »zivilisierte« Menschen lernen könnten, unsere Gefühle ohne moralisches Werturteil zu akzeptieren, wäre unser Leben entschieden leichter.

Man muß unterscheiden zwischen tatsächlicher Schuld und Schuldgefühlen. Vor Gericht wird die Schuld oder Unschuld eines Menschen nach seinen Taten beurteilt. Er kann schuldig gesprochen werden, ein Gesetz gebrochen zu haben, wofür er dann bestraft wird, aber er kann nicht für Gefühle schuldig gesprochen werden, die nicht zu Taten geführt haben. Im täglichen Leben wird Schuld jedoch mehr mit Gefühlen als mit Taten verbunden, was so viele psychische Leiden zur Folge hat. Ich habe es immer wieder mit Patienten zu tun, die mit einer gewaltigen Last von Schuld fertigwerden müssen, aber nicht sagen können, warum sie sich eigentlich schuldig fühlen. Selbst bei der Tiefenanalyse dieser Fälle konnte ich nie eine Handlung oder Tat freilegen, die das Schuldgefühl erklärt hätte. Für mich steht deshalb fest, daß die Patienten ihre Gefühle der Feindseligkeit und Sexualität als schlecht beurteilten und deshalb verdrängten. Wenn die Gefühle freigesetzt werden, verschwinden auch die Schuldgefühle.

Für den Körper gibt es weder Schuld noch Scham. Aber nur das Tier und das Kleinkind leben gänzlich im Körper. Vorstellungen der Schuld und Scham entstehen bei Primitiven und Kindern infolge der Entwicklung des Ichs und der Aneignung von Wissen. Die Schuld, die ein Primitiver oder ein Kind empfindet, hängt jedoch mit einer Tat, der Verletzung eines Tabus oder der Übertretung eines Gebots zusammen. Beide, der Primitive wie das Kind, identifizieren sich genügend mit ihrem Körper, um dessen Gefühle als natürlich zu akzeptieren. Gefühle der Schuld und Scham entstehen im modernen Menschen, wenn diese Identifikation gestört ist.

Scham ist eine begriffliche Emotion, weil sie sich dann einstellt, wenn körperliche Funktionen nicht nach biologischen, sondern nach sozialen Kriterien beurteilt werden. Geistige Tätigkeiten rangieren auf der sozialen Skala weiter oben als körperliche. Essen ist sozial akzeptabel, während beim Stuhlgang niemand zuschauen darf. In unserer Kultur kann das Gesicht stolz gezeigt werden, aber die Entblößung des Gesäßes gilt als anstößig. Seine Nase darf man in der Öffentlichkeit anfassen, nicht jedoch seine Genitalien. Für diese widersprüchliche Haltung gibt es eine rationale Erklärung.

Wir bewundern die körperlichen Tätigkeiten, die die Kraft des Geistes oder des Ichs demonstrieren. Körperliche Funktionen, die nicht der Steuerung des Ichs unterliegen und sich deshalb nicht dazu eignen, das Ich herauszustreichen, sind außerhalb der eigenen vier Wände oder sogar außerhalb der Toilette tabu. Allgemein gesagt, haben die Funktionen der oberen Körperhälfte einen höheren sozialen Wert als die Funktionen der unteren. Funktionen, die in größerer Nähe des Kopfes stattfinden, sind stärker ich-abgestimmt als weiter entfernte Funktionen.

Scham wird mit den Funktionen des Körpers assoziiert, die man auf einer tierischen Stufe verrichtet. Der Versuch des Menschen, sich über das Tier zu erheben, geht klar aus der Funktion des Essens hervor. Wenn ein Mensch gierig ißt, sagt man, er fresse wie ein Schwein. Wenn er aber auf dieselbe Weise Geld anhäuft, gewinnt er an Prestige. Wir dürfen unsere Nahrung nicht hinunterschlingen wie ein Tier, und wir dürfen das Fleisch, das wir essen wollen, nicht vorher mit den Händen zerkleinern. Wir essen langsam, mit Zurückhaltung, um zu beweisen, daß wir unsere Triebe zügeln können und deshalb den Tieren überlegen sind. Und wenn der Wunsch, uns über das Tier zu erheben, Scham über unsere körperlichen Begierden in uns weckt, opfern wir die Lust des Körpers.

Selbstverständlich muß man einem Kind beibringen, wie es sich in der Gesellschaft anderer Menschen zu benehmen hat; es muß Tischmanieren und Anredeformen lernen, und es muß lernen, sich passend zu kleiden. Diese Unterweisung ist notwendig, wenn Menschen in einer Gemeinschaft leben. Auch ohne die Begriffe Schuld und Scham wäre eine soziale Existenz unmöglich. Wenn Schuld und Scham aber nicht nur mit Taten oder Handlungen, sondern auch mit Gefühlen verbunden werden, bekommt das Fundament der Lebensfreude Risse.

Der Schizoide schämt sich seines Körpers. Das Gefühl der Scham kann bewußt sein und in Feststellungen wie »Ich kann meinen Körper nicht ausstehen« oder »Mein Körper ist häßlich« ausgedrückt werden; es kann aber auch unbewußt sein. Ein Mensch, der sich seines Körpers unbewußt schämt, neigt oft zu exhibitionistischen Gesten: Er entblößt sich, um das Gefühl der Scham zu leugnen. In beiden Fällen ist jedoch die Identifikation des Ichs mit dem Körper geschwächt. Gefühle der Scham und Schuld sind Symptome dieses Identifikationsmangels. Um die Einheit der Persönlichkeit wiederherzustellen, muß die Scham vor dem Körper überwunden werden.

Es gibt noch andere begriffliche Emotionen, die die Persönlichkeit verzerren, zum Beispiel Selbstgefälligkeit und Eitelkeit. Beide entstehen, wenn sich ein Mensch der Anziehungskraft seines Äußeren auf andere Menschen zu sehr bewußt ist. Der selbstgefällige Mensch beschäftigt sich dann ständig mit seiner äußeren Erscheinung, und der Eitle ist geradezu besessen von seiner äußeren Erscheinung. Diese Überbetonung des Äußeren ist ein Abwehrmechanismus des Ichs, um die Bedeutung des Gefühls zu verneinen.

Wissen und Verstehen

Worte werden trügerisch, wenn sie vom Gefühl losgelöst sind und Taten ersetzen. Eltern reden von ihrer Liebe zu ihren Kindern, aber solche Feststellungen haben nicht den gleichen Wert wie eine Geste der Liebe, eine Umarmung oder ein Kuß. Die verbale Feststellung »Ich liebe dich« drückt ein Verlangen nach Nähe aus und beinhaltet das Versprechen körperlichen Kontakts. Der Satz drückt theoretisch ein Gefühl aus, das zu einem späteren Zeitpunkt in Handeln umgesetzt werden soll. In der Praxis wird sie jedoch oft benutzt, um die Handlung zu ersetzen. Eine Patientin von mir beschrieb die irreführende Wirkung, die »Worte« auf sie hatten:

> Worte, Worte, Worte. Sie pumpen einen voll mit Worten, aber man fühlt nichts. Mein Vater nannte mich seine braunäugige Susan, aber ich konnte mich nie an ihn wenden, wenn ich ihn brauchte.

Im zweiten Kapitel habe ich darauf hingewiesen, daß der schizoide Mensch wahren, emotionalen Kontakt zu anderen Menschen durch Pseudo-Kontakte ersetzt. Worte erfüllen ebenfalls diese Ersatzfunktion, wenn sie an Stelle von Gefühlen und Taten benutzt werden.

Der Therapeut ist in der einzigartigen Lage, den verräterischen Aspekt der Sprache zu entlarven. Stunde um Stunde behandelt er

Menschen, die durch Worte geschädigt und verhext wurden. Er erlebt – besonders bei seinen schizoiden Patienten – die beinahe unüberbrückbare Kluft zwischen Gefühl und Worten. Er sieht, mit welcher Verzweiflung die Patienten versuchen, diese Kluft mit weiteren Worten zu überwinden. Und erkennt daran, daß sie in ihrer Kindheit Eltern ausgesetzt waren, deren Worte ihre Gefühle Lügen straften – Eltern, deren betörende und verführende Sprache Feindseligkeit kaschierte, deren pathetische Sätze Zurückweisung verdeckten und deren Vorwürfe sich in den Mantel der Liebe kleideten.

Die Identifikation mit dem Körper erlaubt dem Menschen, die Enttäuschung durch Worte zu vermeiden. Sie liefert dem Ich einen Stützpfeiler in der Realität. Schmeicheleien sind ein einfaches Beispiel dafür, wie man Worte benutzen kann, um einen Menschen zu täuschen. Ein Mensch ist empfänglich für Schmeicheleien, wenn er keinen Kontakt zu seinem Körper hat und zu sehr auf sein Ich-Ideal baut. Da sein Ich nicht auf dem Stützpfeiler des Körper-Gefühls ruht, braucht es Sicherheit und Unterstützung von außen. In dieser Hinsicht gleicht er einem Kind, das Liebe entbehrt und sich verzweifelt um die Zustimmung der Mutter bemüht. Der Schmeichler ist ein schlauer Verführer, der die Verzweiflung seines Opfers spürt. Ein Mensch, der Kontakt zu seinem Körper hat, ist weniger empfänglich für die Verführung und kann die Falschheit des Schmeichlers besser entlarven.

Die Leichtgläubigkeit der Menschen beruht letztlich darauf, daß sie ihren Körper leugnen. Ein leichtgläubiger Mensch ist nicht gewillt, sich der Realität seines Lebens zu stellen. Er ignoriert die Realität seines eigenen Körpers und kann deshalb den Demagogen nicht als das sehen, was er wirklich ist. Er hat keine Antenne für die Grimassen, die zornigen Gesten, die leeren Töne, die kalten Augen und den verzerrten Körper des Redners. Er hat sein geistiges Auge vor diesen Indikatoren der Persönlichkeit geschlossen, und sein vom Körper getrenntes Ich ist anfällig für die Hexerei durch Worte.

Wissen kann trügerisch sein, wenn es nicht mit Verständnis einhergeht. Genau wie das Ich, zu dem es gehört, muß es mit dem Körper verbunden sein, in ihm wurzeln, wenn es dem Menschen zu einem reicheren Leben verhelfen soll. Wenn das Wissen in den Gefühlen des Körpers verankert ist, wird es Verstehen und Verständnis.

Wenn man zum Beispiel weiß, daß man als Kind eine inzestuöse Mutterbindung hatte, verfügt man lediglich über eine Information; wenn man aber zugleich fühlt, wie diese Bindung in der Furcht vor Aggression, in der Unfähigkeit, auf eigenen Füßen zu stehen, und in reduzierten sexuellen Empfindungen aufgrund von Beckenverspannungen weiterwirkt, *versteht* man, was die Information bedeutet.

Der Körper wird scheel angesehen, weil man ihn mit der animalischen Natur des Menschen identifiziert. Die Zivilisation stellt sich dar als ein stetig fortschreitendes Bemühen, den Menschen über die Stufe des Tiers hinauszuheben. Dieses Bemühen hat letztlich die Instanz des Ichs hervorgebracht; es hat den menschlichen Geist freigesetzt und das Bewußtsein des Menschen vergrößert und erweitert. Der menschliche Körper wurde verfeinert, die Sensibilität des Menschen geschärft, und die menschliche Flexibilität nahm zu. Doch bei eben diesem Prozeß ist der Körper als Vertreter des Animalischen verunglimpft worden – obwohl der Bereich des Animalischen auch die Leidenschaften und Begierden, die Freuden und Schmerzen einschließt, von denen die gesunde, spontane Motilität des Organismus abhängt. Der Mensch wird gleichsam als Tier geboren. Er durchläuft eine Entwicklung, bei der er zivilisiert wird und sich Wissen aneignet. Wenn er bei diesem Prozeß den animalischen Aspekt seines Seins zurückweist, wird er ein verzweifelter Mensch mit einer schizoiden Persönlichkeit. Ich und Körper bilden eine Einheit. Wir können das eine nicht zugunsten des anderen zurückweisen. Wir können nicht menschlich sein, ohne zugleich animalisch zu sein.

Der Mensch ist ursprunglich ein animalisches Wesen – kraft seiner Geburt. Er bleibt im Grunde ein animalisches Wesen – kraft seiner Abhängigkeit von den animalischen Funktionen des Körpers. Trotzdem fällt es ihm in seinen normalen Beziehungen außerordentlich schwer, zu berücksichtigen, daß er ursprünglich und im Grunde animalisch ist. Das ist verständlich in einer Kultur, die von Ich-Werten beherrscht wird und nach dem Prinzip von Ursache und Wirkung organisiert ist. Wenn der Mensch sein animalisches Wesen jedoch negiert, wird er ein Automat. Wenn er sein animalisches Wesen leugnet, wird er ein körperloser Geist. Wenn er sein animalisches Wesen verneint, wird er ein Dämon.

Die Wurzeln des Menschen reichen tief in das Königreich der

Tiere. Um ihn zu verstehen, müssen wir seine Gegenwart an seiner Vergangenheit, sein Ich an seinem Körper und seinen Körper an seinem animalischen Wesen messen. Er funktioniert nicht allein auf der Basis der Kausalität. Das Kontinuum Ich-Körper-Natur ist ebenfalls Bestandteil seiner Persönlichkeit. Wenn er diese Realität leugnet, gefährdet er unweigerlich seine Gesundheit. Wenn er sein Ich von dessen Stützpfeiler im Körper löst, wird er schizoid. Dann wird er sich seines Körpers schämen und sich wegen seiner Körper-Gefühle schuldig vorkommen. Er wird sein Identitätsgefühl verlieren.

Manches weist darauf hin, daß man allmählich beginnt, den Körper als Basis der Persönlichkeit neu zu bewerten. Das Vorurteil gegen den Körper als Symbol des Animalischen ist immer noch weit verbreitet, aber wir werden uns zunehmend bewußt, welche Rolle chronische Muskelverspannungen bei psychischen Leiden spielen. Ein umfassenderes Verständnis unserer animalischen Natur hat zu einer neuen Achtung für das Tier geführt, und wir entdecken wieder die Bedeutung des Körpers, nachdem er vor langer Zeit vom Ich entthront und verbannt wurde.

Dank

Ich danke Frau Adele Lewis, Chefsekretärin des Instituts für Bioenergetik-Analysen, die weder Zeit noch Mühe scheute und die Vorbereitung dieses Buches mit konstruktiver Kritik und vielen weiterführenden Vorschlägen unterstützte;

Dr. John C. Pierrakos, der sich den Text viele Male geduldig anhörte und eine Reihe wertvoller Hinweise gab;

Herrn Walter Skalecki, der die Zeichnungen und Diagramme für den Druck einrichtete;

Herrn Carl Morse, Senior-Herausgeber der Macmillan Company, der mir stets mit Rat und Tat zur Seite stand.

Ihnen allen sowie anderen, die ein aufrichtiges Interesse an meinen Ideen und Arbeiten gezeigt haben, möchte ich meinen herzlichen Dank sagen.

Literaturverzeichnis

Abramson, D. I.: *Vascular Responses in the Extremities of Man in Health and Disease*, Chicago, University of Chicago Press, 1944.

Arieti, Silvano: *Interpretation of Schizophrenia*, New York 1955.

Bellak, Leopold: *Schizophrenia: A Review of the Syndrome*, New York 1950.

Bleuler, Ernst: *Dementia praecox oder die Gruppe der Schizophrenien*, Leipzig/Wien 1911.

Boatman, M. J., und Szurek, S. A.: »A Clinical Study of Childhood Schizophrenia«, in: Don D. Jackson, a. a. O.

Burrell, R. J. W.: »The Possible Bearing of Voodoo on Myocardial Infarction«, in: *Medical World News*, 8. Dez. 1961.

Christiansen, B.: *Thus Speaks the Body*, Institute for Social Research, Oslo, 1963.

Clausen, J. A., und Kuhn, M. L.: »Social Relations and Schizophrenia; A Research Report and a Perspective«, in: Don D. Jackson, a. a. O.

Cleckley, Harvey M.: *The Mask of Sanity*, St. Louis 1955.

English, H. B., und English, A. C.: *A Comprehensive Dictionary of Psychological and Psychoanalytical Terms*, New York 1958.

Federn, Paul: *Ich-Psychologie und Psychosen*, Bern und Stuttgart 1956.

Fenichel, Otto: *Psychoanalytische Neurosenlehre*, Bd. 1–3, Olten 1974–1977.

Fisher, Seymor F., und Cleveland, Sidney E.: *Body Image and Personality*, New York² 1968.

Freud, Sigmund: *Psychoanalytische Bemerkungen über einen autobiographischen Fall von Paranoia* (1911), in: S. F., Studienausgabe in 10 Bänden, Frankfurt/Main 1969 ff., Bd. VII.

Friedan, Betty: *Der Weiblichkeitswahn oder die Selbstbefreiung der Frau*, Reinbek 1966.

Gottlieb, J. S., Frohman, C. E., Beckett, P. C. S., Tourney, G., und Sent, R.: »Production of the High Energy Bonds in Schizophrenia«, in: *A. M. A. Archives of General Psychiatry*, Sept. 1959.

Hill, L. B.: *Psychotherapeutic Intervention in Schizophrenia*, Chicago, University of Chicago Press, 1955.

Honig, A. A.: »Anxiety in Schizophrenia«, in: *Psychoanalysis and The Psychoanalytic Review*, 1960.

Hoskins, R. G.: *The Biology of Schizophrenia*, New York 1946.

Jackson, Don D. (Hrsg.): *The Etiology of Schizophrenia*, New York 1960.

Kretschmer, Ernst: *Körperbau und Charakter, Untersuchungen zum Konstitutionsproblem und zur Lehre von den Temperamenten*, 25. erg. Auflage New York/Berlin/Heidelberg 1967.

Lidz, Theodore, und Fleck, Stephen: »Schizophrenia, Human Integration and the Role of the Family«, in: Don D. Jackson, a. a. O.

–: *Die Familienumwelt der Schizophrenen*, Stuttgart 1979.

Lilly, J. C.: *Mental Effects of Reduction of Ordinary Levels of Physical Stimuli on Intact, Healthy Persons: A Symposion*, Psychiat. Assoc. Psychiat. Research Report Nr. 5, Juni 1956.

Lowen, Alexander: *Physical Dynamics of Character Structure*, New York 1958.

–: *Love and Orgasm*, New York 1965.

–: *Bioenergetik. Der Körper als Retter der Seele*, Bern und München 1976.

Malmo, Robert B., Shagas, Charles, und Smith, Arthur A.: »Responsiveness in Chronic Schizophrenia«, in: *Journal of Personality*, Juni 1951.

May, Rollo: *Existence: A New Dimension in Psychiatry and Psychology*, New York 1958.

Montagu, M. F. A.: *Prenatal Influences*, Springfield, III., 1962.

Moyes, A. P.: *Modern Clinical Psychiatry*, Philadelphia 1948.

Nannarello, J. P.: »Schizoid«, in: *Journal of Nervous and Mental Disease*, Bd. 118, Juli–Dez. 1953.

Neill, A. S.: *Hearts, Not Heads in the School*, London 1945.

Neumann, Erich: *Ursprungsgeschichte des Bewußtseins*, München [2]1974.

Ortega y Gasset, José: *Buch des Betrachters*, Stuttgart und Berlin 1934.

Pankow, Gisela: »Dynamic Structurization in Schizophrenia«, in: A. Burton (Hrsg.), *Psychotherapy of the Psychoses*, New York 1961.

Polatin, P., und Hock, P.: »Diagnostic Evaluation of Early Schizophrenia«, in: *Journal of Nervous and Mental Disease*, Bd. 105, März 1947.

Radó, Sándor: *Psychoanalysis of Behavior*, New York 1956.

–: »Schizotypal Organization«, in: S. R. und G. E. Daniels, *Changing Concepts in Psychoanalytical Medicine*, New York 1956.

Reich, Wilhelm: *Charakteranalyse*, Köln und Berlin 1970.

Ribble, Margaret: *The Rights of Infants*, New York, Columbia University Press, 1948.

Rosen, J.: *Direct Analysis*, New York 1953.

Selye, Hans: *Stress, Bewältigung und Lebensgewinn*, München 1974.

Shallop, George: *The Year of the Gorilla*, Chicago, University of Chicago Press, 1964.

Shattock, F. M.: »The Somatic Manifestations of Schizophrenia«, in: *Journal of Mental Science*, Jan. 1950.

Sheldon, W. H.: *The Varieties of Human Physique*, New York 1950.

Silverberg, W. V.: »The Schizoid Maneuver«, in: *Journal of the Biology and Pathology of Interpersonal Relations*, Bd. 10, Nov. 1947.

Sontag, L. W.: »The Possible Relationship of Prenatal Environment to Schizophrenia«, in: Don D. Jackson, a. a. O.

Spitz, René A.: *Nein und Ja. Die Ursprünge der menschlichen Kommunikation*, Stuttgart ²1970.

Weiner, Herbert: »Diagnosis and Symptomatology«, in: Leopold Bellak, a. a. O.

Wells, Grace: »How to Unsnarl Our Snarling Mechanism« (unveröffentlicht), Okt. 1955.

Unser Körper – unser Leben

Unser Körper – Unser Leben
Ein Handbuch von Frauen für Frauen. Überarbeitete und erweiterte Neuausgabe
(2 Bände: rororo sachbuch 8408 und 8409)
Ein Standartwerk der weiblichen Gesundheit, das in dem Bücherschrank keiner Frau fehlen sollte. Entsprechend der neuen amerikanischen Ausgabe von "Our bodies, Ourselves" wurde auch die deutsche Ausgabe vollständig aktualsiert.

Unser Körper – Unser Leben Über das Älterwerden *Ein Handbuch für Frauen*
(rororo sachbuch 8841)
Wie *Unser Körper – Unser Leben* ist dieses Buch ein Gemeinschaftsprojekt und beruht auf den Erfahrungen vieler Frauen. Es richtet sich an alle, die ihr Leben und ihr Älterwerden selbst in die Hand nehmen wollen. Denn: Niemand wacht auf und ist plötzlich siebzig, und unser Wohlbefinden hängt weniger von den Jahren ab, die wir schon gelebt haben, als davon, wie wir mit uns selbst umgegangen sind.

Ruth Bell (Hg.)
Wie wir werden - Was wir fühlen
Ein Handbuch für Jugendliche über Körper, Sexualität, Beziehungen. Überarbeitete und erweiterte Neuausgabe
(rororo sachbuch 8823)
Fakten, Berichte, Bekenntnisse und Informationen zu allen Themen, die das Leben zwischen 12 und 20 so aufregend, irritierend, schwierig und schön machen.

rororo sachbuch

Nathaniel Branden
Ich liebe mich auch *Selbstvertrauen lernen*
(rororo sachbuch 8486)

M. James / D. Jongeward
Spontan leben *Übungen zur Selbstverwirklichung*
(rororo sachbuch 8301)

Thomas Grossmann
Eine Liebe wie jede andere
Mit homosexuellen Jugendlichen leben und umgehen
(rororo sachbuch 8451)

John Selby
Einander finden *Übungen zur Psychologie der Begegnung in Freundschaft, Beruf und Liebe*
(rororo sachbuch 7991)

Sämtliche Bücher und Taschenbücher zum Thema finden Sie in der *Rowohlt Revue*. Jedes Vierteljahr neu. Kostenlos in Ihrer Buchhandlung.